생활 속 글쓰기의 어문 규범

김진호 · 정영벽

도서 출판 박이정

■ 김진호(金鎭浩)

　문학박사(국어학)
　『재미있는 한국어 이야기』(2006)
　『외국어로서의 한국어학개론』(2008)
　『외국인을 위한 한국어문법 I ,II』(2010, 공저) 外

■ 정영벽(鄭永壁)

　문학박사(국어학)
　『텍스트 분석의 실제』(2003, 공저)
　『우리말의 텍스트 분석과 현상 연구』(2008, 공저)
　『외국인을 위한 한국어문법』(2008, 공저) 外

생활 속 글쓰기의 어문 규범

초판 1쇄 발행　2012년 9월 1일
초판 3쇄 발행　2017년 9월 5일

저자 김진호·정영벽 | 펴낸이 박찬익
책임편집 공혜정 | 펴낸곳 도서출판 **박이정**
주소 서울시 동대문구 용두동 129-162
전화 02) 922-1192~3 | 팩스 02) 928-4683
홈페이지 www.pijbook.com
이메일 pijbook@naver.com
등록 1991년 3월 12일 제1-1182호
ISBN 978-89-6292-330-8 (93710)

머리말

현대인의 삶은 표현과 이해의 삶이고, 이를 가능하게 해 주는 도구는 언어이다. 가정이나 학교 그리고 사회적 삶 속에서 여러 사람들과의 관계는 언어를 통한 표현과 이해로 이루어지기 때문이다. 음성 언어로서의 말하기와 듣기를 포함하여 문자 언어로서의 쓰기와 읽기를 다 아우른다.

언어를 수단으로 하는 표현과 이해는 상호보완적 관계에 있는 것으로 모든 언어 교육의 중추적 영역에 속한다. 우리의 국어 교육 또한 표현과 이해 기능의 신장을 궁극적 목표로 해 온 것 또한 이러한 이유에서이다. 그러나 그럼에도 불구하고 표현 영역의 말하기, 쓰기에 대해 현대인이 느끼는 어려움과 고통은 상당하다.

언어 기능 신장의 한 영역인 말하기, 쓰기는 하루아침에 이루어지는 것이 아니다. 꾸준한 노력과 연습에 의한 결과이며, 다양한 분야에 대한 깊이 있는 사고와 지식이 밑바탕에 깔려 있어야 한다. 특히 글쓰기와 관련해 여러 분야의 독서가 필요한 이유이다.

그러나 이러한 조건을 어느 정도 갖춘 것만으로 표현의 모든 것을 준비했다고 할 수 없다. 아무리 훌륭한 내용이라도 그것을 표현함에 있어 나타나는 오류는 내용의 신뢰를 떨어뜨려 진정한 이해의 과정으로 나아갈 수 없기 때문이다.

모든 언어에는 표현과 관련한 일련의 규칙이 따르는데, 이를 포괄적으로 '문법'이라 부른다. 말을 할 때는 물론이며 글을 쓸 때에도 특정 언어가 따르는 질서를 지켜야만 정확하고 분명한 의사소통이 될 수 있다.

그러나 본서는 한국어의 표현과 관련한 문법적 현상에 대한 세부적인 고찰보다는 글을 표현함에 있어 지켜야 할 어문 규범만을 다루고 있다. 따라서 특정한 어문 규범을 이해하기 위해 한국어의 문법적 용어나 현상에 대한 설명은 최소화하여 서술하였다.

자신의 생각이나 주장 및 의견 등을 표현할 기회가 많아지고 있다. 글쓰기와 관련해 현대인이 지니는 두려움을 극복하고 자신 있는 글쓰기 활동을 위해 한국어의 어문 규범에 대한 정확한 지식은 분명 큰 도움이 되리라 생각한다. 그 도움에 본서가 일조하기를 기대한다.

마지막으로 어려운 경제 환경에서도 한국 출판문화 발전에 앞서가는 박이정 박찬익 사장님의 출간 제의에 감사드리며, 멋진 책으로 만들어주신 공혜정 님에게도 고마운 마음을 표한다.

2012년 9월 1일
김진호 씀

목차

• 머리말 _ 3

제1장 한글 맞춤법 ──────────────────────────────── 7

  1. 한글 맞춤법 탄생 ──────────────────────────── 8
  2. 한글 맞춤법 내용 ──────────────────────────── 12

제2장 한글 맞춤법 해설 ──────────────────────────── 15

  1. 한글 맞춤법의 대원칙 ──────────────────────── 16
  2. 한글의 자모 ──────────────────────────────── 21
  3. 소리에 관한 것 ──────────────────────────── 27
  4. 형태에 관한 것 ──────────────────────────── 43

제3장 띄어쓰기 및 그 밖의 것 ─────────────────────── 89

  1. 띄어쓰기 ────────────────────────────────── 90
  2. 그 밖의 것 ──────────────────────────────── 106

제4장 표준어 사정 원칙 ———————————————————— 133

   1. 표준어의 필요성 ———————————————————— 134
   2. 표준어 사정의 대원칙 ———————————————————— 138
   3. 발음 변화에 따른 표준어 ———————————————————— 145
   4. 어휘 선택의 변화에 따른 표준어 ———————————————————— 165

제5장 표준 발음법 ———————————————————— 175

   1. 표준 발음법의 필요성 ———————————————————— 176
   2. 표준 발음법의 대원칙 ———————————————————— 178
   3. 표준 발음법의 내용 ———————————————————— 181

- **예제 풀이** _ 207
- **한글 맞춤법 본문** _ 225
- **참고 문헌** _ 258

제 1 장

한글 맞춤법

1. 『한글 맞춤법』 탄생

'한글 맞춤법'의 사전적 정의는 '한글로 우리말을 표기하는 규칙의 전반'을 이르는 말이다. 현재의 맞춤법은 1933년의 『한글 마춤법 통일안』을 기본으로 하여, 오늘[1])에 이르고 있다. 1933년 조선어학회의 규정으로 출발한 『한글 맞춤법』의 역사적 과정을 해방 이전과 이후로 구분하여 살펴보기로 한다.

1.1. 해방 이전의 과정

15세기에 훈민정음이 반포되었지만 여전히 한자가 국자(國字)의 위치에 있었다. 그러다가 고종 31년인 1894년 갑오경장을 맞이하여 우리 문자에 대한 새로운 인식으로 공문서에 국문 또는 국한문을 채택하게 되었다. 이는「官報」나 교과서에도 적용되었다.

1910년 한일 강제 병합을 맞이하면서 일본어가 공용어가 되었다. 그러나 1912년 4월「普通學校用 諺文綴字法」에서 '京城語를 標準으로 함'이라 하여 명문(明文)으로서 우리의 표준말이 정식으로 규정되었다. 한편, 이 시기에 일제에 의한『朝鮮語辭典』이 편찬되는데, 이는 표준말을 규정했다는 점과 언문일치시대의 첫 번째 문헌이라는 점에서 가치가 있다.

1910년대 편찬된『朝鮮語辭典』을 토대로 1912년「諺文綴字法」의 모순을 개정한「改正諺文綴字法」이 1920년대에 나왔다. 이 시기는 조선어학회의 출현으로 국어사전 편찬을 위한 정서법, 표준어 등의 문제를 집중 연구하였다. 왜냐하면

---

1) 현행『맞춤법』은 1988년 1월 문교부가 확정·고시한 것이다.

사전의 어휘 표제어에는 표준어를 써야 하기 때문이었다.

1930년대의 대표적 업적은 1933년 『한글 마춤법 통일안』과 1936년의 『사정한 조선어 표준말 모음』이다. 전자는 1930년 12월 13일 조선어학회 12인의 위원(권덕규·김윤경·박현식·심명균·이극로·이병기·이희승·이윤재·장지영·정열모·정인섭·최현배)의 심의 결과 1932년 12월에 『한글 마춤법 통일안』의 원안이 작성, 1차 2차 독회를 거쳐 1933년 10월 29일 고시되었다.[2] 후자는 우리의 손에 의해 정식으로 표준말이 사정되었다는 의의를 지닌다. 이 기간의 1937년에 맞춤법의 첫 번째 수정이 이루어진다. 즉 1936년 10월 28일(한글 기념일)에 발표된 『사정한 표준말 모음』의 부록에 실린 표준말 제7항과 제8항의 표준말 어례 전부를 삭제하고 『한글 마춤법 통일안』의 각 항 용어와 어례(語例)들을 모두 사정된 표준말로 수정하였다. 그 후 1940년 6월의 두 번째 개정이 이루어지는데, 이는 부분적 수정에 불과하였다.

1.2. 해방 이후의 과정

이 시기의 가장 커다란 업적은 바로 한글학회 『큰 사전』의 편찬 사업이다. 사실 이 사업은 1930년에 착수한 것으로 1942년 조선어학회의 『朝鮮語大辭典』으로 완성될 예정이었다. 그러나 일제의 조선어학회 사건으로 1947년에 1권의 『조선말 큰 사전』이 나왔다. 다시 1950년에는 한글학회의 『큰 사전』으로 명칭을 변경하여야 했고, 1957년 10월 한글날 전 6권으로 완결을 보게 되었다. 이 기간의 1946년, 1948년과 1958년에 부분적 수정이 가해지는데, 1946년의 개정안에는 6개 항의 수정이 이루어졌다. 반면 1948년과 1958년의 수정안은 개정이라 말하기가 어렵다. 1948년은 1946년의 것을 한글로 바꾸었을 뿐이며, 1958년의 것은 문법 용어만을 문교부의 용어로 바꾼 것이기 때문이다.

『한글 맞춤법』이 여러 차례 수정을 거치게 되었지만, 실제적인 면에서 이의

---

2) 통일안은 '총론', '각론'(7장 63항), '부록'(표준말, 문장부호)으로 구성되었다.

규범이 잘 지켜지지는 않았다. 앞에서 살핀 것처럼 1933년의 통일안을 기본 골격으로 한 규정이기에 그 사이에 변화한 어문 규정이 반영되지 않았다는 점이 가장 커다란 이유였다. 이에 문교부는 1970년에 한글 맞춤법 위원회를 구성하여 재검토에 들어가 1979년 '맞춤법안'을 발표하게 되었지만 여러 문제점으로 인해 학술원 주관 하에 다시 검토에 들어가 1984년 '한글 맞춤법 개정안'을 제출하게 된다. 그러나 이 문제는 국가 뿐 아니라 국민의 문자생활에 상당한 영향을 미친다는 시각 아래 1985년 국어연구소에 '맞춤법 개정안'의 검토를 위촉하였다. 국어연구소는 각계각층의 여론을 수렴하여 1987년 4월 '한글 맞춤법 개정안'을 완성, 세상에 발표한 후, 약간의 수정을 거쳐 같은 해 9월 문교부에 제출하였고, 1988년 1월 19일『한글 맞춤법』으로서 '문교부 고시 제 88-1호'로 고시하게 된다.

따라서 현행『한글 맞춤법』은 1933년『한글 마춤법 통일안』이 제정되고 난 후, 시간의 흐름에 따른 언어 변화를 반영하기 위한 개정으로, 통일안의 기본 골격은 대부분 그대로 유지되어 있다. 이는『한글 마춤법 통일안』과『한글 맞춤법』기본 원칙의 비교를 통해서도 알 수 있다. 왜냐하면 맞춤법 총론으로서의 기본 원칙은 그 하위의 각 세부 규정에 영향을 미치는 중요한 근간이 되기 때문이다.

	『한글 마춤법 통일안』 (1933)	『한글 맞춤법』 (1988)
1	한글 마춤법(철자법)은 **표준말**을 그 소리대로 적되, 어법에 맞도록 함으로써 원칙을 삼는다.	한글 맞춤법은 **표준어**를 소리대로 적되, 어법에 맞도록 함을 원칙으로 한다.
2	표준말은 대체로 현재 중류 사회에서 쓰는 서울말로 한다.	표준어 규정이 제정되면서 삭제(표준어 사정 원칙의 제1장 총칙3)에서 정의)
3	문장의 각 단어는 띄어 쓰되, **토**는 그 웃말에 붙여 쓴다.	문장의 각 단어는 띄어 씀을 원칙으로 한다.
4	-	외래어는 '외래어 표기법'에 따라 적는다.

『통일안』의 표준말(어)에 대한 정의가 『맞춤법』의 표준어 규정이 제정되면서 삭제되었고, 용어의 변화(표준말 → 표준어, 토 → 조사)와 외래어 표기 규정의 신설을 제외하고 큰 변화가 없음을 알 수 있다.

---

3) "표준어는 교양 있는 사람들이 두루 쓰는 현대 서울말로 정함을 원칙으로 한다."(표준어 규정 제1부 제1장 총칙의 제1항 규정).

2. 『한글 맞춤법』 내용

현행『한글 맞춤법』은 아래와 같이 6개의 본문(총칙, 자모, 소리에 관한 것, 형태에 관한 것, 띄어쓰기, 그 밖의 것)과 부록(문장 부호)으로 구성되어 있다.

장(내용)		절	항
제1장	총칙		제1항-제3항
제2장	자모		제4항
제3장	소리	제1절 된소리 제2절 구개음화 제3절 'ㄷ'소리 받침 제4절 모음 제5절 두음 법칙 제6절 겹쳐 나는 소리	제5항 제6항 제7항 제8항-9항 제10항-12항 제13항
제4장	형태	제1절 체언과 조사 제2절 어간과 어미 제3절 접미사가 붙어서 된 말 제4절 합성어 및 접두사가 붙는 말 제5절 준말	제14항 제15-18항 제19항-26항 제27항-31항 제32항-40항
제5장	띄어쓰기	제1절 조사 제2절 의존 명사, 단위를 나타내는 명사 및 열거하는 말 등 제3절 보조 용언 제4절 고유 명사 및 전문 용어	제41항 제42항-46항 제47항 제48항-50항
제6장	그 밖의 것		제51항-57항
부 록	문장 부호	마침표, 쉼표, 따옴표, 묶음표, 이음표, 드러냄표, 안드러냄표	

제1장은 '총칙'으로 『한글 맞춤법』의 대원칙(1항)과 띄어쓰기(2항) 그리고 외래어 표기법(3항)을 규정하고 있다. 제2장은 한글 자음과 모음의 수와 순서, 이름을 규정하고 있으며, 6개의 절로 구분되어 있는 제3장은 국어의 음성 변화와 관련한 표기 규정을 다루고 있다. 제4장은 5개의 절로 구성되어 형태소끼리의 결합 과정에 나타나는 표기를 규정하고 있다. 제5장은 띄어쓰기를, 제6장은 발음이 유사한 형태들의 표기 차이를 다루며, 마지막으로 부록에서는 다양한 문장 부호의 사용법을 제시하고 있다.

제2장

한글 맞춤법

해설

1. 한글 맞춤법의 대원칙

제1항 한글 맞춤법은 표준어를 소리대로 적되, 어법에 맞도록 함을 원칙으로 한다.
제2항 문장의 각 단어는 띄어 씀을 원칙으로 한다.
제3항 외래어는 '외래어 표기법'에 따라 적는다.

1.1. **표음주의와 형태음소주의** – 제1항의 규정

❶ '나무, 구름, 사람, 비'의 발음과 표기는?
❷ '꽃, 꽃이, 꽃만, 꽃잎'의 발음과 표기는?

❶은 표준어를 소리 나는 대로 적은 것이다. ❷를 소리 나는 대로 적으면, '꼳, 꼬치, 꼰만, 꼰닙'이 되어, '한글 맞춤법은 표준어를 소리대로 적는다.'는 규정에 충실한 표기가 될 수 있다. 그러나 이러한 표기는 단어의 원형을 찾기 어려우며, 하나의 개념이 여러 형태로 쓰여 의미 전달에 어려움이 생긴다. 다음도 마찬가지이다.

❸ 나제 놀다 두고 온 나문닙빼는 엄마 겨테 누워도 생가기…

음성 언어와 달리 문자 언어의 가장 큰 장점은 시각적으로 원활한 의사소통을 이룰 수 있다는 점이다. 그러나 소리 나는 대로 표기한 예문 ❸은 이 노래를 모르는 사람은 물론이거니와 익숙한 사람에게도 그 의미가 선뜻 다가오지 않는다. 따라서 실제 발음과 그 표기가 일치하지 않는 표준어는 독서의 효율성을 높이기 위해서 '어법에 맞게 적는다.'는 보충 규정이 필요하다.

📢 **생각** 『한글 맞춤법』 제1항의 '어법에 맞게 적는다'는 규정의 의미를 생각해보자.

⌐ 음운론적 환경에 따라 달리 나타날 수 있는 한 단어의 발음 양상을 표준발음으로 인정하기는 하지만, 형태는 통일된 것으로 정하여 쓰자는 것이다. 달리 표현하면, '그 형태소의 원형을 밝혀 적는다'는 것이다. 따라서 ❷와 ❸은 '꽃', '낯', '-에', '나뭇잎', '배', '곁', '-에', '생각', '-이'로 적어야 한다.

📢 **생각** '어법에 맞게 적는다'와 '어법에 맞도록 함을 원칙으로 한다'의 차이에 대해 알아보자.

⌐ 이 두 표현의 문맥적 의미 차이는 분명하다. 전자는 예외가 없다는 단정적 표현이지만, 후자는 예외가 있을 수 있다는 것이다. 바로 위에서 '어법에 맞게 적는다'는 것을 형태소의 원형을 밝혀 적는 것이라 해석하였다. 그러나 형태소 중 실질형태소와 달리 형식형태소는 변이형태를 인위적으로 통일하기가 어렵다.
　① 꽃[꼳], 꽃이[꼬치], 꽃만[꼰만] : 실질형태소의 본 모양을 '꽃'으로 인정한다.
　② 사람-이 / 사과-가 : 형식형태소는 음운 형태가 현저하게 다르기 때문에 실질형태소처럼 한 가지로 통일하여 표기할 수 없기에, 예외 현상이 되는 것이다.

1.2. 띄어쓰기의 경제성 – 제2항의 규정

❶ "아버지가방에들어가신다."의 띄어쓰기는?
❷ "나물좀다오."의 띄어쓰기는?

예문 ❶은 "아버지가 방에 들어가신다."와 "아버지 가방에 들어가신다."의 띄어쓰기가 가능하다. 둘 다 '주어-부사어-서술어'로 이루어진 문법적 문장이다. 예문 ❷도 "나물 좀 다오.", "나 물 좀 다오."가 가능하다.

띄어쓰기를 하기 전 두 가지의 의미를 지녔던 것과 달리 띄어쓰기를 하고 난 후의 문장은 의미가 분명해졌다. 따라서 띄어쓰기 역시 문자 언어의 효율성과 경제성을 위한 조항임을 알 수 있다. 예문 ❶과 ❷의 띄어쓰기한 문장에서 『맞춤법』 제2항 "문장의 각 단어는 띄어 씀을 원칙으로 한다."를 도출할 수 있다.

▶생각 '단어'의 정의와 품사와의 관계에 대해 알아보자.

↳ 단어는 의미를 지니고 있는 최소의 자립형식이다. 품사와 관련해서 생각하면 이해가 빠르다. 왜냐하면, 단어를 의미, 기능, 형태에 따라 분류한 것이 품사이기 때문이다. 한국어는 9품사로 분류된다.

9품사	체　언 : 명사, 대명사, 수사
	용　언 : 동사, 형용사
	수식언 : 관형사, 부사
	독립언 : 감탄사
	관계언 : 조사

예문 ❷는 모두 단어를 기준으로 띄어쓰기를 하였다. '나(대명사), 물(명사), 나물(명사), 좀(부사), 다오(동사)'와 같다. 예문 ❶을 이 기준에 따라 띄어쓰기를 하면 다음과 같다.

(1)	아버지 (명사)	/	가 (조사)	/	방 (명사)	/	에 (조사)	/	들어가신다 (동사)
(2)	아버지 (명사)	/	가방 (명사)			/	에 (조사)	/	들어가신다 (동사)

단어를 기준으로 한 예문 ❶의 띄어쓰기는 실제 띄어쓰기와 일치하지 않는다. 바로 '조사' 때문이다. 한국어에서 조사는 비록 자립할 수 없지만 단어의 자격을 지니고 있다. 따라서 제2항 띄어쓰기의 규정에 따르자면 앞 말과 띄어 써야 한다. 그러나 실제 띄어쓰기에서는 앞 말과 붙어 있다. 즉 2항의 예외인 것이다. 그리하여 '단어는 띄어 쓴다.'가 아니라 '띄어 씀을 원칙으로 한다.'고 하여 띄어쓰기의 예외를 인정하고 있다.

	철수가 밥을 먹다					
주시경(분석적)	철수	가	밥	을	먹	다
최현배(절충적)	철수	가	밥	을	먹다	
정렬모(종합적)	철수가		밥을		먹다	

위에서 올바르게 띄어쓰기한 문장들을 종합해보면, 제2항의 '단어'란 용어는 엄밀히 말하면 '어절'이라 할 수 있다.

1.3. 외래어 표기의 특질 – 제3항의 규정

❶ "철수가 bench에 앉아 있다."에서 bench의 올바른 표기는?
❷ "이번 주까지 report를 제출하십시오."에서 report의 올바른 표기는?

예문에서 '벤치'(bench), '리포트'(report)는 한국어가 아닌 외래어이다. 이희승·안병희(1989:27)에서는 '외국으로부터 들어온 말이 국어에 파고들어 익히 쓰여지는 말, 곧 국어화한 외국어'를 외래어라 정의하고 있다. 외래어의 표기를 위해 제3항 "외래어는 '외래어 표기법'에 따라 적는다."는 조항을 만들었다. 사실이 조항은 『한글 마춤법 통일안』(1933년)에는 없던 것이다. 언어는 시간의 흐름에 따라 변한다는 성질을 지니고 있기에 외국과의 빈번한 교류 확대로 외래어의 올바른 표기법을 마련해야만 했다. 그리하여 1985년 12월 28일 '외래어 표기법'을 정하여 공표하였고, 그 후, 몇 차례 수정이 더 있었다.

2. 한글의 자모

2.1. 자모의 정의

 '자모'는 우리말의 표기를 위해 필요한 낱글자, 자음과 모음을 지칭한다. 음성 언어와 달리 음성을 표기할 수 있는 고유한 문자 언어는 문화적 우월성을 나타 내는 척도가 된다. 그 가운데 자음과 모음의 결합에 의해 음절을 구성하는 표음문자 중 음소문자가 가장 발달한 문자 형태이다.

TIP

역사학적 문자론의 입장에서 인류의 문자는 '회화문자 → 표의문자 → 표음문자'의 순으로 발전하였으며, 표음문자는 다시 음절문자와 음소문자로 나뉜다. 음절문자는 글자 하나하나가 뜻과 관계없이 소리로 이루어진 것으로 일본의 '가나'와 중국의 '한자'가 이에 속한다. 음소문자는 글자 하나하나가 지시하는 음의 단위가 음소인 것으로, 로마자와 한글이 이에 속한다.

2.2. 한글 자모의 특징

 ❶ 한글 자모의 수는 몇 개인가?
 ❷ 한글 자모의 순서와 이름은 어떻게 정하는가?

 ❶과 ❷의 질문에 우리는 익히 암송하고 있는 '기역(ㄱ), 니은(ㄴ), 디귿(ㄷ),… 티읕(ㅌ), 피읖(ㅍ), 히읗(ㅎ)'(14자)와 '아(ㅏ), 야(ㅑ), 어(ㅓ), 여(ㅕ), 오(ㅗ), 요(ㅛ), 우(ㅜ), 유(ㅠ), 으(ㅡ), 이(ㅣ)'(10자)를 떠올린다. 그리고 이들 24자로 적을 수 없는 소리는 아래의 낱글자를 이용한다.

자음 : 쌍기역(ㄲ), 쌍디귿(ㄸ), 쌍비읍(ㅃ), 쌍시옷(ㅆ), 쌍지읒(ㅉ)

모음 : 애(ㅐ), 얘(ㅒ), 에(ㅔ), 예(ㅖ), 와(ㅘ), 왜(ㅙ), 외(ㅚ), 워(ㅝ), 웨(ㅞ),
위(ㅟ), 의(ㅢ)

자음과 달리 모음은 그 선정 기준이 애매모호하다. 즉 10개의 기본 자모는
어떠한 공통성이 존재하지 않는다. 단모음과 이중모음이 혼재되어 있기 때문이
다. 국어 음운론에서 분류하는 기준에 따르면 다음과 같다.

단 모 음 : ㅏ, ㅐ, ㅓ, ㅔ, ㅗ, ㅚ, ㅜ, ㅟ, ㅡ, ㅣ (10)

이중모음 : ㅑ, ㅒ, ㅕ, ㅖ, ㅘ, ㅙ, ㅛ, ㅝ, ㅞ, ㅠ, ㅢ (11)

따라서 한글 기본자모 24자는 기존 체계의 자음 14자와 함께 단모음 10자로
이루어져야 규칙의 일관성에 맞게 된다.

제**4**항 한글 자모의 수는 스물넉 자로 하고, 그 순서와 이름은 다음과 같이 정한다.

ㄱ(기역) ㄴ(니은) ㄷ(디귿) ㄹ(리을) ㅁ(미음) ㅂ(비읍) ㅅ(시옷) ㅇ(이응)

ㅈ(지읒) ㅊ(치읓) ㅋ(키읔) ㅌ(티읕) ㅍ(피읖) ㅎ(히읗)

ㅏ(아) ㅑ(야) ㅓ(어) ㅕ(여) ㅗ(오) ㅛ(요) ㅜ(우) ㅠ(유) ㅡ(으) ㅣ(이)

[붙임1] 위의 자모로써 적을 수 없는 소리는 두 개 이상의 자모를 어울러서 적되,
그 순서와 이름은 다음과 같이 정한다.

ㄲ(쌍기역) ㄸ(쌍디귿) ㅃ(쌍비읍) ㅆ(쌍시옷) ㅉ(쌍지읒)

ㅐ(애) ㅒ(얘) ㅔ(에) ㅖ(예) ㅘ(와) ㅙ(왜) ㅚ(외) ㅝ(워) ㅞ(웨) ㅟ(위) ㅢ(의)

생각 다음 설명 중 올바른 것을 찾아보자.

1. ① '한글'과 '훈민정음'의 지시대상은 같다.
   ② '한글'과 '훈민정음'의 지시대상은 다르다.

2. ① '한글', '훈민정음'이라는 명칭은 세종대왕이 만들었다.
   ② 명칭 '한글'은 주시경, '훈민정음'은 세종대왕이 만들었다.

생각 '훈민정음' 창제 당시 자모의 수와 순서, 명칭을 알아보자.

① 훈민정음 자모의 수 : 28자
② 훈민정음 자모의 순서
   (자음) ㄱ ㅋ ㅇ / ㄷ ㅌ ㄴ / ㅂ ㅍ ㅁ / ㅈ ㅊ ㅅ / ㆆ ㅎ ㅇ / ㄹ / ㅿ : 17자
   (모음) · ― ㅣ / ㅗ ㅏ ㅜ ㅓ / ㅛ ㅑ ㅠ ㅕ : 11자
③ 훈민정음 자모의 명칭
   (자음) ㄱ 牙音如君子初發聲 ㅋ 牙音如快字初發聲 …
   (모음) ·如吞字中聲 ―如卽字中聲 ㅣ如侵字中聲 …

위의 답을 통해서 오늘날 한글 자모의 수와 순서가 훈민정음 창제 당시와 일치하지 않음을 알 수 있다. 그리고 한글 자모 명칭의 동일성 또한 확인할 수 없다. 자모의 변화는 시간의 흐름에 따른 자연스러운 현상이라 하더라도 순서와 명칭은 어느 시기에 현행과 비슷하거나 같게 되었을까? 이 문제를 해결하기 위해서 우리는 중종 22년(1527) 최세진이 지은 『훈몽자회』의 범례 중 '언문 자모'에 해당하는 내용을 살펴보아야 한다. 이 내용에서 오늘날과 동일한 한글 자모의 순서와 명칭을 확인할 수 있다.

(1) 순서

❶ 초성종성통용팔자 : ㄱ, ㄴ, ㄷ, ㄹ, ㅁ, ㅂ, ㅅ, ㆁ
❷ 초성독용팔자　　 : ㅋ, ㅌ, ㅍ, ㅈ, ㅊ, ㅿ, ㅇ, ㅎ
❸ 중성독용십일자　 : ㅏ, ㅑ, ㅓ, ㅕ, ㅗ, ㅛ, ㅜ, ㅠ, ㅡ, ㅣ, ㆍ

자음 배열의 경우 일정한 규칙을 찾을 수 있다. 첫째, 평음에 이은 유기음의 제시 순서를 따르고 있다. 둘째, 평음 8자는 '아(ㄱ)-설(ㄴ, ㄷ, ㄹ)-순(ㅁ, ㅂ)-치(ㅅ)-후(ㅇ)'라는 순서에 따라 제시하고 있다. 반면 모음 배열은 'ㆍ'를 제외한 모든 것이 현행 맞춤법과 일치하고 있다.

🔊생각 '초성종성통용팔자'로 알 수 있는 당시 표기법을 설명해보자.

ㄴ 세종대왕의 훈민정음 창제 당시 받침 표기는 두 가지였다. '종성부용초성'과 '팔종성'이었다. 전자가 원칙적 규정이었고 예외적으로 후자를 인정한 것이다. 이것이 현행 맞춤법의 형태 음소적 표기의 근원이 되었다. 그러나 최세진의 『훈몽자회』에서는 '초성종성통용팔자'라 하여 초성에 쓰이는 8개로만 받침을 한정하였다. 즉 어원을 밝혀 적기보다는 소리에 충실한 표기 규정(음소주의 표기)를 마련한 것이다. 이러한 연유로 받침 표기에 있어서는 오히려 앞 시대의 발전적 규정에서 한 단계 뒤처지게 되었다.

(2) 명칭

❶ ㄱ其役, ㄴ尼隱, ㄷ池(末), ㄹ梨乙, ㅁ眉音, ㅂ非邑, ㅅ時(衣), ㆁ異凝
　末衣兩字只取本字之釋俚語爲聲　其尼池梨眉非時異　八音用於初聲　役隱末乙
　音邑衣凝　八音用於終聲
❷ ㅋ箕, ㅌ治, ㅍ皮, ㅈ之, ㅊ齒, ㅿ而, ㅇ伊, ㅎ屎
　箕字亦取本字之釋俚語爲聲

❸ ㅏ阿, ㅑ也, ㅓ於, ㅕ余, ㅗ吾, ㅛ要, ㅜ牛, ㅠ由, ㅡ應(不用終聲), ㅣ伊(只 用中聲), ·思(不用初聲)

각각의 자모 옆에 표현되어 있는 한자는 이들의 명칭이 아니었다. 사실 이들 은 해당 자모의 초성에서와 종성에서의 발음을 표시하고 있는 것이다. 예를 들 면, 자모 'ㄱ'은 초성에서는 '기'로, 종성에서는 '역'으로 실현됨을 보인 것이다. 그러나 이러한 자모의 발음이 시간을 지나면서 자연스럽게 명칭화 된 것으로 보인다.

🔊 **생각** 다음의 질문에 대해 설명해보자.

① ○ 안에 들어 있는 한자는 어떻게 읽으라는 것인가?
↳ '末衣兩字只取本字之釋俚語爲聲'을 해석해보면, 이 한자는 음이 아닌 뜻으로 읽으 라는 것이다. 한자어 '末'은 '끝'(당시에는 된소리화 현상이 일어나지 않아 '귿'으로 읽혔다. 따라서 '디귿'이 된다.) '衣'는 '옷'이란 뜻이기에 '시옷'이 되는 것이다.

② 자모 'ㄷ, ㅌ, ㅎ'의 한자 명칭은 각각 '지(池) 치(治) 시(屎)'가 된다. '디, 티, 히'와 의 관계를 어떠한 음운현상으로 설명할 수 있는가?
↳ 구개음화 현상과 관련된다. 구개음이 아닌 'ㄷ, ㅌ, ㅅ'이 후행하는 'ㅣ'모음의 영향 을 받아 구개음인 'ㅈ, ㅊ, ㅎ'으로 변한다. 하지만 한국어에서 구개음화 현상은 16 세기에 나타나지 않았다. 따라서 16세기에는 '디, 티, 히'로 발음된 것이다.

③ 다음 모음의 음을 어떻게 설명할 수 있는가?
가. ㅡ(應) : 不用終聲 → 한자어 應(응)에서 'ㅡ'의 발음은 종성을 빼야 한다. 따라 서 종성을 사용하지 말고 읽으라는 것이다.
나. ㅣ(伊) : 只用中聲 → 한자어 伊(이)에서 'ㅣ'의 발음은 중성에 있다. 따라서 중 성만 사용하여 발음하라는 것이다.
다. ·(思) : 不用初聲 → 한자어 思(ᄉ)에서 '·'의 발음은 종성에 있다. 따라서 초 성을 사용치 말고 종성만 읽으라는 것이다.

결국 우리가 알고 있는 한글 자모의 명칭은 최세진의 『훈몽자회』를 그 출발 점으로 하여 오늘까지 이어 온 것이라 할 수 있다.

❹ 자음의 이름에 나타나는 일정한 명명식을 찾고, ㄱ, ㄷ, ㅅ의 정확한 명칭은?

한글 자모의 자음은 모두 2음절로 구성되어 있다. 즉 모든 자음은 초성 뿐 아니라 받침으로도 사용하기에 이름의 첫 음절은 초성에서의 발음을 나타내고, 둘째 음절은 종성에서의 발음을 나타낸다. 다만 'ㄱ, ㄷ, ㅅ'의 경우 다른 자음과 통일성을 기하기 위해서는 각각 '기윽, 디읃, 시읏'이 되어야 하겠지만, 앞서 본 바처럼 오랜 관용으로 불려져 왔기에 '기역, 디귿, 시옷'으로 하였다.

2.3. 한글 자모의 순서

❶ '굼벵이'와 '꿈나무' 중 사전에서 먼저 나오는 것은?
❷ '왜'와 '와' 중 사전에 먼저 나오는 것은?

❶의 단어 '굼벵이'와 '꿈나무'에서는 어두자음 ㄱ과 ㄲ의 관계 순서에 따라 '굼벵이'가 우선한다. ❷의 '왜'와 '와' 중에서는 모음 'ㅘ'가 'ㅙ'에 앞서기에 '와'가 우선한다. 한글 맞춤법에서 다음과 같이 정하고 있다.

[붙임1] 사전에 올릴 적의 자모 순서는 다음과 같이 정한다.
자음 : ㄱ ㄲ ㄴ ㄷ ㄸ ㄹ ㅁ ㅂ ㅃ ㅅ ㅆ ㅇ ㅈ ㅉ ㅊ ㅋ ㅌ ㅍ ㅎ
모음 : ㅏ ㅐ ㅑ ㅒ ㅓ ㅔ ㅕ ㅖ ㅗ ㅘ ㅙ ㅚ ㅛ ㅜ ㅝ ㅞ ㅟ ㅠ ㅡ ㅢ ㅣ

TIP

받침 글자의 차례는 다음과 같다.
ㄱ ㄲ ㄳ ㄴ ㄵ ㄶ ㄷ ㄹ ㄺ ㄻ ㄼ ㄽ ㄾ ㄿ ㅀ ㅁ ㅂ ㅄ ㅅ ㅆ ㅇ ㅈ ㅊ ㅋ ㅌ ㅍ ㅎ

3. 소리에 관한 것

TIP

'소리에 관한 것'의 '소리'는 '음성'과 '음향'으로 구분된다. 그러나 세부 항의 '된소리, 구개음화, 'ㄷ' 소리 받침, 모음, 두음법칙, 겹쳐 나는 소리'에 대한 규정을 통해 '음성'과 관계있음을 알 수 있다. 이들 규정은 모두 한국인의 발음으로 실현되는 음성에 관한 사항이고, 음성은 인간의 발음기관을 통해 나오는 소리를 지칭하기 때문이다.

3.1. [어깨]어깨 : [법썩]법석/*법썩 – 까닭 없이 나는 된소리

된소리는 후두(喉頭) 근육을 긴장하거나 성문(聲門)을 폐쇄하여 발음하는 음으로, 흔히 긴장음이라 한다. 한국어의 된소리는 평음 'ㄱ, ㄷ, ㅂ, ㅅ, ㅈ'과 관련해 'ㄲ, ㄸ, ㅃ, ㅆ, ㅉ'의 다섯이 존재한다. 따라서 된소리 현상과 관련되는 자음은 'ㄱ, ㄷ, ㅂ, ㅅ, ㅈ' 다섯이다.

   ❶ '어깨, 오빠, 으뜸, 가끔, 부썩, 어찌' 등의 표기 규칙은?
   ❷ '잔뜩, 살짝, 훨씬, 담뿍, 움찔, 몽땅' 등의 표기 규칙은?

❶과 ❷에 제시한 단어들은 모두 된소리로 적고 있다. 이 중, ❶은 모음과 모음 사이에서 나는 된소리를 표기하고 있으며, ❷는 받침 'ㄴ, ㄹ, ㅁ, ㅇ' 뒤에서 나는 된소리를 표기하고 있다.

이들 단어들은 표준발음법 제6장 '된소리되기'의 규칙이 적용되는 환경이 아니다. 즉 원래부터 예사소리이었던 것이 제6장의 규칙에 의해 된소리로 발음되는 것이 아니고, 특별한 이유 없이 된소리로 나는 것들이다. 따라서 된소리 규칙의 적용을 받는 '국밥'은 발음만 [국빱]으로 날뿐이지 그 표기는 원형을 밝혀 적게 된다.

🔊**생각** 표준발음법 제6장의 세부 규정은 다음과 같다. 이에 해당하는 예를 찾아 보자.

① 제23항 받침 'ㄱ(ㄲ, ㅋ, ㄳ, ㄹ), ㄷ(ㅅ, ㅆ, ㅈ, ㅊ, ㅌ), ㅂ(ㅍ, ㄼ, ㄿ, ㅄ)' 뒤에 연결되는 'ㄱ, ㄷ, ㅂ, ㅅ, ㅈ'은 된소리로 발음한다.

예)

② 제24항 어간 받침 'ㄴ(ㄵ), ㅁ(ㄻ)' 뒤에 결합되는 어미의 첫소리 'ㄱ, ㄷ, ㅅ, ㅈ'은 된 소리로 발음한다.

예)

③ 제25항 어간 받침 'ㄼ, ㄾ' 뒤에 결합되는 어미의 첫소리 'ㄱ, ㄷ, ㅅ, ㅈ'은 된소리로 발음한다.

예)

④ 제26항 한자어에서, 'ㄹ' 받침 뒤에 연결되는 'ㄷ, ㅅ, ㅈ'은 된소리로 발음한다.

예)

⑤ 제27항 관형사형 '-(으)ㄹ' 뒤에 연결되는 'ㄱ, ㄷ, ㅂ, ㅅ, ㅈ'은 된소리로 발음한다.

예)

⑥ 제28항 표기상으로는 사이시옷이 없더라도, 관형격 기능을 지니는 사이시옷이 있 어야 할(휴지가 성립되는) 합성어의 경우에는, 뒤 단어의 첫소리 'ㄱ, ㄷ, ㅂ, ㅅ, ㅈ' 을 된소리로 발음한다.

예)

그러나 된소리 규칙의 적용을 받지 않는 '어깨'는 [어깨]라는 실제 발음 나는 대로 표기하는 것이다. '잔뜩' 역시 이 규칙의 적용을 받지 않고 실제 [잔뜩]으로 발음나기에 된소리로 표기한다. 실제 형태와 발음이 동일한 것이다.

한편, '소쩍새'의 발음은 [소쩍쌔]이다. 하나의 형태소 '소쩍'은 ❶과 동일한 규정의 적용을 받아 된소리로 적은 것이며, 받침 ㄱ 뒤의 '새'는 된소리 발음의 환경에서 일어나는 보편적 음운현상으로 그 원형을 밝혀 적고 있다.

❸ 국수, 싹둑, 법석, 갑자기 / 똑똑-하다, 쌉쌀-하다

❸의 '국수, 싹둑, 법석, 갑자기'는 된소리 규칙의 적용을 받아 [국쑤], [싹뚝], [법썩], [갑짜기]로 발음나지만 그 원형을 밝혀 적은 것이다. '똑똑, 쌉쌀' 역시 이들 단어와 동일한 조건, 즉 받침 'ㄱ, ㅂ' 뒤에서 된소리로 발음난다. 그러면 '똑똑, 쌉살'로 표기해야 한다고 생각할 수 있다. 이를 이해하기 위해서 다음의 규정을 살펴야 한다.

> 다만, 'ㄱ, ㅂ' 받침 뒤에서 나는 된소리는, 같은 음절이나 비슷한 음절이 겹쳐 나는 경우가 아니면 된소리로 적지 아니한다.

이 규정에 따르면, 받침 'ㄱ, ㅂ' 뒤에서 같은 음절이나 비슷한 음절이 겹쳐 날 경우에는 된소리로 적을 수 있다는 것이다. 따라서 동일 음절의 반복인 '똑똑'과 비슷한 음절인 '쌉쌀'이 올바른 표기가 되는 것이다.

3.2. [마지]맏이 : [미다지]미닫이/*미다지 – 구개음화

구개음은 입천장소리를 뜻한다. 입천장과 관련한 발음 기관에는 경구개와 연구개가 있다. 전자는 윗니 뒤부터 입천장의 가운데까지로 딱딱한 부분인데 반해 후자는 경구개 뒤쪽으로 부드러운 부분이다. 이 중, 구개음화와 관련한 것은 경구개음으로, 'ㅈ, ㅊ, ㅉ'이 해당한다. '화(化)'는 변한다는 것으로, 어떠한 성질이 다른 성질로 변하는 경우에 붙이는 접미사이다. 따라서 구개음화는 구개음이 아닌 음이 구개음으로 변하는 것을 의미한다.

❶ 구개음화의 조건과 그 변화 양상은?
❷ 구개음화가 일어난 단어의 올바른 표기는?

구개음화의 조건은 'ㄷ, ㅌ'이 반모음 [j]나 모음 [i]에 선행해야 한다. 즉 'ㄷ, ㅌ'
+ 'ㅣ, ㅑ, ㅕ, ㅛ, ㅠ'이어야 한다. 이 조건을 만족할 때, 구개음이 아닌 'ㄷ, ㅌ'이
구개음 'ㅈ, ㅊ'으로 발음된다.

제6항 'ㄷ, ㅌ' 받침 뒤에 종속적 관계를 가진 '-이(-)'나 '-하'가 올 적에는 그 'ㄷ, ㅌ'
이 'ㅈ, ㅊ'으로 소리나더라도 'ㄷ, ㅌ'으로 적는다.(ㄱ을 취하고, ㄴ을 버림.)

ㄱ	ㄴ	ㄱ	ㄴ
맏이	마지	____	할치다
____	해도지	걷히다	거치다
굳이	구지	____	다치다
____	가치	묻히다	무치다
끝이	끄치		

한글 맞춤법 제6항 규정은 구개음화가 종속적 관계에 있는 두 형태소의 결합
에서만 일어남을 표현한다. 따라서 '잔디'는 [잔지]가 되지 않는다. 왜냐하면 한
형태소로 되어 있기 때문이다. 규정에서의 종속적 관계란 '말+소', '꼬치+안주'처
럼 서로 대등한 관계가 아닌 어느 한쪽이 다른 쪽에 비해 기울어진 관계에 있
음을 의미한다. 용례를 통해 보면, 체언이나 용언의 어간과 달리 후행하는 '-이'
와 '-히-' 등은 자립의 유무나 의미의 허실에서 대등한 관계에 있지 않다. 한편,
'ㄷ'은 자음 'ㅎ' 앞에서 'ㅌ'이 되고, 'ㅣ'모음의 영향에 의해 구개음 'ㅊ'이 될 수도
있기 때문에 '-히-'를 조건으로 제시하고 있다.

그러나 실제 발음이 구개음화 규칙에 의해 구개음으로 나더라도 어법에 맞
추어 그 원형을 밝혀 적는다. 이는 된소리화 규정에 의한 된소리 발음의 표기
법과 일치한다. 다만, '뚜렷한 이유 없이', 즉 원래부터 된소리인 형태의 된소리
표기와는 그 성격이 다르다.

3.3. [숟까락]숟가락 : [젇까락]젓가락/*젇가락 – 'ㄷ' 소리 받침

'ㄷ' 소리 받침이란, 음절 끝소리로 발음될 때 [ㄷ]으로 실현된다는 것이다. 한국어의 받침 중 [ㄷ]으로 나는 것은 'ㄷ'을 제외하고 'ㅅ, ㅆ, ㅈ, ㅊ, ㅌ'이 있다. 즉 이들 받침은 모음의 형식형태소 앞에서는 제 음가대로 발음되지만, 단어의 끝이나 자음의 어미 앞에서는 대표음인 [ㄷ]으로 실현된다.

❶ 덧저고리, 돗자리, 웃어른, 얼핏, 옛, 헛 등
❷ 걷잡다, 곧장, 낟가리, 돋보다 등
❸ 반짇고리, 사흗날, 숟가락 등

❶의 단어들을 소리 나는 대로 적으면 '덛저고리, 돋자리, 욷어른, 얼핃, 옏, 헏'이 된다. 받침 'ㅅ'의 대표음이 [ㄷ]이기 때문이다. 그러나 이는 올바른 표기가 아니다. 비록 [ㄷ]으로 소리가 나지만 이들 단어의 원형에서 'ㄷ'을 찾을 수가 없기 때문이다. 원래부터 'ㄷ' 받침을 가지지 않고, 'ㅅ'을 받침으로 한 형태란 이야기다. 반면 ❷의 예들은 원래부터 'ㄷ' 받침을 지니고 있었던 것이다. 즉 발음과 형태가 동일한 것으로 한글 맞춤법 총칙에 부합하는 경우이다. 그리고 ❸의 예 또한 'ㄹ' 받침을 지니고 있었던 형태 '반질, 사흘, 술'이 'ㄷ' 받침으로 바뀐 것이기에 올바른 표기라 할 수 있다.

> 제7항 'ㄷ' 소리로 나는 받침 중에서 'ㄷ'으로 적을 근거가 없는 것은 'ㅅ'으로 적는다.
>
> | 덧저고리 | 돗자리 | 엇셈 | 웃어른 | 핫옷 | 무릇 | 사뭇 |
> | 얼핏 | 자칫하면 | | 뭇[衆] | 옛 | 첫 | 헛 |

이 외에도 '갓스물, 걸핏하면, 그까짓, 놋그릇, 덧셈, 빗장, 삿대, 짓밟다, 풋고추' 등이 있다. 'ㄷ' 소리 받침의 단어들은 한글 맞춤법 총칙 제1항의 원칙을 적용하면 'ㄷ' 받침으로 표기해야 한다. 그럼에도 불구하고 'ㅅ' 받침을 고수하는 이유는 발음의 변화와 관계없이 과거의 모습을 그대로 간직하려는 표기의 보수성이 존재하기 때문이다.

3.4. 휴게실 : *휴계실 - 모음

한글 자모에서 모음 21자에 대해 알아보았다. 21자는 단모음 10자와 이중모음 11자로 구성되어 있다. 모음을 단모음과 이중모음으로 구분하는 기준은 발음 변화의 유무이다.

> 생각 다음은 모음 발음과 관련한 기준이다. 이 기준에 따라 모음을 분류해보자.

> ① 혀의 위치 : 전설모음 - (중설모음) - 후설모음
> ② 혀의 높이 : 고모음 - 중모음 - 저모음
> ③ 입술 모양 : 평순모음 - 원순모음

단모음은 발음 과정에서 모음 분류 기준의 어떠한 변화도 일어나지 않지만, 이중모음은 처음과 달리 마지막에 분류 기준의 발음에 차이가 일어난다. 쉬운 예를 들면, 이중모음 'ㅘ'는 'ㅗ'로 시작하여 'ㅏ'에 가깝게 발음된다. 반면 단모음 'ㅏ'는 그 발음에 차이가 나타나지 않는다.

❶ '계수, 사례, 연몌[1], 계집, 핑계' 등
❷ '게송, 게시판, 휴게실' 등

❶은 이중모음 'ㅖ'가 사용된 한자어(桂樹, 謝禮, 連袂), 고유어(계집, 핑계)로, 각각의 표준발음이 [계수/게수, 사례/사레, 연몌/연메, 계집/게집, 핑계/핑게]이다. 이중모음은 원칙적으로 이중모음으로 발음하지만[2], 실제로 단모음 'ㅔ'로

---

1) 연몌(連袂/聯袂)[연몌/연메]는 명사로 '나란히 서서 함께 가거나 옴, 행동을 같이함'을 의미한다.

발음하는 것이 일반적이다. 그러나 이중모음 'ㅖ'의 표준발음으로 단모음 [ㅔ]를 인정할 경우에도 표기는 원형 'ㅖ'를 밝혀 적음을 원칙으로 한다. 반면 ❷의 단어들은 한자어(偈頌, 揭示板, 休憩室)로 '偈, 揭, 憩'의 원음이 '게'이다. 따라서 이들은 실제 발음과 표기가 일치하는 것이다. 다만, 실 언어생활에서 '*계송, *계시판, *휴계실'로 잘못 표기하지 않도록 조심해야 한다. '국기 *계양, 논문 *계재, 심사 *계류' 등도 원 한자음을 잘못 알고 있는 경우이다.

제8항의 이중모음 발음과 표기에 이어 제9항 역시 이중모음과 관련한 규정이다. 이중모음 'ㅢ'의 발음에 대해 규정하고 있다.

제9항 '의'나, 자음을 첫소리로 가지고 있는 음절의 'ㅢ'는 'ㅣ'로 소리 나는 경우가 있더라도 'ㅢ'로 적는다. (ㄱ을 취하고, ㄴ을 버림.)

ㄱ	ㄴ	ㄱ	ㄴ
의의(意義)	의이	닁큼	닝큼
본의(本意)	본이	띄어쓰기	띠어쓰기
무늬(紋)	무니	씌어	씨어
오늬	오니	틔어	티어
하늬바람	하니바람	희망(希望)	히망
늴리리	닐리리	유희(遊戱)	유히

🔊 생각   국어 이중모음 'ㅢ'의 표준발음에 대해 알아보자.

---

① '의' ┌ 단어 첫 음절 : [의]   ㉠ 의의[의의/의이], 의혹[의혹], 의문[의문]
      ├ 첫 음절 이외 : [의/이]   ㉠ 주의[주의/주이]
      └ 조사 : [의/에]   ㉠ 한국의[한국의/한국에]

② 자음이 첫소리인 음절의 'ㅢ' : [의/이]   ㉠ 하늬[하늬/하니], 띄어[띄어/띠어]

---

2) '예절, 예수, 예' 등은 이중모음 [ㅖ]의 실제 표기와 발음이 일치하는 경우이다. 따라서 소리 나는 대로 표기하는 한글 맞춤법의 총칙에 부합한다.

3.5. 회계연도 : *회계년도 - 두음법칙

두음법칙은 단어의 첫소리에 나타나는 음운의 제약(회피) 현상으로, 한국어가 속한 알타이어의 공통된 특징이다. 어두에 'ㄴ'과 'ㄹ'이 오지 못하는 경우가 대표적이다.

3.5.1. 여자 : 남녀 - 한자음 'ㄴ'의 표기

❶ '女子, 尿素, 紐帶, 匿名'의 표기는?
❷ '男女, 糖尿, 結紐, 隱匿'의 표기는?

❶과 ❷의 밑줄 친 한자의 원음은 각각 '녀, 뇨, 뉴, 닉'이다. 그러나 실제 표기의 양상은 동일하지 않다. ❷에서는 원음 그대로 실현되어, '남녀, 당뇨, 결뉴, 은닉'이 되지만 ❶은 '여자, 요소, 유대, 익명'으로 표기한다. ❶의 밑줄 친 한자음이 두음법칙의 적용을 받는 위치에 있기 때문이다. 국어에서는 'ㅣ'모음이나 'ㅣ'를 앞세운 이중모음 앞에서 어두의 'ㄴ'이 탈락한다. 두음법칙은 단어의 첫머리라는 위치가 중요한 기준이 된다.

❸ 한 兩(냥)은 한 돈의 열 배이다.
　올해는 2012年(년)이다.

❸의 한자어 '兩, 年'은 두음법칙의 적용을 받는 조건과 일치한다. 따라서 '한양, 2012연'으로 표기함이 옳을 듯하다. 그러나 실제 표기는 원 한자음을 그대로 쓴 '한 냥, 2012년'이다. 즉 두음법칙의 예외인 것이다. 이들은 문장에서 홀로 쓰이지 못하고 반드시 다른 말의 꾸밈을 받아 쓰이는 의존명사이다. 자립성만 없을 뿐, 문장에서의 기능은 일반명사와 동일하다. 이들은 오래전부터 단어의 자격을 지니며 이런 형태로 굳어져 사용되었다.

제10항 한자음 '녀, 뇨, 뉴, 니'가 단어 첫머리에 올 적에는 두음 법칙에 따라 '야, 요, 유, 이'로 적는다.(ㄱ을 취하고, ㄴ을 버림.)

ㄱ	ㄴ	ㄱ	ㄴ
여자(女子)	녀자	유대(紐帶)	뉴대
연세(年歲)	년세	이토(泥土)	니토
요소(尿素)	뇨소	익명(匿名)	닉명

다만, 다음과 같은 의존명사에서는 '냐, 녀' 음을 인정한다.

냥(兩)   냥쭝(兩-)   년(年) (몇 년)

생각   다음 밑줄 친 단어의 올바른 표기는 무엇이며, 그 이유를 생각해보자.

① 그녀는 개화기 때 신식 교육을 받은 <u>新女性</u>(신녀성/신여성)이다.
② 각 당 후보자들의 선거공약은 <u>空念佛</u>(공념불/공염불)에 불과하다.
③ 아직도 <u>男尊女婢</u>(남존녀비/남존여비)의 관습이 곳곳에 남아 있다.

밑줄 친 단어들의 표기에서 조심해야 할 부분은 '녀(女), 념(念), 녀(女)'이다. 한국어에서 단어의 첫머리에 'ㄴ'음은 올 수 없다. 그런데 다행히 이들은 모두 표면적으로 어두에 위치해 있지 않다. 그렇다면 두음법칙의 적용을 받지 않아 '신녀성, 공념불, 남존녀비'로 표기하는 것이 옳다. 그러나 이들 단어들의 실질적 구조는 다음과 같다.

(1) 新 (신) + 女性
(2) 空 (공) + 念佛
(3) 男存(남존) + 女婢

이 구조에서 '신, 공'은 '여성, 염불'이라는 단어 앞에 붙어 의미를 한정하는 접두사와 그 기능이 비슷하다. 그리고 마지막 단어는 '남존'과 '여비'라는 독자적인 단어가 결합한 합성어로 기능하고 있다. 따라서 이 구조에서 '女性, 念佛, 女婢'란 단어는 단어의 첫머리에 위치한 것과 동일하기에 두음법칙의 적용을 받게 된다.

❹ '한국女子대학교', '대한尿素비료회사'에서 한자음의 올바른 표기는 무엇인가?

❹의 경우처럼 둘 이상의 단어로 이루어진 고유 명사를 붙여 쓰는 경우에도 'ㄴ'음을 지닌 한자어의 실질적 위치를 따져야 한다. 이 역시 '한국+<u>여자</u>+대학교', '대한+<u>요소</u>+비료+회사'로 분석되기에 두음법칙을 따르게 된다.

예제 01 다음 중 올바른 표기를 찾고, 그 이유에 대해 설명해보자.
1. 올 연말연시 / 연말년시는 어려운 경제 사정으로 조용하다.
2. 신년도 / 신연도의 경제 전망이 그다지 밝지 않아 걱정이다.

3.5.2. 운율 : *운률 – 한자음 'ㄹ'의 표기

❶ 부모님께 거짓말을 하고 良心(양심/량심)의 가책을 받았다.
❷ 善良(선양/선량)한 사람은 거짓말을 하지 않는다.

밑줄 친 한자어 '良'의 원음은 '량'이다. 그러나 단어에서의 위치에 따라 그 표기가 '양'과 '량'으로 실현된다. 'ㄴ'음과 마찬가지로 'ㄹ'음 역시 어두에 위치하는 것을 허용하지 않기 때문이다. 따라서 '양심'과 '선량'으로 표기해야 한다.

❸ 10㎞가 몇 里(리/이)일까?
   철수가 그런 말을 했을 理(리/이)가 없다.

❸의 밑줄 친 한자어의 원음은 모두 '리'이다. '리'음은 어두 위치에서 두음법칙의 적용을 받으며 '이'로 표기되어야 하지만, 실제 표기는 '리'가 되어, 예외에 해당하게 된다. 아래 규정과 같다.

제11항 한자음 '랴, 려, 례, 료, 류, 리'가 단어의 첫머리에 올 적에는 두음 법칙에 따라 '야, 여, 예, 요, 유, 이'로 적는다.(ㄱ을 취하고, ㄴ을 버림.)

ㄱ	ㄴ	ㄱ	ㄴ
양심(良心)	량심	용궁(龍宮)	룡궁
역사(歷史)	력사	유행(流行)	류행
예의(禮儀)	례의	이발(理髮)	리발

다만, 다음과 같은 의존명사는 본음대로 적는다.

　　리(里) : 몇 리냐?　　　리(理) : 그럴 리가 없다.

위의 규정에서 단어의 첫머리라는 것은 단어의 형식적 구조가 아닌 실질적 구조에서의 위치를 의미한다. 다음의 예문을 살펴보기로 하자.

❹ 환율의 영향으로 海外旅行(해외여행/해외려행) 나들이객이 줄어들었다.
❺ 은행의 年利率(년이율/연리율/연이률/연이율)이 상승하고 있다.
❻ 서울여관, 신흥이발관, 육천육백육십육(六千六百六十六)

단어 海外旅行의 실질적 구조는 海外+旅行이며, 年利率 역시 年+利率로 한자어 '려'와 '리'가 두음법칙의 적용을 받는 어두에 위치해 있다. 따라서 '해외여행, 연이율'로 표기한다.[3] 한자어 '率'은 모음 뒤에 나타날 때 '율'로 표기하는 규정의 적용을 받는다. 또한 둘 이상의 단어로 이루어진 고유 명사를 붙여 쓰거나 십진법에 따라 쓰는 수(數) 역시 이러한 실질적 구조에 따라 두음법칙의 적용을 받게 된다.

그러나 어두 위치가 아닌 다음 단어들은 모두 한자어의 원음대로 표기해야 한다.

---

3) 이 밖에도 '역이용(逆利用), 열역학(熱力學), 등용문(登龍門), 사육신(死六臣), 몰이해(沒理解), 몰염치(沒廉恥)' 등이 이에 해당한다. 다만 '염치'에 '파'가 붙을 경우 '파염치'가 아닌 '파렴치' 임을 주의해야 한다. 이는 현실 발음을 표기에 반영한 예외로, '수류탄'도 이에 해당한다.

개량(改良)	수력(水力)	협력(協力)	사례(謝禮)	혼례(婚禮)
와룡(臥龍)	쌍룡(雙龍)	하류(下流)	급류(急流)	도리(道理)

📢 **생각** 한자어 '량'(量)의 올바른 표기에 대해 알아보자.

폐활량, 원자량, *구름량, *허파숨량, *알카리량

↳ 한자어 '量'의 원음은 '량'이다. 단어의 첫머리에서는 '양'으로, 그 외의 경우에는 '량'이 된다. 예시어에서 한자어 '量'은 한자어(폐활, 원자), 고유어(구름, 허파숨), 외래어(알카리) 뒤에 붙어 있다. 이 경우, 한자어 뒤에 결합한 '量'은 전체가 한 단어로 인식되어 '폐활량(肺活量)', '원자량(原子量)'처럼 두음법칙의 영향을 받지 않는다. 그러나 고유어와 외래어 뒤에서의 '量'은 이질적 구성을 보여 독자적 단어의 성격이 짙게 된다. 따라서 '구름, 허파숨, 알카리'와 한자어 '量'이 결합한 합성어로 인식되어 '量'이 단어의 첫머리에 위치하게 되는 꼴이다. 그렇다면 '구름양, 허파숨양, 알카리양'이 올바른 표기가 된다.

---

❼ '법률 : 법율' / '나렬 : 나열' / '분렬 : 분열'의 올바른 표기는?

지금까지 두음법칙의 원칙에 따르자면, '법률, 능률, 나렬, 분렬'의 표기가 옳다. 왜냐하면 한자음 '률, 렬'이 단어의 첫머리가 아닌 자리에 위치해 있기 때문이다. 그러나 '법률, 능률'과 달리 '나렬, 분렬'은 실제 발음을 반영하여 '열과 율'로 적어야 한다. 이러한 예로는 다음과 같다.

치열(齒列), 비열(卑劣), 규율(規律), 비율(比率), 실패율(失敗率)
선열(先烈), 진열(陣烈), 선율(旋律), 전율(戰慄), 백분율(百分率)

단어의 첫머리가 아닌 자리임에도 불구하고 원래의 한자음으로 표기하지 않고 두음법칙을 적용받는 이들 단어들은 구조적인 공통점이 있다. 즉 모음이나 'ㄴ' 받침 뒤에 이어지는 '렬, 률'[4]은 '열, 율'로 적어야 함을 알 수 있다.

예제 02 다음 중 올바른 표기를 찾고, 그 이유에 대해 설명해보자.

1. 경상남도 남해에는 이 충무공을 기리는 충렬사 / 충열사가 있다.
2. 지금 세일 기간이라 백화점의 할인율 / 할인율이 높다.

3.5.3. 낙원 : 쾌락 – 한자음 'ㄹ'의 'ㄴ' 표기

❶ '樂園, 來日, 老人, 雷聲, 樓閣, 陵墓'의 표기는?
❷ '快樂, 去來, 年老, 地雷, 廣寒樓, 東九陵'의 표기는?

---

4) 음이 원래 '렬'인 한자어 '렬(烈), 렬(列), 렬(裂), 렬(劣)'과 '률'인 '률(律), 률(率), 률(栗), 률(慄)'이 모두 이 규정의 적용을 받고 있다.

밑줄 친 한자어의 원음은 각각 '락, 래, 로, 뢰, 루, 릉'으로, ❶의 올바른 표기는 '낙원, 내일, 노인, 뇌성, 누각, 능묘'이다. ❷의 단어들은 '쾌락, 거래, 연로, 지뢰, 광한루, 동구릉'으로 표기한다. 이 표기에 관한 맞춤법 규정은 다음과 같다.

제12항 한자음 '라, 래, 로, 뢰, 루, 르'가 단어의 첫머리에 올 적에는 두음 법칙에 따라 '나, 내, 노, 뇌, 누, 느'로 적는다.(ㄱ을 취하고, ㄴ을 버림.)

ㄱ	ㄴ	ㄱ	ㄴ
낙원(樂園)	락원	뇌성(雷聲)	뢰성
내일(來日)	래일	누각(樓閣)	루각
노인(老人)	로인	능묘(陵墓)	릉묘

제12항의 규정은 앞의 두 규정(10항, 11항)과 달리 그 조건에 차이가 나타난다. 즉 'ㅣ'모음이거나 이중모음이 아닌 경우로, 'ㄴ'음과 'ㄹ'음이 탈락하지 않고 'ㄹ'음이 'ㄴ'음으로 변한다. 따라서 ❶은 제12항의 규정에 따라 단어의 첫머리에서 'ㄹ'음을 'ㄴ'으로 표기했으며, 단어의 첫머리 위치가 아닌 ❷의 단어들은 원음 그대로 적은 것이다.

생각 다음 밑줄 친 단어의 올바른 표기에 대해 알아보자.

---

(1) 정치 문제에 대한 주장이나 견해를 政治論이라 한다.
(2) 철수의 논리는 상당히 非論理的이다.

↳ (1)의 한자어 論은 단어의 첫머리 위치에 놓인 것이 아니므로 두음법칙의 적용을 받지 않는다. 따라서 '정치론'이 옳은 표기다.
↳ (2)의 論은 표면적으로 두 번째 음절에 위치해 원음대로 표기할 수 있을 것 같다. 그러나 이 단어의 실질적 구조는 '非'와 '論理的'이 결합한 모습으로 한자어 論이 단어의 첫머리에 위치한 것과 같다. 따라서 '비논리적'이 옳다.[5]

---

5) 이러한 예로, '내내월'(來來月), '상노인'(上老人), '중노동'(重勞動) 등이 있다. 즉 이들은 '내+내월', '상+노인', '중+노동'으로 분석이 된다. 그러나 경로석은 '경로+석'으로 분석된다.

❸ 신문의 政治欄(란)에는 여러 정치인의 이야기가 나온다.
❹ 어머니(어린이)란, 가십(gossip)란, 스포츠(sports)란

❸과 ❹의 밑줄 친 부분의 올바른 표기는 무엇일까? 모두 단어의 첫머리 위치가 아니므로 원음인 '란'으로 표기하는 것이 옳은 것일까? 이들 표기에 대해서는 한자어 '량'(量)의 표기를 원용할 필요가 있다. 즉 '欄'과 결합하는 선행어의 어종에 따라 그 표기가 결정된다. 동일한 한자어 계통의 단어와 결합하면 한 단어로 인식되며, 고유어 및 외래어와 결합하면 독립적인 단어로 인식되어 단어의 첫머리에 위치한 것이 된다. 따라서 ❸만 원음을 밝힌 '정치란'이 옳은 표기이며, ❹에서는 단어의 첫머리에 위치한 것으로 인식하여, '난'으로 표기하는 것이 옳다. 다음과 같다.

	고유어/한자어 뒤	한자어 뒤
량(量)	양	량
란(欄)	난	란

TIP

두음법칙은 한국어에 들어온 한자음의 표기와 관련한 것이다. 한국어는 본래부터 어두에 표기할 수 있는 음운의 제약이 있어 왔다. '냠냠, 녀석' 등과 같은 몇 몇 단어를 제외하곤 어두에 'ㄴ', 'ㄹ' 음을 표기할 수 없다. 따라서 한자어가 아닌 외래어의 경우는 '뉴스, 라디오, 라면, 리더십'처럼 이들 음을 표기할 수 있다.

예제 03 다음 중 올바른 표기를 찾고, 그 이유에 대해 설명해보자.

1. 신문의 經濟欄(경제란 / 경제난)을 보면 경제가 어렵다는 것이 실감난다.
2. 經濟難6)(경제란 / 경제난)으로 취업하기가 쉽지 않다.

---

6) '失業難', '就業難', '求職難' 역시 어렵다는 의미의 한자어 '難'이 쓰였다. 이 한자의 원음은 '난' 이다. 따라서 '실업란, 취업란, 구직란'으로 오기하는 경우가 없도록 주의해야 한다.

3.6. 유유상종 : *유류상종 – 겹쳐나는 소리

맞춤법 제13항은 한 단어 안에서 동일한 음절이나 비슷한 음절이 반복될 때, 동일한 문자로 표기하도록 규정하고 있다. 이는 독서의 능률을 제고하기 위해 필요한 것이다.

제13항 한 단어 안에서 같은 음절이나 비슷한 음절이 겹쳐 나는 부분은 같은 글자로 적는다.(ㄱ을 취하고, ㄴ을 버림.)			
ㄱ	ㄴ	ㄱ	ㄴ
딱딱	딱닥	꼿꼿하다	꼿곳하다
쌕쌕	쌕색	놀놀하다	놀롤하다
씩씩	씩식	눅눅하다	눙눅하다
똑딱똑딱	똑닥똑닥	밋밋하다	민밋하다
연연불망(戀戀不忘)	연련불망	싹싹하다	싹삭하다
유유상종(類類相從)	유류상종	쌉쌉하다	쌉살하다
		씁쓸하다	씁슬하다
누누이(屢屢−)	누루이	짭짤하다	짭잘하다

🔊 **생각** 두음법칙과 관련하여 '연연, 유유, 누누'의 표기가 올바른 지에 대해 알아보자.

ㄴ 한자어 '戀, 類, 屢'의 원음은 각각 '련, 류, 루'이다. 두음법칙의 규정에 따라 단어의 첫머리에서는 '연, 유, 누'가 되며, 그 외의 위치에서는 '련, 류, 루'가 되어야 한다. 그렇다면, '연련, 유류, 누루'가 되어야 할 것 같다. 그러나 이들은 '연연, 유유, 누누'의 실제 발음을 표기에 반영한 것이다. 즉 두음법칙의 예외라 할 수 있다. 또한 단순히 동일 음절이 반복되어 동일한 음절로 표기한 것이 아니다. 왜냐하면, 동일한 음절의 반복이면서도 다르게 표기하는 '열렬, 늠름, 적나라, 연년' 등은 두음법칙의 규정을 따르기 때문이다.

4. 형태에 관한 것

　제4장에서 규정하는 '형태'는 형태소와 단어의 영역에 속한다. 체언 뒤에 조사가 결합할 때의 표기 규정, 활용 과정에서 어간 뒤에 결합하는 어미의 표기 규정을 다룬다. 그리고 단어 형성 과정의 파생어나 합성어에 나타나는 표기를 다루고 있다.

4.1. 꽃이[꼬치] : *꼬치[꼬치] – 체언과 조사

TIP

· 체언은 문장의 중심에 위치할 수 있는 기능어로, 명사, 대명사, 수사가 해당한다. 반면 조사는 체언 뒤에 결합하여 그 체언과 다른 말의 관계를 결정짓는 기능을 한다. 그리하여 조사를 관계언이라 한다. 체언은 뒤에 결합하는 조사의 종류에 따라 문장에서의 격이 결정된다.

· 조사 중 선행어와 다른 말과의 관계를 나타내는 것을 격조사라 하고, 어떤 특정한 뜻을 더해 주는 것을 보조사라 한다. 주어로 기능하게 하는 주격을 포함하여, 목적격, 서술격, 보격, 관형격, 부사격, 호격이 격조사이다. 반면, '대조·주제'(-은/-는), '역시'(-도), '단독'(-만)을 비롯하여, '-부터, -까지, -조차, -마다, -(이)나…' 등은 보조사에 해당한다.

　❶ 꼬치, 꼬츨, 꼬치다, 꼰만, 꼳또7) …

---

7) '꽃이, 꽃을, 꽃이다'의 표준 발음은 [꼬치], [꼬츨], [꼬치다]이고, '꽃만, 꽃도'는 [꼰만], [꼳또]이다. 전자는 표준 발음법 제4장 받침의 발음 중, 제13항(홑받침이나 쌍받침이 모음으로 시작된 조사나 어미, 접미사와 결합되는 경우에는, 제 음가대로 뒤 음절 첫소리로 옮겨 발음한다.)의 적용을 받은 것이다. 반면 후자는 받침의 발음 제9항에 의해 일차적으로 [꼳만과 [꼳도]로 발음한다. 다시 [꼳만]은 제5장 소리의 동화 제18항 비음화 규칙에 의해 [꼰만]이 되며, [꼳도]는 제6장 된소리되기 23항에 의해 [꼳또]로 발음하게 된다. 표준 발음법 참조.

❷ 꽃이, 꽃을, 꽃이다, 꽃만, 꽃도 …

❶과 ❷는 명사 '꽃'에 격조사 '-이, -을, -이다'와 보조사 '-만, -도'가 결합한 것이다. ❶은 한글 맞춤법의 "표준어를 소리대로 적는다"는 원칙에 충실한 표기이다. 그러나 이러한 표기는 명사의 형태가 여러 가지로 실현되어 본 모양과 그 의미를 파악하기가 쉽지 않다. 그 결과 독서의 능률을 크게 떨어뜨린다. 반면 ❷는 명사와 이에 결합하는 조사의 원형을 밝혀 적고 있다. 따라서 '꽃'(花)이라는 의미의 형태는 항상 '꽃'으로 고정시키고, 이에 결합하는 조사 또한 언제나 동일한 형태를 유지하게 하여 독서의 능률을 향상시킬 수 있다.

제14항	체언은 조사와 구별하여 적는다.			
떡이	떡을	떡에	떡도	떡만
손이				
팔이				
밤이	밤을	밤에	밤도	밤만
집이				
옷이				
콩이	콩을	콩에	콩도	콩만
낮이				
꽃이				
밭이	밭을	밭에	밭도	밭만
앞이				
밖이				
넋이				
흙이	흙을	흙에	흙도	흙만
삶이	삶을	삶에	삶도	삶만
여덟이				
곬이				
값이	값을	값에	값도	값만

4.2. 늙고[늘꼬] : *늘꼬[늘꼬] – 어간과 어미

TIP

· 체언은 조사와의 결합에 의해 여러 문법적 의미를 나타내고, 용언은 어간을 중심으로 다양한 어미가 결합하여 문법성을 표현하게 된다. 어간에 여러 어미가 결합하는 것을 활용이라 하며, 활용하는 단어를 활용어라 한다. 한국어의 대표적인 활용어는 동사와 형용사이며, 조사 중 서술격조사가 해당한다.

4.2.1. 책이오. : *책이요. – 제15항 규정

❶ 먹따, 먹꼬, 머거, 머그니, 멍는8) …
❷ 먹다, 먹고, 먹어, 먹으니, 먹는 …

위의 예는 동사 어간 '먹-'에 어미인 '-다, -고, -어, -으니, -는'이 결합하였다. ❶은 이들을 소리 나는 대로 표기한 것이며, ❷는 어간과 어미의 형태를 구분하여 표기한 것이다. 앞서 살핀 체언에 결합하는 조사와 마찬가지로 소리대로 표기한 ❶보다 각각의 원형을 밝혀 적은 ❷가 어간과 어미의 경계가 분명하여 의미를 쉽게 이해할 수 있다.

---

8) [먹따], [먹꼬]는 표준 발음법의 된소리되기 규정(제23항)을 적용받은 것이고, [머거]와 [머그니]는 제13항, [멍는]은 비음화 규칙에 의한 표준 발음이다.

제15항　**용언의 어간과 어미는 구별하여 적는다.**

먹다	먹고	먹어	먹으니
신다			
믿다			
울다	울고	울어	(우니)
넘다			
입다			
웃다	웃고	울어	우니
찾다			
좇다			
같다	같고	같아	같으니
높다			
좋다			
깎다	깎고	깎아	깎으니
앉다			
많다			
늙다	늙고	늙어	늙으니
젊다			
넓다			
훑다	훑고	훑어	훑으니
읊다			
옳다			
없다	없고	없어	없으니
있다			

❸ 넘어지다/*너머지다, 늘어나다/*느러나다, 돌아가다/*도라가다 …

❹ *들어나다/드러나다, *살아지다/사라지다, *쓸어지다/쓰러지다 …

　❸, ❹의 예들은 두 개의 용언이 어울려 한 개의 용언이 된 것이다. ❸은 '넘(다)+-어+지다', '늘(다)+-어+나다', '돌(다)+-아+가다'의 구조를 지닌다. ❹도 표면

적으로는 '들(다)+-어+나다', '살(다)+-아+지다', 쓸(다)+-어+지다'로 분석할 수 있다.[9]

이 경우, ❸은 각각 '넘다'(越), '늘다'(增), '돌다'(回)의 기본 의미가 살아있는 형태이기에 그 뒤에 결합하는 어미와 구분하여 적을 수 있다. 이처럼 앞말의 본뜻이 유지되고 있는 '늘어지다, 되짚어가다, 떨어지다, 엎어지다, 접어들다, 틀어지다, 흩어지다' 역시 각각 용언의 원형을 밝혀 적어야 한다. 반면, ❹의 '들다, 살다, 쓸다'는 그 기본 의미가 살아있다고 할 수 없기에 굳이 그 원형을 밝혀 적을 필요가 없으며, 소리 나는 대로 표기하는 것이 옳다.

📢 생각   다음 중 올바른 표기에 대해 알아보자.

(1)	이것은 내 <u>책이오</u>. ( ) 저것은 내 책이 <u>아니오</u>. ( ) 이것은 내 <u>책이요</u>. ( ) 저것은 내 책이 <u>아니오</u>. ( )
(2)	이것은 <u>귤이오</u>, 그것은 진지향<u>이요</u>, 저것은 레몬이다.( ) 이것은 <u>귤이오</u>, 그것은 진지향<u>이요</u>, 저것은 레몬이다.( )

  ↳ 맞춤법 제15항의 규정에 따라 어간 뒤에 결합하는 어미 '-오'와 '-이요'는 소리에 관계없이 원형을 밝혀 적어야 한다. 다만 이 두 어미는 쓰임에 혼동을 일으키는 경우가 많아 제15항의 [붙임 2][10]와 [붙임 3][11]에 따로 제시하고 있다. (1)의 밑줄 친 부분은 문장을 평범하게 마무리 짓는 서술어이기에 '책이요'는 자리할 수 없다. 왜냐하면 '-이요'는 문장을 종결짓는 어미가 아니기 때문이다. 명사인 '책'을 서술어로 만들기 위해서 서술격조사 '-이다'를 결합시킨 '책이다'가 되어야 하며, 활용에 의해 상대높임법의 하오체 종결어미인 '-오'가 결합한 것이 '책이오'이다. '아니오' 역시 기본형 '아니다'의 어간 '아니-'에 종결어미 '-오'가 활용한 것이다. 그러나 (2)의 밑줄 친 부분은 문장종결이 아닌 연결형으로 사용되는 것으로 '-이요'가 올바른 표기이다. 결국, 마침표 앞에서는 '-오'를 쉼표 앞에서는 '-이요'를 쓰면 간단해 보인다.

---

9) 만약 이런 분석이 가능하다면, 당연히 '들어나다, 살아지다, 쓸어지다'로 표기해야 한다. 그러나 이러한 분석은 원래의 의미가 상실되었다는 것을 보여주기 위한 것으로 실제로 이렇게 분석되지 않는다.

생각 아래 대화문에 나타난 '-요'의 용법에 대해 알아보자.

> 가 : 철수야, 숙제 다 했니?
> 나 : 아니요. 아직 다 못 했어요.

↳ 종결형에서는 분명 '-오'를 사용한다고 하였는데, 위 대화문의 (나)에는 '-요'가 나타나 있다. 따라서 "아니오. 아직 다 못 했어오."로 수정을 해야 하는 것일까? 이는 다음과 같다.

첫째, 문두의 '아니요'는 주체에 대한 설명으로서의 서술어가 아니다. 화자의 물음에 대한 부정어로 기능하고 있다. 국어에서 물음에 대한 긍정의 단어는 '예'이며, 부정의 단어는 '아니요'를 사용한다.

둘째, '했어요'의 '-요'는 청자에게 존대의 의미를 나타내는 보조사이다. 즉 이는 '했다'의 활용어 '했어'(두루 낮춤)에 청자를 높이기 위해 존대의 보사 '요'를 결합시킨 것으로 해석할 수 있다.12)

제17항 어미 뒤에 덧붙는 조사 '-요'는 '-요'로 적는다.

읽어	읽어**요**
참으리	참으리**요**
좋지	좋지**요**

---

10) 종결형에서 사용되는 어미 '-오'는 '요'로 소리나는 경우가 있더라도 그 원형을 밝혀 '-오'로 적는다.
11) 연결형에서 사용되는 '-이요'는 '-이요'로 적는다.
12) '-요'가 어미가 아니라는 사실은 반말이기는 하지만 '-요'와 결합하는 말이 '-요' 없이도 독립적인 구성을 보인다는 점이다. 다만, 격식을 갖추어야 하는 공식적인 대화 상황에서는 사용을 자제하는 것이 좋다.

예제 04 **다음 중 올바른 표기를 찾고, 그 이유에 대해 설명해보자.**

1. 감사합니다. 안녕히 가십시오. 또 오십시오.

2. 감사합니다. 안녕히 가십시요. 또 오십시요.

3. 와 주셔서 감사합니다. 안녕히 가세요.

4.2.2. 잡아(-아도) : *잡어(-어도) – 제16항의 규정

❶ 잡다, 막다, 보다, 얇다 …

❷ 개다, 겪다, 되다, 베다, 쉬다, 피다 …

❶과 ❷는 모두 용언으로 어간과 어미로 구성되어 있다. 각각의 어간에 연결
어미 '-아/어', '-아도/어도', '-아서/어서'가 결합한다고 할 때 다음의 빈 칸을 채워
보자.

	'아/어'	'아도/어도'	'아서/어서'
잡(다)	잡아	잡아도	잡아서
막(다)	——	——	——
보(다)	——	——	——
얇(다)	——	——	——
개(다)	개어	개어도	개어서
겪(다)	——	——	——
되(다)	——	——	——
베(다)	——	——	——
쉬(다)	——	——	——
피(다)	피어	피어도	피어서

이들 용언의 활용에 나타나는 규칙성을 찾아보자. 연결어미 '-아/-아도/-아서'
와 '-어/-어도/-어서'가 선택되는 조건은 바로 어간 모음의 성격에 있다. 어간 끝
음절의 모음이 'ㅏ, ㅗ'일 때 '-아/-아도/-아서'가 선택되며, 그 나머지 모음에서는

'-어/-어도/-어서'가 선택[13]된다. 우리는 전자의 모음을 양성모음이라 하고, 후자를 음성모음이라 하는데, 한국어는 오래전부터 양성모음은 양성모음끼리, 음성모음은 음성모음끼리 어울리는 규칙(모음조화)이 있어 왔다. 따라서 '잡아'를 [자베]로, '막아'를 [막에]로, '앉아'를 [안제]로 발음하는 경향이 있더라도 표준 발음으로 인정하지 않는다.

> 제**16**항 어간의 끝 음절 모음이 'ㅗ,ㅏ'일 때에는 어미를 '-아'로 적고, 그 밖의 모음일 때는 '-ㅓ'로 적는다.

4.2.3. 거친 손 : *거칠은 손 - 제18항의 규정

TIP

활용은 어간과 어미의 모습 변화에 따라 '규칙 활용'과 '불규칙 활용'으로 구분한다. 규칙적인 활용은 한국어의 보편적인 음운 현상으로 설명이 가능한 경우이다. 다음과 같은 예들이 있다.

갈래	조건	예
'ㅡ' 탈락	어간 'ㅡ'를 가진 용언 + 모음의 '-아/-어 → 'ㅡ' 탈락	'-ㅡ'로 끝나는 모든 용언
'ㄹ' 탈락	'ㄹ' 받침을 가진 용언 + '-ㄴ, -ㅂ, -오, -사' → 'ㄹ'탈락	울다, 살다, 알다, 멀다, 가늘다 등
'-아/-어' 교체	모음조화 규칙에 의한 '-아라/-어라' 교체	찾아라, 주어라 예외: 아름다워라, 괴로워라
'-으'삽입	'ㄹ' 이외의 받침으로 된 어간 + '-ㄴ, -ㄹ, -오, -사, -며'로 된 어미 → '-으' 삽입	잡+으+(-ㄴ, -ㄹ, -오, -사, -며) : 잡은, 잡을, 잡으오, 잡으시고, 잡으며

TIP

불규칙적 활용에는 어간의 모습이 바뀌는 경우, 어미의 모습이 바뀌는 경우 그리고 어간, 어미가 다 바뀌는 활용이 있다.

---

13) 이들 어미 외에도 '-아' 계통의 어미에는 '-아라, -아야, -았-, -았었-' 등이 있으며, '-어' 계통의 어미에는 '-어라, -어야, -었-, -었었-' 등이 있다.

〈어간 모습의 바뀜이 불규칙적인 것〉

갈래	조건	예
'ㅅ' 불규칙	모음 어미 앞에서 'ㅅ'이 탈락	잇다, 젓다, 긋다, 짓다, 낫다 등
'ㄷ' 불규칙	모음 어미 앞에서 'ㄷ'이 'ㄹ'로 변함	듣다, 걷다(步), 일컫다, 긷다, 묻다(問) 등
'ㅂ' 불규칙	모음 어미 앞에서 'ㅂ'이 '-오/우'로 변함	눕다, 줍다, 돕다, 덥다, 접미사 '-답다, -롭다, -스럽다'가 붙는 말
'ㄹ' 불규칙	어간 말음으로 '르'를 가진 말이 모음 어미와 만나 '르'의 'ㅡ'가 탈락되면서 어간에 'ㄹ'이 덧생김	가르다, 오르다, 나르다, 흐르다, 고르다, 다르다, 이르다(謂), 배부르다 등

〈어미 모습의 바뀜이 불규칙적인 것〉

갈래	조건	예
'여' 불규칙	'하' 뒤에 어미 '-아/-어'가 '-여'로 변함	'하다'와 '-하다'가 붙는 모든 용언
'러' 불규칙	어간이 '르'로 끝나는 일부 용언에서, 어미 '-어, -었'이 '-러, -렀'으로 변함	이르다(至), 누르다, 푸르다 ▶셋뿐임
'거라' 불규칙	명령형 어미인 '-어라'가 '-거라'로 변함	'가다'와 '-가다'가 붙는 모든 용언
'너라' 불규칙	명령형 어미인 '-어라'가 '-너라'로 변함	'오다'와 '-오다'가 붙는 모든 용언

〈어간과 어미 모습의 바뀜이 불규칙적인 것〉

갈래	조건	예
'ㅎ' 불규칙	어간과 어미의 변화가 함께 일어나는 경우 ·파랗+-아서→파래서 ·파랗+-았다→파랬다	파랗다, 하얗다, 빨갛다, 누렇다, 보얗다, 뻘겋다, 노랗다, 부옇다. … * 형용사에만 있음

제18항은 "용언의 활용 시 그 어간이나 어미가 원칙에 벗어나면 벗어나는 대로 적는다."는 규정이다. 이는 어간과 어미를 구별해 원형을 밝혀 적는다(어법에 맞도록)는 규정과 배치되는 것이다. 위에서 본 바와 같이 몇 몇의 어간이 특정한 어미들과의 결합 과정에서 나타나는 형태 변화를 인정하기 위해 마련한 것이다. 예를 들어, "어간과 어미를 구분하여 적는다."는 맞춤법의 일반적 원칙만을 강조하여 '울다'의 어간 '울'과 어미 '-니'가 결합한 것을 '울니'라고 표기한다면 이는 우리가 사용하고 있는 언어 현실을 무시하는 것일 뿐만 아니라 독서의 효율성도 떨어뜨리는 결과가 될 것이다.

---

1 | 어간의 끝 'ㄹ'이 줄어질 적

❶ 놀다, 놀지, 놀아
❷ 노니, 논, 놉니다. 노시오, 노오

❶과 ❷는 동사의 어간 '놀(다)'의 활용 모습이다. 어간의 끝 받침 'ㄹ'이 'ㄷ, ㅈ, 아' 앞에서 줄지 않는다. 그러나 어미 'ㄴ, ㅂ, ㅅ' 및 '-(으)오' 앞에서 줄어지는 경우, 준 대로 적어야 한다. 이는 어간의 끝 받침이 'ㄹ'인 모든 용언에 적용된다.

	'니'	'ㄴ'	'ㅂ니다'	'시'	'오'
갈다	가니	간	갑니다	가시다	가오
불다	———	———	———	———	———
둥글다	둥그니	둥근	둥급니다	둥그시다	둥그오
어질다	———	———	———	———	———

한편, 이러한 일반적 원칙에 벗어나는 예들을 [붙임] 규정에서 다루고 있다. 즉 어간 말음이 'ㄹ'인 '말'이 'ㄷ, ㅈ, 아와 결합하면 '말다', '말지', '말아'로 표기해야 할 것으로 예상된다. 그러나 아래에서 보듯 관용상 'ㄹ'이 줄어진 형태로 굳어진 것들은 준 대로 적어야 한다. 따라서 ❸의 표기 대신 ❹의 표기가 올바

른 것이다.

❸ *(하)다 말다, *말지 못하다, *멀지 않아, *(하)자 말자, *(하)지 말아, *(하)지
말아라

❹ (하)다마다, 마지못하다, 머지않아, (하)자마자, (하)지 마(아), (하)지 마라14)

예제 05 다음 표현의 옳고 그름에 대해 말하고, 그 이유를 설명해보자.

1. 슈퍼맨이 하늘을 날으는 비행기를 쫓아가고 있다.
2. 뜨거운 열에 달은 냄비에 손을 데었다.

| 2 | 어간의 끝 'ㅅ'이 줄어질 적 |

❶ 긋다, 긋고, 긋지 …
❷ 그어, 그으니, 그었다 …

❶과 ❷는 동사의 어간 '긋(다)'의 활용 모습이다. 어간의 끝 받침 'ㅅ'은 자음
의 어미 앞에서 줄지 않고 그대로 발음되고, 모음의 어미 앞에서는 줄어드는 것
이 일반적이다. 어간 끝 'ㅅ'을 받침으로 가진 용언 중 아래 단어와 '붓다, 잣다,
젓다' 등이 해당한다.

	'아/어'	'으니'	'았/었다'
낫다	나아	나으니	나았다
잇다	이어	이으니	이었다
짓다	지어	지으니	지었다

---

14) 문어체 명령형이나 간접 인용법의 형식에서는 '(먹지 말아라) 먹지 말라', '먹지 말라고 하였
다.'처럼 '말라'가 사용된다.

그러나 'ㅅ' 받침을 가진 용언 중 '벗다, 빗다, 솟다, 씻다, 웃다' 등은 어떤 경우에도 받침 'ㅅ'이 줄어들지 않는다.

| 3 | 어간의 끝 'ㅎ'이 줄어질 적 |

❶ 그러니, 그럴, 그러면, 그러오, 그러네
❷ 좋으니, 좋을, 좋으면, 좋으오, 좋네

❶과 ❷는 'ㅎ'을 받침으로 가진 형용사 '그렇다', '좋다'에 연결어미 '-으니/을/으면/으오'와 종결어미 '네'가 결합한 활용이다. 그러나 활용의 양상은 전혀 달라 ❶에서는 어간 말음의 'ㅎ'이 줄어든 반면 ❷에서는 줄지 않았다. ❶의 활용 과정을 자세히 보이면 다음과 같다.

❶' 그렇+으니 = 그러+으니(ㅎ 탈락) = 그러니(으 탈락)
❶'' 그렇+네 = 그러+네 (ㅎ 탈락)

	'으니'	'을'	'으면'	'네'	'읍니다'
까맣다	까마니	까말	까마면	까마네	까맙니다
동그랗다	동그라니	동그랄	____	____	동그랍니다
퍼렇다	퍼러니	퍼럴	____	____	퍼럽니다
하얗다	하야니	하얄	____	____	하얍니다

도표를 통해 보는 바와 같이, 어간 끝에 'ㅎ' 받침을 가진 모든 형용사는 모음의 어미나 '-네' 앞에서 'ㅎ'이 줄어드는데, 준 대로 표기해야 한다. ❷에서 보듯 '좋다' 하나만 이에서 벗어난다. 한편, 1988년 1월 19일의 문교부 고시본에서 예로 들었던 종결어미 '-읍니다'와의 활용은 자음 뒤의 종결어미를 '-습니다'로 개정하면서 1994년 12월 14일에 국어 심의회에서 삭제되었다. '-습니다'와의 올바

른 활용형은 '까맣습니다, 동그랗습니다, 퍼렇습니다, 하얗습니다'처럼 'ㅎ'이 줄어들지 않는다.[15]

 예제 06 다음 표현의 옳고 그름에 대해 말하고, 그 이유를 설명해보자.

    1. 날씨 때문에 여행을 취소해야 할 것 같은데, 너희 생각은 <u>어떻니?</u>

    2. 친구와의 비밀이라 말씀 드리기가 <u>그렇네요.</u>

4	어간의 끝 'ㅜ, ㅡ'가 줄어질 적

. . .
TIP

'ㅜ' 불규칙에 해당하는 용언은 '푸다' 하나뿐이다. 용언 '푸다'는 뒤에 모음의 어미 '-어'가 결합하면 'ㅜ'가 줄어진다. 즉 '푸+-어/어서/었다' → '퍼/퍼서/펐다'로 활용한다.

  ❶ <u>끄다, 끄고, 끄면, 끄지</u> …

  ❷ <u>꺼, 꺼도, 꺼서, 껐다</u> …

❶과 ❷는 어간 '끄-'의 활용 모습을 나타낸다. 자음의 어미가 연결될 때에는 어간의 모습에 변화가 일어나지 않지만, 모음의 어미가 결합할 때에는 어간의 'ㅡ'가 탈락하는 모습을 보인다. 다음과 같다.

  ❷′ '끄+어 〉 꺼, 끄+어도 〉 꺼도, 끄+어서 〉 꺼서, 끄+었다 〉 껐다

어간 '끄-'에 모음의 어미 '-어/-어도/-어서/-었다'가 결합하여 활용할 때에는 어간의 'ㅡ'가 탈락하게 된다. 다음 예들도 같다.

---

15) 'ㅎ'을 받침으로 지니는 어간 뒤에 모음의 '-아/-어'가 결합할 때에는 각각 '-애/-에'로 나타난다. 즉, '까맣+아→까매', '동그래', '퍼레', '하얘', '허예'가 된다.

	'아/어'	'아/어도'	'아/어서'	'았/었다'
따르다	따라	따라도	따라서	따랐다
뜨다	떠	——	——	——
크다	커	커도	커서	컸다
고프다	고파	——	——	——
바쁘다	바빠	바빠도	바빠서	바빴다

　용언의 어간이 모음의 어미와 결합하는 과정에서 '一'가 탈락하는 현상은 이 외에도 '아프다, 예쁘다, 기쁘다, 슬프다, 잠그다, 담그다'처럼 어간 모음이 '一'로 끝나는 용언이다.[16)]

예제 07　다음 표현의 옳고 그름에 대해 말하고, 그 이유를 설명해보자.

> 1. 이번 겨울에는 배추 값이 비싸 10포기의 김치만 담궜다.
> 2. 아무리 많은 열쇠로 잠궈도 전문가는 금방 열 수 있다.

5	어간의 끝 'ㄷ'이 'ㄹ'로 바뀔 적

❶ 걷다, 걷고, 걷지, 걷소 …
❷ 걸어, 걸으니, 걸으면, 걸었다 …

　'걷다'(步)의 경우, ❶과 같이 자음의 어미와 활용할 때와 달리 모음의 어미와 결합할 때에는 ❷처럼 어간 말음 'ㄷ'이 'ㄹ'로 바뀐다. 이 경우에는 바뀐 대로 적 는다.

---

16) 어간의 끝이 '一'로 끝나더라도 '이르다, 누르다, 푸르다'와 같은 '러' 불규칙 용언들과 '가르 다, 거르다, 구르다, 벼르다, 부르다, 오르다, 이르다(謂), 지르다' 등의 '러' 불규칙 용언들은 이 규정의 적용을 받지 않는다.

	'아/어'	'아/어도'	'아/어서'	'았/었다'
듣다(聽)	들어	들어도	_____	_____
묻다(問)	물어	물어도	_____	_____
싣다	실어	실어도	_____	_____
깨닫다	깨달아	깨달아도	_____	_____
일컫다	일컬어	일컬어도	_____	_____

그러나 어간의 말음 'ㄷ'이 모음 어미 앞에서 언제나 'ㄹ'로 변하는 것은 아니다.

❸ 걷다 : 걷어, 걷어도, 걷어서, 걷었다.
　　묻다 : 묻어, 묻어도, 묻어서, 묻었다.

❸의 '걷다'와 '묻다'는 모음의 어미 앞에서 'ㄷ'이 'ㄹ'로 변하지 않고 활용한다. 이때는 'ㄷ' 불규칙 용언인 '걷다'(步), '묻다'(問)가 아닌 규칙 용언인 '收, 撤'와 '埋'의 의미를 나타낸다. 이 외에도 '닫다(閉), 받다, 벋다, 굳다, 얻다' 등이 이에 해당한다.

| 6 | 어간의 끝 'ㅂ'이 'ㅜ'로 바뀔 적 |

❶ 깁다, 깁고, 깁지 …
❷ 기워, 기우니, 기웠다 …

'깁다' 역시 자음 어미 앞에서와 달리 모음 어미 앞에서 'ㅂ' 받침이 '우'로 바뀐다. 이처럼 어간 받침에 'ㅂ'을 가진 용언 중 '굽다(炙), 눕다, 줍다, 덥다, 쉽다' 등과 '-답다, -롭다, -스럽다'가 결합한 단어가 이에 해당한다.

	'아/어'	'아/어도'	'아/어서'	'았/었다'
굽다(炙)	구워	구워도	구워서	구웠다
맵다	——	——	——	——
무겁다	무거워	무거워도	무거워서	무거웠다
밉다				
쉽다	쉬워	쉬워도	쉬워서	쉬웠다

❸ 굽다 : 굽어, 굽어도, 굽어서, 굽었다.
　뽑다 : 뽑아, 뽑아도, 뽑아서, 뽑았다.

❸의 예는 받침의 'ㅂ'이 모음 어미 앞에서 '우'로 바뀌지 않는 규칙 용언들이다. 특히 '굽다'는 '炙'의 의미와 달리 '曲' 의미를 지닐 때 규칙 활용을 함에 주의해야 한다. '씹다, 업다, 잡다, 좁다' 등도 규칙적이다.

✏️ 예제 08 **다음 물음에 대해 구체적 예를 들어 설명해보자.**

　1. '괴롭다'와 '아름답다'의 받침 'ㅂ'은 모음 어미 앞에서 어떻게 활용할까?
　2. '돕다'와 '곱다'의 받침 'ㅂ'은 모음 어미 앞에서 어떻게 활용할까?[17]

7 | '하다'의 어미 활용에서 어미 '-아'가 '-여'로 바뀔 적

❶ 가+아>가,　가+아서>가서,　가+았다>갔다

❷ 하+아>하여, 하+아서>하여서, 하+았다>하였다

---

17) 모음조화 규칙에 따라, 'ㅏ, ㅗ'에 붙은 받침 'ㅂ'이 어미 '-아(았)'과 결합하게 되면 '-와(왔)'이될 것 같다. 그러나 '괴롭+-아)*괴로와, 아름답+-아)*아름다와'로 적지 않고, 현실 발음인 '괴로워, 아름다워'를 취한다. 다만, 모음이 'ㅗ'인 단음절 어간 뒤에 결합하는 '-아'만 '와'로 적는다. 따라서 '돕+-아)도와, 곱+-아)고와'로 적어야 한다.

제16항의 규정에 따라 ❶과 ❷는 어간의 양성모음(ㅏ) 뒤에 어미 '-아'가 결합하였다. 이 경우, ❶처럼 동음 생략이 되는 것이 일반적이다. 그러나 ❷의 경우 어미 '-아'가 '-여'로 바뀌어 발음되기 때문에 현실 발음을 인정하여 '-여'로 적는다.

8 | 어간의 끝 음절 '르' 뒤에 오는 어미 '-어'가 '-러'로 바뀔 적

❶ 이르다, 이르고, 이르면, 이르자 …
❷ 이르러, 이르러서, 이르렀다 …

어간 '이르(다)'는 자음 어미와 결합할 때 ❶처럼 어간과 어미의 모습에 변화가 일어나지 않는다. 제16항의 규정에 따라 음성모음의 '-어, -어서, -었다'가 결합할 경우 ❷처럼 어미의 형태가 달라진다. 즉 '-어〉-러, -어서〉-러서, -었다〉-렀다'로 발음되기에 '-러'로 표기[18]하게 된다.

	'아/어'	'아/어도'	'아/어서'	'았/었다'
누르다	누르러	누르러도	누르러서	누르렀다
푸르다	푸르러	푸르러도	푸르러서	푸르렀다

9 | 어간 음절 '르'의 'ㅡ'가 줄고, 어미 '-아/-어'가 '-라/-러'로 바뀔 적

❶ 이르다, 이르고, 이르자 …
❷ 일러, 일러서, 일렀다 …

어간 '이르(다)' 역시 모음의 어미와 결합할 때 형태의 모습에 변화가 일어난

---

18) 이 규정의 적용을 받는 단어는 '이르다'(至), '누르다', '푸르다'의 셋뿐이다. 이때의 '누르다'는 "황금이나 놋쇠의 빛깔과 같이 다소 밝고 탁하다."는 의미이며, "물체의 전체 면이나 부분에 대하여 힘이나 무게를 가하다."는 의미의 '누르다'는 '누르+어〉눌러'로 활용하는 '러' 불규칙 용언에 해당한다.

다. 그러나 8의 ❷와 비교하면 활용의 모습에 차이가 나타난다. 즉 어미의 모습뿐만 아니라 어간의 모습도 바뀜을 알 수 있다. 이는 다음과 같은 과정을 거친다.

❸ 이르+어 > 이ㄹ+어 > 일+ㄹ+어 > 일+러 > 일러

어간 끝 음절 '르' 뒤에 어미 '-어'가 결합할 때, 어간의 모음 'ㅡ'가 탈락하면서 'ㄹ'이 앞 음절 받침으로 올라붙고, 어미 '-어'에 'ㄹ'이 덧생겨 '-러'로 나타나는 것이다. 이러한 활용의 '이르다'는 '말하다'(謂)는 의미를 지니고 있다.

	'아/어'	'아/어도'	'아/어서'	'았/었다'
가르다	갈라	갈라도	갈라서	갈랐다
거르다	걸러	걸러도	걸러서	걸렀다
구르다	——	——	——	——
버르다	——	——	——	——
부르다	——	——	——	——
오르다	——	——	——	——
지르다	——	——	——	——

4.3. 알다 – 앎 : *암 – 접미사가 붙어서 된 말

... TIP

'먹다'와 '웃다'는 동사이다. 그러나 어간 '먹'에 '-이'가 결합한 '먹이'는 명사로 파생한 단어가 된다. '웃'에 '-음'이 결합한 '웃음'도 명사로 파생하게 된다. 동사인 '먹다'와 '웃다'를 명사로 파생시키는 역할을 하는 것이 '-이'와 '-음'인데, 이를 접미사라 한다. 이처럼 접미사는 어떤 말의 뒤에 붙어 주로 품사를 바꾸는 역할을 한다.[19]

---

19) 접미사의 결합에 의해 품사의 전성이 일어나는 것이 일반적이다. 그러나 동사 '깨다'에 강세 접사 '-뜨리다'가 결합한 '깨뜨리다'는 품사의 변화가 일어나지 않고, 특별한 의미만 첨가될 뿐이다. 따라서 접미사는 품사전성과 의미 첨가라는 두 가지 기능을 담당한다.

4.3.1. 있음 : *있슴 / 오뚝이 : *오뚜기 – 어간 + [명사파생접미사 '-이/-(으)ㅁ'
[부사파생접미사 '-이/-히'

❶ 갈다, 깊다, 높다, 다듬다, 벌다, 굽다, (땀)받다
❷ 묶다, 믿다, 얼다, 엮다, 울다, 졸다, 죽다, 알다

❶과 ❷의 용언들은 어간 뒤에 명사 파생 접미사 '-이'나 '-(으)ㅁ'이 붙게 되면
아래와 같이 명사로 파생되는데, 이 때 어간의 원형을 밝히어 적어야 한다.[20]

❶' 길이, 깊이, 높이, 다듬이, 벌이, 굽이, 땀받이
❷' 묶음, 믿음, 얼음, 엮음, 울음, 졸음, 죽음, 앎

이와 마찬가지로 어간 뒤에 결합하는 부사 파생 접사 '-이/-히'도 비교적 생산
성이 높은 접미사로 아래와 같이 어간의 원형을 밝혀 적어야 한다.

❸ 같이, 굳이, 길이, 높이, 많이, 실없이, 짓궂이
❹ 밝히, 익히, 작히

따라서 제19항은 "어간에 '-이'나 '-음/-ㅁ'이 붙어서 명사로 된 것과 '-이'나 '-히'
가 붙어서 부사로 된 것은 그 어간의 원형을 밝히어 적는다."로 규정하고 있다.
다만, 이 규정에는 주의해야 할 두 가지 경우가 있는데, 이에 대해 생각해 보자.

---

20) 용언의 어간에 명사 파생 접사 '-이/-(으)ㅁ'이 결합하여 새로운 명사를 만드는 현상은 한국
어에서 매우 생산적인 일이다. '-이' 접사에 의한 파생어로는 '걸다-귀걸이, 밝다-귀밝이, 넓
다-넓이, 놀다-놀이, 더듬다-더듬이, 맞다-손님맞이, 잡다-손잡이, 막다-액막이, 닫다-여닫이,
걸다-옷걸이, 살다-하루살이' 등이 있다. 한편, '-(으)ㅁ' 접사에 의한 파생어로는 '그을다-그을
음, 살다-삶, 섧다-설움, 솎다-솎음, 수줍다-수줍음, 갚다-앙갚음, 솟다-용솟음, 막다-판막음'
등이 해당한다.

생각 다음 표기들이 위의 규정에 따르지 않은 이유를 알아보자.

> **예** 돌다–굽도리, 달다–다리(髮), 걸다–목거리(목병), 열다–무녀리, 놀다–노름

↳ 어간에 명사 파생 접사인 '-이'와 '-음'의 결합으로 이루어진 단어인 점에서는 **❶-❹**와 동일하다. 그럼에도 불구하고 '굽돌이, 달이, 목걸이, 문열이21), 놀음'으로 적지 않는 이유는 그 어간의 본뜻과 아무런 관계가 없는 단어가 되었기 때문이다. '걸다'의 의미가 남아있는 '목걸이'와 달리 그 의미가 없는 목병은 소리 나는 대로(목거리)로 표기한다. '놀다'의 '놀음'과 '노름' 또한 동일한 관계이다.

생각 다음 단어에 붙은 접미사에 대해 알아보고, 이들 접미사가 붙는 경우의 표기법에 대해 규칙을 정해보자.

> **예** 마중, 너머, 무덤 / 너무, 도로, 차마 / 나마, 부터, 조차22)

↳ 이들은 '맞+웅, 넘+어, 묻+엄 / 넘+우, 돌+오, 참+아 / 남+아, 붙+어, 좇+아'로 분석된다. 이에 쓰인 접미사는 '-이'와 '-음'처럼 생산성이 높지 않고 한 두 개 정도의 어휘와 결합할 뿐으로 규칙화의 어려움이 있다. 따라서 제19항의 붙임에서 "어간에 '-이'나 '-음' 이외의 모음으로 시작된 접미사가 붙어서 다른 품사로 바뀐 것은 그 어간의 원형을 밝히어 적지 아니한다."고 규정하고 있다.

예제 09 다음 중 올바른 표현을 찾고, 그 이유를 설명해보자.

1. 산 너머 / 넘어 남촌에는 누가 살고 있을까?
2. 더 이상 할 말이 없음 / 없슴.

---

21) '무녀리'의 어원은 '문(間)+열+-이'이다. 즉 '비로소 문을 열고 나왔다'는 것으로 '새끼 중에 맨 처음 나온 놈'이라는 의미이다. 그러나 오늘날 '무녀리'는 '말이나 행동이 많이 모자라는 사람'을 의미하는 말로 사용되고 있어 원래의 의미에서 벗어난 쓰임을 보이고 있다.

22) 이들은 본래 동사인 '남다, 붙다, 좇다'의 부사형인 '남아, 붙어, 좇아'가 허사화(虛辭化)하여 조사가 된 것으로 소리 나는 대로 적고 있다.

4.3.2. 모가치 : *목아치 – 명사 + 명사(부사) 파생 접미사 '-이'

❶ 곳곳이, 낱낱이, 집집이, 나날이, 틈틈이
❷ 삼발이, 딸깍발이, 절뚝발이/절름발이

❶과 ❷는 명사 뒤에 접미사 '-이'가 붙어 부사와 명사로 파생되었다. 이 경우, 용언의 어간 뒤에 접미사가 붙는 제19항의 표기 규정처럼 명사의 원형을 밝혀 적는다. 또한 '-이' 외의 접미사에 붙어 된 말은 그 원형을 밝히어 적지 않아도 된다. 다음의 예가 해당한다.

❸ 꼬락서니, 끄트머리, 모가치, 바가지, 바깥, 지붕, 지푸라기 등

❸에서 분석할 수 있는 접미사는 '-악서니, -으머리, -아치, -아지, -앝, -웅, -아기' 등으로, 규칙적인 생산성을 지니지 못한다. 따라서 '*꼴악서니, *끝으머리, *목아치, *박아지, *밖앝, *집웅, *지풀아기'로 표기하지 않는다.

🔊 생각   접미사 '-아치/-어치'가 결합한 예시어들의 표기 특징에 대해 알아보자.

> 예) 몫+아치 〉 *목사치   값+어치 〉 *갑서치
> 벼슬+아치 〉 *벼스라치   반빗[23)+아치 〉 *반비사치
>
> ㄴ, "'-이' 외의 모음으로 시작된 접미사가 붙어서 된 말은 그 명사의 원형을 밝히어 적지 아니한다."는 규정에 따르면, 이들은 '목사치, 갑서치, 벼스라지, 반비사치'로 적어야 한다. 그러나 '몫+아치'의 경우 발음 형태가 [모가치]로 굳어져 있어 관용에 따라 '모가치'로 적는다. '값+어치'도 실제 발음 형태에 따라 '가버치'로 적을 수 있을 것 같으나, '-어치'는 '한 푼 어치, 천 원 어치' 등과 같이 의존 명사적 성격이 강하게 나타나고 앞에 결합한 '값'의 형태를 분명하게 인식하고 있어서 '값어치'로 적는다. '벼슬+아치'는 '동냥아치'와 '장사아치'와 함께 '벼슬(동냥, 장사)'의 형태를 분명하게 인식하기에 관용적으로 '벼슬아치'로 표기한다. 마지막 '반빗+아치'는 발음 형태가 [반비다치로 굳어져 '반비사치'로 적지 못하고, '반빗아치'로 적는다. 결국 이들 예시어들은 규정에 벗어난 예외적 표기라 볼 수 있다.

4.3.3. 넓적하다 : *넓따랗다 — 명사, 용언의 어간＋자음의 접미사

❶ 값지다, 홑지다, 넋두리, 빛깔, 잎사귀
❷ 덮개, 뜯게질24), 굵다랗다, 넓적하다, 늙수그레하다

❶은 명사(값, 홑, 넋, 빛, 잎), ❷는 용언 어간(덮-, 뜯-, 굵-, 넓-, 늙-)에 자음의 접미사가 붙은 것으로 명사와 어간의 원형을 밝혀 적고 있음을 알 수 있다. 이와 관련한 규정 제21항의 내용은 "명사나 혹은 용언의 어간 뒤에 자음으로 시작된 접미사가 붙어서 된 말은 그 명사나 어간의 원형을 밝히어 적는다."이다.

❸ 할짝거리다, 널따랗다, 말끔하다, 실쭉하다, 얄따랗다, 짤막하다
❹ *핥짝거리다, *넓따랗다, *맑끔하다, *싫쭉하다, *얇따랗다, *짧막하다

❸은 ❹의 겹받침을 지닌 본래의 용언 어간에 자음의 접미사가 붙은 것으로 제21항 규정에 따라 ❹의 표기로 적어야 할 것 같은데, 그렇지 않다. 동일한 조건을 만족하고 있는 ❷의 '굵다랗다, 넓적하다, 늙수그레하다'와 무슨 차이가 있어서 표기 방식이 다를까? ❷는 겹받침 중 뒤엣것이 발음되지만, ❹는 앞엣것만 발음되는 차이가 나타난다. 따라서 겹받침의 끝소리가 드러나지 않는 것은 소리대로 적는다.25)

---

23) '반빗'은 명사로 '예전에 반찬 만드는 일을 맡아 하던 직책'이다.
24) '뜯게질'은 '해지고 낡아서 입지 못하게 된 옷이나 빨래할 옷의 솔기를 뜯어내는 일'로, '뜨개질'과는 다른 말이며, '뜨게질'은 평안도 방언이다.
25) 이 외에 '어원이 분명하지 아니하거나 본뜻에서 멀어진 것'도 소리 나는 대로 적는다. '넙치, 올무, 골막하다, 납작하다' 등이 해당한다. 즉 '넙'은 '넓', '올'은 '옭', '골'은 '곯', '납'은 '넓'처럼 어원적 형태가 인식되지 않거나 상호 의미의 연관성이 없다.

🔊 생각 다음 단어 역시 겹받침 중 끝소리가 드러나지 않음에도 불구하고, 원형을 밝혀 적고 있는 이유에 대해 알아보자.

> 예 값+지다 : 값[갑]+지다 〉 *갑지다 / 값지다
> 넋+두리 : 넋[넉]+두리 〉 *넉두리 / 넋두리
>
> ↳ '값지다', '넋두리'의 경우에도 받침의 끝소리가 발음되지 않는다는 점이 '할짝거리다, 널따랗다' 등과 같지만 표기 방식은 다르다. 이는 명사 뒤에 결합하는 것으로 겹받침의 끝소리 발음과는 관련이 없으며, 일반적 원칙에 충실한 표기일 뿐이다.

4.3.4. 바치다 : 받히다 : 받치다 – 용언 어간 + 피동·사동·강세 접미사

❶ 맡기다, 뚫리다, 낚이다, 굳히다, 돋구다, 돋우다, 갖추다, 일으키다, 없애다
❷ 놓치다, 받치다, 부딪뜨리다/부딪트리다, 찢뜨리다/찢트리다

❶의 어간 뒤에 붙은 '-기-, -리-, -이-, -히-, -구-, -우-, -추-, -으키-, -애-'는 접미사로서 피동·사동의 기능을 표시하고 있다. ❷의 접미사 '-치-, -뜨리-/-트리-'는 강세의 의미 기능을 나타낸다. 이들 접미사는 '-이, -히, -음'과 같이 여러 어간에 결합하여 그 생산성이 높을 뿐만 아니라 그 고유의 의미와 기능을 지니고 있는 바, 이와 결합하는 어간의 원형을 밝혀 적는다. 그럼으로써 이들 접미사의 형태와 의미를 쉽게 파악할 수 있다.[26]

---

26) 단, 어원적으로는 ❶에 사용된 접미사 중 '-이-, -히-, -우-'가 결합한 것으로 해석이 가능하더라도 '(칼로) 도리다, (용돈을) 드리다, 고치다, (세금을) 바치다, (편지를) 부치다, 거두다, 미루다, 이루다'는 본뜻에서 멀어진 관계로 소리대로 적는다. 즉 '돌(廻)이다, 들(入)이다, 곧(直)히다, 받(受)히다, 붙(附)이다, 걷(撤, 捲)우다, 밀(推)우다, 일(起)우다'와 같이 사동의 형태로 해석할 수 없다. 또한 [붙임]에서는 '-업-, -읍-, -브-'가 붙어서 된 '믿업다, 웃읍다, 믿브다' 역시 '미덥다, 우습다, 미쁘다'처럼 발음대로 적는다고 규정하고 있다.

예제 10 다음 중 올바른 표현을 찾고, 그 이유에 대해 설명해보자.

1. 탈춤이 우리의 흥(호기심)을 돋구다 / 돋우다.
2. 철수는 지나가는 자전거에 바쳐 / 받혀 / 받쳐 상처를 입었다.

4.3.5. 뻐꾸기 : *뻐꾹이 – '-하다, -거리다'가 붙는 어근 + 접미사 '-이'

❶ 꿀꿀이, 배불뚝이, 삐죽이, 오뚜기, 홀쭈기
❷ 개구리, 귀뚜라미, 딱따구리, 뻐꾹이, 얼룩이

❶에서 잘못된 말은 '*오뚜기'와 '*홀쭈기'로, '오뚝이27)'와 '홀쭉이'로 써야 한다. ❷에서는 '*뻐꾹이'가 아닌 '뻐꾸기', '*얼룩이'가 아닌 '얼루기'로 써야 한다. ❶과 ❷의 표기 차이는 '-하다'와 '-거리다'의 결합 유무 가능성에 있다. 즉, 그 결합이 가능한 말들에 접미사 '-이'가 붙어 명사가 된 ❶은 원형을 밝혀 적지만, 그렇지 않은 ❷는 소리 나는 대로 적는다. 그 밖에 아래의 단어들도 이에 해당한다.

❶' 깔쭉이, 눈깜짝이, 더펄이, 살살이, 쌕쌕이, 코납작이, 푸석이
❷' 깍두기, 꽹과리, 날라리, 누더기, 동그라미, 두드러기, 매미, 부스러기, 칼싹두기

❶-❶'와 ❷-❷'의 용례를 통해 다음과 같은 규정을 이끌어낼 수 있다. 제23항의 규정 "'-하다'나 '-거리다'가 붙는 어근에 '-이'가 붙어서 명사가 된 것은 그 원형을 밝히어 적는다."와 [붙임]의 "'-하다'나 '-거리다'가 붙을 수 없는 어근에 '-이'나 또는 다른 모음으로 시작되는 접미사가 붙어서 명사가 된 것은 그 원형을 밝히어 적지 아니한다."가 그것이다.

---

27) 한때 '오똑이'가 표준어였던 적이 있었다. 그러나 표준어 규정 제2장 2절 8항에서 '오뚝이'를 표준어로 삼았다.

한편, 제24항은 "-거리다가 붙을 수 있는 시늉말 어근에 '-이다'가 붙어서 된 용언은 그 어근을 밝히어 적는다."고 하여 아래의 보기를 들고 있다.(ㄱ을 취하고, ㄴ을 버림.)

ㄱ	ㄴ	ㄱ	ㄴ
깜짝이다	깜짜기다	속삭이다	소사기다
꾸벅이다	꾸버기다	숙덕이다	숙더기다
끄덕이다	끄더기다	울먹이다	울머기다
뒤척이다	뒤처기다	움직이다	움지기다
들먹이다	들머기다	지껄이다	지꺼리다
망설이다	망서리다	퍼덕이다	퍼더기다
번득이다	번드기다	허덕이다	허더기다
번쩍이다	번쩌기다	헐떡이다	헐떠기다

제23항이 접미사 '-이'가 붙어 명사화한 것을 다루었다면 제24항은 접미사 '-이다'가 붙은 용언의 표기에 대한 것으로, 원형을 밝히어 적는다는 공통점을 지닌다.

4.3.6. 도저히 : *도저이 – '-하다'가 붙는 어근 + '-히, -이', 부사 + '-이'

❶ 급히, 꾸준히, 도저히, 딱히, 어렴풋이, 깨끗이
❷ 곰곰이, 더욱이, 생긋이, 오뚝이, 일찍이, 해죽이

❶은 '-하다'가 붙는 어근 '급(急), 꾸준, 도저(到底)[28], 딱, 어렴풋, 깨끗'에 부사 파생 접미사 '-히'와 '-이'가 붙어 부사로 파생된 예들[29]이다. ❷는 부사인 '곰곰, 더욱, 생긋, 오뚝, 일찍, 해죽'에 '-이'가 결합하여 뜻만을 더하고 있는 예들이다. ❶, ❷ 모두 접미사와 결합하는 어근, 부사의 원형을 밝히어 적고 있다. 이

---

28) '도저하다'는 '학식이나 생각, 기술 따위가 아주 깊다.', '행동이나 몸가짐이 빗나가지 않고 곧아서 훌륭하다.'란 의미를 지닌 형용사이다.
29) '나란(하다), 넉넉(하다), 무던(하다), 속(하다), 뚜렷(하다), 버젓(하다)'도 부사 파생 접미사 '-히'와 '-이'가 붙어 '나란히, 넉넉히, 무던히, 속히, 뚜렷이, 버젓이'의 파생어를 만들어낸다.

경우, ❶에서 어근과 접미사의 원형을 밝혀 적기 위한 접사 '-하다'의 결합 여부
는 매우 중요하다.

❸ 갑자기, 반드시, 슬며시

❸의 예들은 '-하다'가 붙을 수 없어 어근과 접미사의 경계가 모호한 관계로
소리대로 적는 경우이다.

✏️ **예제 11 다음 중 올바른 표현을 찾고, 그 이유에 대해 설명해보자.**
    1. 내일은 면접일이니 반드시/ 반듯이 양복을 입고 가거라.
    2. 허리에 무리가 가니 반드시/ 반듯이 앉도록 하자.

다음은 제3절의 마지막 항인 26항의 규정에 대해 알아보자. 제26항은 "'-하다'
나 '-없다'가 붙어서 된 용언은 그 '-하다'나 '-없다'를 밝히어 적는다."는 것이다.

❶ 딱하다, 숱하다, 착하다, 텁텁하다, 푹하다
❷ 부질없다, 상없다, 시름없다, 열없다, 하염없다

제26항 규정의 '-하다'는 대부분의 어근 뒤에 결합하여 동사나 형용사로 파생
시키는 대표적인 접미사이다. 그러므로 이와 결합하는 어근의 원형을 ❶처럼
밝혀 적음으로써 '-하다'가 결합한 형식임을 쉽게 파악할 수 있다. ❷의 예들은
단어 형성법상 파생어로 볼 것인가 아니면 합성어로 볼 것인가에 이견이 있지
만, 통례적으로 접미사로 취급하고 있다.

4.4. 홀몸 : 홑몸 - 합성어 및 접두사가 붙는 말

TIP

· 합성어는 어휘적 의미를 지니는 두 개의 실질형태소가 결합한 단어이다. '꽃'과 '밭'이 결합한 '꽃밭', '굶
  (다)'와 '주리다'가 결합한 '굶주리다' 등이 좋은 예이다.

· '접두사'는 파생어를 구성하는 성분으로, 어근의 앞에 위치한다. '햇'이 '밤' 앞에 붙으면, '햇밤'이라는 새
  단어를 파생시킨다. 한편, 파생어를 구성하는 또 다른 성분에 '접미사'가 있다. 4.3에서 다루었던 '-이',
  '-음/-ㅁ', '-히' 등이 대표적이다.[30]

4.4.1. 며칠 : *몇일 - 제27항의 규정

❶ 꽃잎, 끝장, 물난리, 겉늙다, 빛나다, 꺾꽂이
❷ 웃옷, 헛웃음, 홑몸, 맞먹다, 엇나가다, 헛되다

❶은 둘 이상의 실질형태소가 결합한 합성어이며, ❷는 어근 앞에 접두사 '웃
-, 헛-, 홑-, 맞-, 엇-, 헛-'이 결합한 파생어이다. 어근과 어근의 결합 또는 접두사
와 어근의 결합에 의해 실제 발음은 달라지더라도 어근과 접두사의 원형을 밝
혀 적고 있다. 제27항의 내용은 다음과 같다.

> 둘 이상의 단어가 어울리거나 접두사가 붙어서 이루어진 말은 각각 그 원형을 밝히
> 어 적는다.

---

30) '접두사'와 '접미사'는 파생어를 형성하는 구성요소라는 점에서 대등하다. 그러나 접미사가
   품사 전성과 의미 한정이라는 두 가지 기능으로 쓰임에 반해 접두사는 의미 한정의 기능만
   담당한다.

다음 단어들은 제27항 규정에서 다루어진다. '새-/시-, 샛-/싯-'이 놓이는 환경의 차이에 대해 알아보자.

	새까맣다 새파랗다	시꺼멓다 시퍼렇다	샛노랗다	싯누렇다
'새-/시-'	된소리 및 거센소리 앞		-	
	양성모음 계 열	음성모음 계 열		
'샛-/싯-'	-		울림소리 앞	
			양성모음 계 열	음성모음 계 열

한편, '할아버지, 할아범'은 어원적으로 '한+아버지', '한+아범'의 구조였다. 그런데 시간의 변화에 따라 '한[31]'의 소리만 특이하게 '할'로 바뀌게 되었고, 이를 표기에 반영(붙임 1)한 것이다.

❸ **골병, 골탕, 끌탕, 아재비, 오라비[32], 업신여기다, 부리나케**

❸은 어원이 불분명한 단어들로 그 원형을 밝혀 적을 수 없기에 소리 나는 대로 적게 된다. 즉, '골병', '골탕'에서 '병(病)'과 '탕(湯)'과 달리 '골'의 어원은 '골(골수), 골(骨), 곯' 중에서 어느 하나라고 설명하기가 어렵다. '끌탕'은 '끓+탕'인지, '끓+당'인지가 명확하지 않다. '업신여기다'는 '없이 여기다'로 해석이 가능하나 'ㄴ'이 첨가되는 현상을 설명할 수가 없으며, '부리나케'는 '불이 나게'로 분석이 가능하지만 발음으로만 보면 '불이 낳게'와도 연결이 될 수 있어서 원형을 밝혀 적기가 어려운 경우이다.

---

31) '한'은 '크다'의 의미를 지니고 있다. 한자어 '대전(大田)'에 대응하는 고유어 '한밭'을 비교해 보면, '大=한, 田=밭'의 관계를 알 수 있다.
32) '아재비'와 '오라비'는 의미적으로도 '앗+애비', '올+아비'로 분석될 이유가 없다.

예제 12 다음 중 올바른 표현을 찾고, 그 이유에 대해 설명해보자.

1. 철수가 태어난 달이 몇 월입니까?
2. 철수가 태어난 날이 8월 몇일 / 며칠입니까?

제27항의 일반적 원칙에 따르면, '사랑+이', '송곳+이', '앞+이' 등은 본 모양을 밝혀 적어야 하지만 이들의 실제 표기는 '사랑니, 앞니, 어금니'이다. 이는 다음의 규정에 의한다.

[붙임 3] '이(齒, 蝨)'가 합성어나 이에 준하는 말에서 '니' 또는 '리'로 소리날 때에는 '니'로 적는다.

간니[33]	덧니	사랑니	송곳니	앞니	어금니
윗니	젖니	톱니	틀니	가랑니	머릿니

한국어는 'ㄴ' 첨가 현상에 의해 발음에 나타나는 [ㄴ]을 표기하지 않는다. 예를 들면, [솜니불]과 [옌닐]로 발음하더라도 '솜이불', '옛일'로 표기한다. 그러나 이에 따라 '사랑이, 송곳이, 앞이'로 표기하게 되면 주격조사 '이'와 혼동될 소지가 있다. 따라서 제27항의 예외적 표기로 다루고 있다.

4.4.2. 따님 : *딸님 – 끝소리가 'ㄹ'인 말과 다른 말과의 결합

❶ 우리의 삶은 <u>다달이</u> 어려워지고 있다.
❷ 선생님의 <u>아드님</u>과 <u>따님</u>은 모두 국어 선생님이다.

❶의 '다달이'는 '달-달-이' 구성에 의한 합성어이며, ❷의 밑줄 친 단어는 '아들, 딸'에 접미사 '-님'이 붙은 파생어이다. 그리고 합성어와 파생어가 되는 과정에서

---

33) '간니'는 '젖니'(유아기에 사용한 뒤 갈게 되어 있는 이)가 빠진 뒤에 나는 이다. 전문 의학용어로는 '대생치'(代生齒)라 한다.

원래 지니고 있던 앞말의 받침 'ㄹ'이 탈락하였다. 이에 대한 규정은 다음과 같다.

제**28**항 끝소리가 'ㄹ'인 말과 딴 말이 어울릴 적에 'ㄹ' 소리가 나지 아니하는 것은
아니 나는 대로 적는다.

마되(말-되)	마소(말-소)	무자위(물-자위)
바느질(바늘-질)	부나비(불-나비)	부삽(불-삽)
부손(불-손)	소나무(솔-나무)	싸전(쌀-전)
여닫이(열-닫이)	우짖다(울-짖다)	화살(활-살)

🔊 **생각** 제28항을 맞춤법 제21항, 제27항과 비교할 때 나타나는 차이점에 대해
알아보자.

↳ 제21항과 제27항은 합성어나, 자음의 접미사가 결합한 파생어의 경우 실질형태소
의 원형을 밝혀 적는다는 것으로, 어법을 지키고자 하는 표기의 원칙이었다. 이에 반
해 제28항은 이 원칙을 벗어나는 규정으로, '발음의 편의'라는 역사적인 현상으로 'ㄹ'
이 탈락[34]한 것이기 때문에 어원적인 형태를 밝혀 적지 않도록 한 것이다.

❸ 옛날 사람들은 옆집의 <u>숟가락</u> 수까지도 알고 있었다.
❹ 여행 <u>이튿날</u>에는 세계자연유산으로 지정된 용암동굴을 찾았다.

❸은 '술'과 '가락', ❹는 '이틀'과 '날'이 결합한 형태이다. ❶, ❷와 동일하게 앞
말이 'ㄹ'로 끝난 말이 다른 말과 어울리지만 'ㄹ'이 탈락하지 않고 '술'과 '이틀'
의 'ㄹ'이 [ㄷ]으로 발음난다. 따라서 이를 표기에 반영하여 '<u>ㄷ</u>'으로 적는다. 다음
과 같다.

---

34) 이와 유사한 현상으로 한자어 '불'(不)은 'ㄷ, ㅈ' 앞에서 'ㄹ'이 탈락하여 '부'로 읽히고 표기한
다. 예를 들면, '불순'(不純), '불편'(不便)과 달리 '부당'(不當), 부동(不動, 不同, 不凍), 부정(不
正, 不定, 不貞), 부조리'(不條理)로 사용한다.

제29항 끝소리가 'ㄹ'인 말과 딴 말이 어울릴 적에 'ㄹ' 소리가 'ㄷ' 소리로 나는 것은 'ㄷ'으로 적는다.

반짇고리(바느질~)　　사흗날(사흘~)　　삼짇날(삼질~)

섣달(설~)　　　　　잗주름(잘~)　　　풀소(풀~)

섣부르다(설~)　　　잗다듬다(잘~)　　잗다랗다(잘~)

4.4.3. 해님 : *햇님 - 사잇소리 현상

❶ 올해는 장마비/장맛비로 많은 수해를 입었다.
❷ 강원도의 회집/횟집은 싸고 맛이 좋기로 유명하다.

위 예제의 정답은 '장맛비'와 '횟집'이다. 이와 관련한 맞춤법 규정은 사이시옷 현상이다. 먼저 맞춤법의 규정부터 살피기로 한다.

제30항 사이시옷은 다음과 같은 경우에 받치어 적는다.
　1. 순 우리말로 된 합성어로서 앞말이 모음으로 끝난 경우
　　(1) 뒷말의 첫소리가 된소리로 나는 것
　　(2) 뒷말의 첫소리 'ㄴ, ㅁ' 앞에서 'ㄴ' 소리가 덧나는 것
　　(3) 뒷말의 첫소리 모음 앞에서 'ㄴㄴ' 소리가 덧나는 것
　2. 순 우리말과 한자어로 된 합성어로서 앞말이 모음으로 끝난 경우
　　(1) 뒷말의 첫소리가 된소리로 나는 것
　　(2) 뒷말의 첫소리 'ㄴ, ㅁ' 앞에서 'ㄴ' 소리가 덧나는 것
　　(3) 뒷말의 첫소리 모음 앞에서 'ㄴㄴ' 소리가 덧나는 것

제30항에 따르면, 사이시옷을 받침으로 표기하는 조건을 제시하고 있다. 필수적 조건으로 첫째, 합성어이어야 하는데, ❶과 ❷는 각각 '장마'와 '비', '회'와 '집'이 결합한 모습으로 합성어 조건을 갖추고 있다. 둘째, 합성어를 구성하는 요소 중 반드시 한 쪽은 고유어를 포함해야 하는데, ❶은 고유어(장마와 비)끼리의 합성어이며, ❷는 한자어 '회'(膾)와 고유어 '집'이 결합한 합성어이다.[35] 셋째, 앞말이 모음으로 끝나야 하는데, '장마'와 '회' 모두 이 조건을 만족시킨다.

따라서 우리가 '사이시옷'을 적을 것인가 적지 않을 것인가를 판단할 때, 기본적으로 위의 세 가지 조건을 만족하는 경우에만 고민하면 된다.

예제 13 다음 중 올바른 표현을 찾고, 그 이유에 대해 설명해보자.

1. 해님 / 햇님이 방긋 웃다.
2. 네 숙제를 도와준 대가 / 댓가가 고작 이거야.
3. 할머니의 손등 / 숀등은 너무 거칠어.

사이시옷 표기의 세 가지 필수조건을 만족하고, (1)-(3) 중 어느 하나에 해당하게 되면, 사이시옷을 넣게 된다. 순서대로 살펴보기로 하자.

❸ 나무-가지, 조개-살, 쇠-조각, 나루-배
❹ 귀-병, 아래-방, 전세-집, 차-잔, 터-세

❸과 ❹는 모두 사이시옷 표기의 필수적 조건을 갖추고 있다. 즉 ❸은 고유어끼리의 합성어 구성이며, ❹는 한자어와 고유어의 합성어 구성을 보인다. 그리고 합성어의 앞말이 모음으로 되어 있다. 이때 ❸, ❹의 뒷말은 된소리로 발음되어 다음과 같이 표기한다.

---

35) '한자어+고유어'의 결합 방식뿐만 아니라 '고유어+한자어'(코+병) 구조도 사이시옷 표기의 조건을 만족하고 있다.(앞말 또한 모음으로 끝난 경우이다.)

❸′ 나뭇가지, 조갯살, 쇳조각, 나룻배
❹′ 귓병, 아랫방, 전셋집, 찻잔, 텃세

이상과 같이 사이시옷의 필수 조건을 갖추고 있으면서 "뒷말의 첫소리가 된소리로 날 경우, 사이시옷을 적는다."가 세부 규정 (1)에 해당한다.

예제 14 다음 중 올바른 표현을 찾고, 그 이유에 대해 설명해보자.

1. 돼지고기 갈비뼈 / 갈빗뼈
2. 허리띠, 보리쌀, 위층, 배탈

세부 규정의 (2)는 "뒷말의 첫소리 'ㄴ, ㅁ' 앞에서 'ㄴ' 소리가 덧나는 경우, 사이시옷을 적는다."는 것이다.

❺ 아래-니, 뒤-머리, 이-몸, 내-물
❻ 계-날, 제사-날, 후-날, 양치-물

❺는 고유어끼리의 합성어이며, ❻은 한자어와 고유어가 만난 합성어이다. 이 경우 뒷말의 첫소리 'ㄴ, ㅁ' 앞에서 [아랜-니], [뒨-머리], [인-몸], [낸-물], [겐-날], [제산-날], [훈-날], [양친-물]처럼 'ㄴ'소리가 덧나기에 다음과 같이 표기한다.

❺′ 아랫니, 뒷머리, 잇몸, 냇물
❻′ 곗날, 제삿날, 훗날, 양칫물

마지막 세부 규정 (3)은 "뒷말의 첫소리 모음 앞에서 'ㄴㄴ' 소리가 덧나는 경우, 사이시옷을 적는다."는 것이다.

❼ 두레-일, 뒤-일, 베개-잇, 깨-잎, 나무-잎

❽ 가외-일, 사사-일, 예사-일, 후-일

❼, ❽ 역시 고유어 하나 이상을 포함하는 합성어 구조를 이루고 있다. 그러나 세부 규정 (1)과 (2)처럼 뒷말이 된소리로 나지도 않으며, 'ㄴ, ㅁ' 소리 앞에서 'ㄴ'소리가 덧나는 것도 아니다. 이들은 뒷말 모음 앞에서 'ㄴㄴ' 소리가 덧나기에 사이시옷을 적는 경우이다.

❼′ 두렛일, 뒷일, 베갯잇, 깻잎, 나뭇잎

❽′ 가욋일, 사삿일, 예삿일, 훗일

예제 15 다음 중 올바른 표현을 찾고, 그 이유에 대해 설명해보자.

1. 선생님의 머리말 / 머릿말 내용은 감동적이다.
2. 요즘 청소년들에게 비속어는 예사말 / 예삿말이 되었다.
3. 어린이 대공원의 머리돌 / 머릿돌은 박정희 대통령께서 쓰셨다.

한편, 앞의 예제 '대가'(代價)를 통해 알 수 있었듯이 한자어끼리의 합성어에는 사이시옷 규정이 적용되지 않는다. 따라서 '초점'(焦點), '표말'(標抹), '개수'(個數), '시점'(時點), '시가'(時價), '허점'(虛點), '내과'(內科) 등으로 표기한다.

🔊 **생각** 한자어 합성어의 경우 사이시옷을 넣지 않는다는 것을 염두에 두고, 다음 예시어들의 표기에 대해 생각해 보자.

> 예 곳간(庫間), 셋방[36](貰房), 숫자(數字), 찻간(車間), 툇간(退間), 횟수[37](回數)
>
> ↳ 사이시옷의 일반적 규정에 따르면, 위 표기는 원칙에 어긋나는 표현이다. 왜냐하면 모두 한자말로 형성된 합성어이기 때문이다. 그럼에도 불구하고 제30항의 3에서 이들 단어들의 표기법에 대해 따로 언급하고 있다. 즉 사이시옷의 예외적 현상으로 다루고 있음에 유의해야 한다.

4.4.4. 수탉 : *수닭 – 'ㅂ'과 'ㅎ' 소리가 덧나는 경우

❶ 대+싸리, 메+쌀, 벼+씨, 이+때
❷ 머리+가락, 살+고기, 수+닭, 암+개

❶과 ❷는 제27항에서 규정하고 있는 둘 이상의 단어가 어울리거나 접두사가 붙어서 이루어진 단어들이다. 따라서 각각의 원형을 밝힌 '대싸리, 메쌀, 벼씨, 이때, 머리가락, 살고기, 수닭, 암개'로 적어야 한다. 그러나 실제 발음할 때 ❶에서는 두 형태소 사이에서 'ㅂ' 소리가 덧나며, ❷에서는 'ㅎ'음이 첨가된다. 이 경우, 제27항의 일반적 규정과 달리 아래 보기처럼 소리대로 적어야 한다.

❶′ 댑싸리, 멥쌀, 볍씨, 입때
❷′ 머리카락, 살코기, 수탉, 암탉

---

36) 합성어 '傳貰房'은 한자말로 구성된 관계로 '전세방'으로 표기하는 것이 맞다. 그러나 '전세'와 '집'이 만나면 '전셋집'으로 표기해야 한다. '집'이 고유어이기 때문이다.

37) '햇수'는 고유어 '해'와 한자어 '수(數)'의 합성어이며, 세부 규정 (1)의 적용을 받아 뒷말이 된소리로 발음된다.

제27항의 규정에도 불구하고, ❶과 ❷의 단어들을 소리대로 적는 이유는 역사적인 유래에서 찾을 수 있다. 중세 국어에 '싸리'(荊), '쌀', '씨', '때' 등은 'ㅂ'음을 지닌 형태[38]로 사용되었으며, '머리', '살', '수', '암' 등은 'ㅎ'음을 지닌 형태로 사용되었다. 'ㅎ'음이 덧나는 경우, 그 뒤에 결합하는 단어의 첫소리 'ㄱ, ㄷ, ㅂ'과 어울려 거센소리 'ㅋ, ㅌ, ㅍ'로 바뀌게 된다.[39]

4.5. 그리로 : 글로 / 아래로 : *알로 – 준말

TIP

준말이란 원래의 음절수가 줄어든 말을 지칭한다. 예를 들면, 2음절의 '했다'는 3음절의 '하였다'가 줄어든 말이다. 제32항에서 제40항까지는 다양한 환경에서 줄어드는 말에 대한 표기 규정을 다루고 있다.

4.5.1. 기러기야 : 기럭아 – 어말 모음의 탈락에 의한 준말

❶ 엊저녁부터 내리던 비가 오늘 아침에 그쳤다.
❷ 철수는 어려움을 딛고 사업에 성공할 수 있었다.

❶과 ❷의 밑줄 친 단어는 각각 본말인 '어제저녁', '디디고'의 준말이다. 다만 ❶은 '어제'라는 단어의 끝 모음이 탈락해 혼자 남은 자음을 앞 음절의 받침으로 적은 것이다. 반면 ❷는 어간의 끝 모음이 줄어든 경우이다.

---

38) 15세기에 사용된 형태는 '싸리, 쌀, 씨, 때'였다. 그러나 현대어에서 이들 단어가 나타내는 중심적 의미는 각각 '싸리, 쌀, 씨, 때'이기에 이들 형태를 고정시키고, 이에 덧나는 'ㅂ'음은 앞말의 받침에 붙여 적게 된다.
39) 이를 'ㅎ'종성체언이라 한다. 특히, '암-, 수'가 결합하는 단어는 표준어 규정에서 자세히 다루고 있다.

제32항 단어의 끝 모음이 줄어지고 자음만 남은 것은 그 앞의 음절에 받침으로 적는다.

본말	준말
기러기야	기럭아
어제그제께	엊그제께
가지고, 가지지	갖고, 갖지

생각 '갖고, 갖지, 딛고, 딛지'와 달리 '가자-, 디디-' 뒤에 모음어미가 올 때의 표기에 대해 알아보자.

↳ '가자-'와 '디디-'의 어간 끝 모음이 줄어드는 것은 자음의 어미가 결합할 때이다. 그러나 모음의 어미가 결합할 때에는 '갖-', '딛-'으로 줄어들지 않는다. 즉 모음의 어미인 '-어서'가 연결되면 '가져서', '디뎌서'가 된다.

4.5.2. 저리로 : 절로 – 체언과 조사의 결합에 의한 준말

❶ 나는 <u>이리로</u> 갈 테니까 너는 <u>절로</u> 가라.
❷ 이건 너무 비싸니까 <u>저걸로</u> 주세요.

❶의 '이리로'[40]와 '절로'는 체언과 조사가 결합한 형태지만, 각각 본말과 준말이라는 차이가 있다. 즉 '절로'는 '저리+로'에서 줄어든 말이다. ❷의 '저걸로'[41] 역시 '저것+으로'에서 줄어든 것이다. 이처럼 체언과 조사가 결합할 때에 어떤 음이 줄어지거나 음절의 수가 줄어지는 것은, 본 모양을 밝히지 않는다.

❸ 그 애 > 걔, 그 애는 > 걔는 > 걘, 그 애를 > 걔를 > 걜
❹ 이 애 > 얘, 이 애는 > 얘는 > 얜, 이 애를 > 얘를 > 얠

---

40) '이리로'의 준말은 '일로'가 되며, '그리로'는 '글로'가 된다.
41) '그것+으로'는 '그걸로', '이것+으로'는 '이걸로'로 줄어든다.

제**33**항 체언과 조사가 어울려 줄어지는 경우에는 준 대로 적는다.

본말	준말
그것은, 그것이, 그것으로	그건, 그게, 그걸로
나는, 나를	난, 날
너는, 너를	넌, 널
무엇을	뭣을 / 무얼 / 뭘
무엇이	뭣이 / 무에

4.5.3. 되라 : 돼라 – 모음과 모음의 결합에 의한 준말

맞춤법 제35~제36항은 반모음화에 의해 형성된 준말의 표기를 다루고 있다. 어간의 끝 모음 'ㅗ', 'ㅜ'는 '-아/-어' 계열의 어미와 만나면 반모음 'ʷ'가 되고, 이것이 어미와 결합하여 이중모음 'ㅘ/ㅝ, ㅙ/ㅞ'으로 실현된다(제35항). 그리고 'ㅣ'를 말음으로 가진 용언 어간이 '-아/-어' 계열의 어미와 만나면 반모음화에 의해 'ㅕ'로 실현된다(제36항).

반면, 제37항~제38항은 모음 축약에 의해 형성된 준말의 표기에 대해 규정하고 있다.

| 1 | **모음 'ㅏ, ㅓ' + '-아/-어, -었-/-았-'의 준말** |

❶ 오늘 도서관에 가아서 책을 빌렸다.
❷ 내일 시험이 있어서 도서관에 가았다.

❶과 ❷는 어간의 모음 'ㅏ'와 어미의 모음 '-아서, -았-'이 서로 충돌[42]하고 있다. 이 경우, ❶에서는 어미의 '-아'가 줄어든 '가서'로 표기해야 하며, ❷에서는

---

[42] 한국어에서는 모음과 모음이 연이어 나올 때 회피하는 현상이 있는데, 이를 Hiatus회피라 한다. 이를 위한 구체적인 방법으로는 하나의 모음을 탈락시킨다든지, 두 모음을 한 모음으로 축약한다든지 아니면 모음과 모음 사이에 매개자음을 삽입하는 등이 있다.

'-았'의 '-아'가 줄고 받침 'ㅆ'이 앞말의 받침으로 붙은 '갔다'로 표기해야 한다. 즉 동음 생략에 의한 음절 줄이기이다.

제34항 모음 'ㅏ, ㅓ'로 끝난 어간에 '-아/-어', '-았-/-었-'이 어울릴 적에는 준 대로 적는다.

본말	준말	본말	준말
가아	가	가았다	갔다
나아	나	나았다	났다
타아	타	타았다	탔다
서어	서	서었다	섰다
켜어	켜	켜었다	켰다
펴어	펴	펴었다	폈다

제33항은 본말과 준말을 모두 인정하지만 제34항은 본말로 표기하지 않고 반드시 준말로만 사용함에 주의를 요한다. 따라서 본말 '*나았다'의 준말인 '났다'는 기본형이 '나다'인 것으로 '발생하다, 태어나다'의 의미이다. 그러나 'ㅅ' 불규칙용언의 기본형 '낫다'가 모음의 어미와 결합하게 되면 어간의 'ㅅ'이 탈락한 채 과거형의 '-았다'가 결합하여 축약 현상이 일어나지 않은 '나았다'로 표기[43]한다. 이는 병이 완쾌되었다는 의미를 지닌다.

❸ 개어 > 개, 내어 > 내, 베어 > 베, 세어 > 세
❹ 하여 > 해, 더하여 > 더해, 흔하여 > 흔해

❸과 ❹ 역시 모음 충돌이 일어나고 있다. 그러나 ❸에서는 어간 모음 'ㅐ, ㅔ' 뒤의 어미 '-어'가 탈락한 것을 표기에 반영[44]한 것이고, ❹는 '하여'가 한 음절로 축약하여 '해'로 적은 것이다.

---

43) '짓다'도 뒤에 모음의 어미가 올 경우, 'ㅅ'만 떨어지고 뒤의 모음은 그대로 보존된다. 즉 '지어, 지어서, 지어도, 지어야, 지었다'가 된다.
44) 'ㅐ, ㅔ' 뒤에 '-었-'이 어울려 줄 적에도 '갰다, 냈다, 벴다, 셌다'처럼 적는다.

| 2 | 모음 'ㅗ, ㅜ' + '-아/-어, -았/-었'의 준말 |

❶ 보아 > 봐, 보았다 > 봤다
❷ 주어 > 줘, 주었다 > 줬다

양성모음인 'ㅗ'는 '-아, -았'과 음성모음인 'ㅜ'는 '-어, -었'과 어울려 각각 'ㅘ/
ㅙ', 'ㅝ, ㅞ'으로 줄어든다. 어간 끝 모음 'ㅗ, ㅜ'가 '-아/-어' 계열의 어미와 결합
하면 반모음(w)이 되고, 이 반모음이 뒤의 어미와 결합하여 이중모음이 되는
것이다.

본말	준말	본말	준말
꼬아	꽈	꼬았다	꽜다
쏘아	쏴	쏘았다	쐈다
두어	둬	두었다	뒀다
쑤어	쒀	쑤었다	쒔다

🔊 **생각** '푸다'의 경우, '푸+어', '푸+었다'와 같이 어울리는데 왜 '풔, 풨다'로 적지
않는지 알아보자.

↳ 용언 '푸다'는 제18항 4에서 다루어진 것으로, 어간인 '푸'가 모음의 어미와 어울릴
적에는 모음의 'ㅜ'가 탈락하는 'ㅜ' 탈락 용언이다. 따라서 '풔'나 '풨다'가 아닌 '퍼', '펐
다'로 적는다.

❸ 책상 위에 이 책을 올려 **놓아라.**
❹ 날씨가 화창해 기분이 참 **좋아라.**

❸의 '놓아라'는 어간 '놓'에 명령형 어미 '-아라'가 결합한 것으로, '놔라'로 축
약될 수 있다. 마찬가지로 '-아', '-았다'가 붙어도 '놔', '놨다'로 축약된다. 이 축약

과정은 다음과 같다.

놓+아라　>　노+아라　>　놔라

↳ 'ㅎ' 탈락

↳ 'ㅗ'와 'ㅏ'의 축약

그러면 'ㅎ'을 받침으로 가진 모든 말이 이러한 축약 과정을 거치는 것일까? ❹의 '좋다'와 비교해보자. 어간의 '좋'에 모음의 어미 '-아, -아라, -았다'가 어울리면 '좋아, 좋아서, 좋았다'로 표기하지, '좌, 좌서, 좠다'가 되지 않음을 알 수 있다.[45]

한편, [붙임 2]에서는 'ㅚ' 뒤에 '-어, -었'이 어울린 준말에 대해 규정짓고 있다. 즉 'ㅚ' 뒤에 '-아/-어' 계열의 어미가 연결되는 경우에도 반모음화에 의한 준말 형성이 가능함을 보여주고 있다.

본말	준말	본말	준말
괴어	괘	괴었다	괬다
되어	돼	되었다	됐다
뵈어	봬	뵈었다	뵀다
쇠어	쇄	쇠었다	쇘다
쐬어	쐐	쐬었다	쐤다

예제 01 **다음 중 올바른 표현을 찾고, 그 이유에 대해 설명해보자.**

1. 커서 훌륭한 사람이 되라 / 돼라.
2. 할아버지께서 훌륭한 사람이 되라 / 돼라고 말씀하셨다.

---

45) 제35항의 [붙임 1]은 "'놓아'가 '놔'로 줄 적에는 준 대로 적는다."이다. 따라서 'ㅎ'을 받침으로 가진 단어 중 '놓다'의 경우만 예외적으로 준 형태로 사용할 수 있다.

❶ 가지어 > 가져, 막히어 > 막혀, 치이어 > 치여

❷ 가지었다 > 가졌다, 막히었다 > 막혔다, 치이었다 > 치였다

❶과 ❷는 어간의 모음 'ㅣ'가 어미 '-어'와 결합하여 'ㅕ'로 줄어드는 예들이다.[46] 이 역시 어간의 'ㅣ'가 모음의 어미 '-어'와 만나 반모음(j)으로 바뀌어 다음 음절의 모음과 축약된다.

본말	준말	본말	준말
견디어	견뎌	견디었다	견뎠다
다니어	다녀	다니었다	다녔다
버티어	버텨	버티었다	버텼다

❶ 싸이다[47], 펴이다[48], 보이다, 누이다, 뜨이다, 쓰이다

❷ 쌔다, 폐다, 뵈다, 뉘다, 띄다, 씌다

본말 ❶에 대한 준말의 형태는 ❷이다. 모음 'ㅏ, ㅕ, ㅗ, ㅜ, ㅡ'로 끝난 어간

---

46) 접미사 '-이, -히, -리, -기, -으키, -이키'가 결합한 어간도 이 규정의 적용을 받는다. '굴리어〉굴려', '굶기어〉굶겨', '일으키어〉일으켜', '돌이키어〉돌이켜' 등이 있다.

47) '싸이다1'은 '싸다1'(물건을 안에 넣고 보이지 않게 씌워 가리거나 둘러 말다)과 '싸다1'(어떤 물체의 주위를 가리거나 막다)의 피동사이며, '헤어나지 못할 만큼 어떤 분위기나 상황에 뒤덮이다'는 의미를 지니고 있다. 그러나 '싸이다2'는 '싸다2'(똥이나 오줌을 참지 못하고 함부로 누다)의 사동사이며, '쌓이다'는 '쌓다'의 피동사로 기능한다. '싸이다1'과 '쌓이다'의 준말은 '쌔다'로 동일하다. 참고로 '쌔고 쌘 남자 중에 하필…'이나 '이 정도의 값의 물건은 쌨다.'의 밑줄 친 부분은 '쌓이다'의 준말이다.

48) '펴이다'는 '펴다'(1.접히거나 개킨 것을 젖히어 벌리다. 2.구김이나 주름 따위를 없애어 반반하게 하다. 3.굽은 것을 곧게 하다. 또는 움츠리거나 구부리거나 오므라든 것을 벌리다.)의 피동사로, '폐다'가 줄임말이다.

뒤에 접미사 '-이-'가 붙으면 'ㅐ, ㅔ, ㅚ, ㅟ, ㅢ'로 줄어듦을 알 수 있다.

생각 본말 '뜨이다'의 준말인 '띄다'의 의미 관계에 대해 알아보자.

---

(1) 마술사의 소리와 함께 책상이 공중으로 **띄다.**
(2) 시끄러운 소리에 갑자기 눈이 **띄다.**

ㄴ 두 예문의 '띄다'는 '뜨이다'의 줄임말이다. 그러나 (1)은 '간격이 벌어지다'나 '어떤 물체가 물 위나 공중으로 솟아오르다'는 '뜨다'의 피동사 '뜨이다'의 준말이다.49) (2)는 '감았던 눈을 벌리다'는 '뜨다'의 피동사 '뜨이다'의 준말이다.

(3) 소녀는 얼굴을 미소를 가득 **띠고/띄고** 웃고 있다.
(4) 지중해의 하얀 집들이 눈에 **띠다/띄다.**

ㄴ (3)은 '감정이나 기운 따위를 나타내다'는 '띠다'가 올바르며, (4)는 '다른 것들보다 두드러지다'는 의미의 '띄다'로 써야 한다.

---

❸ 시험 성적을 반드시 부모님에게 **뵈어/보여** 드려라.
❹ 단어와 단어 사이는 반드시 **띄어/띄여** 써야 한다.

❸의 '뵈어'와 '보여'는 둘 다 가능한 표현이다. 즉 '보이어'의 줄임말이다. '뵈어'는 '보'의 어간 모음 'ㅗ'와 접미사 '-이-'가 축약된 형태이며, '보여'는 접미사 '-이-'와 어미 '-어'가 축약된 것이다. 다음의 예들도 동일한 경우이다.

본말	준말	본말	준말
싸이어	쌔어 싸여	뜨이어	띄어
쏘이어	쐬어 쏘여	쓰이어	씌어 쓰여
누이어	뉘어 누여	트이어	틔어 뜨여

---

49) '뜨다'의 사동형에 '띄우다'가 있는데, 이의 줄임말도 '띄다'로 나타난다. 따라서 "줄 사이를 띄워라. / 배를 강에 띄워라."나 "줄 사이를 띄어라. / 배를 강에 띄어라."로도 쓸 수 있다.

이처럼 어간의 끝 모음인 'ㅏ, ㅗ, ㅜ, ㅡ' 뒤에 '-이어'가 결합하여 줄어질 때에는 두 가지 형태로 나타난다. 다만 ❹에서처럼 '뜨이어'의 준말 형태는 그렇지 않음에 유의해야 한다.50)

🔊 **생각** 정문인 "아침 새 소리에 눈이 <u>뜨여</u> 일어났다."의 '뜨여' 표기에 대해 알아보자.

> ↳ 예문의 '뜨여'는 '눈을 벌리다'는 '뜨다'와 관련한 것으로 이때는 '띄어'와 '뜨여' 두 가지 축약 모두 가능하다.

📝 **예제** 02 **다음 중 올바른 표현을 찾고, 그 이유에 대해 설명해보자.**

　　1. 어제 산에 갔다가 벌에 <u>쏘이었다</u> / <u>쐬었다</u> / <u>쏘였다</u>.
　　2. 벌에 <u>쐬어</u> / <u>쏘여</u> / <u>쐬여</u> 된장을 발랐다.

4.5.4. 적지 않은 : 적잖은 – 어미 '-지', '-하지'와 '않-'의 결합에 의한 준말

❶ 그렇지 않은(<u>그러잖은/그러찮은</u>) 집도 많지만, 우리 집은 …
❷ 여러 사람이 힘을 모아도 만만하지 않은(<u>만만찮은</u>) 일

❶은 '-지 않-'이 줄면 '-잖-'으로, ❷는 '-치 않-'이 줄면 '-찮-'으로 적는다는 것이다.51) ❶의 '그러찮은'이 틀린 표기이다.

---

50) '간격을 벌리다'는 의미의 '뜨다'에 '-이어'가 만나 줄어들 때는 '띄어' 형태만 허용되고 '뜨여 쓰기, 뜨여 쓰다, 뜨여 놓다'처럼 '뜨여'는 허용되지 않는다.
51) 앞의 규정, 즉 'ㅣ'+'어' = 'ㅕ'에 따르면 '-지 않-'과 '-치 않-'은 '-쟎'과 '-챦'이 되어야 할 것 같지만 그렇지 않음에 주의해야 한다.

본말	준말	본말	준말
적지 않은	적잖은	변변하지 않다	변변찮다
많지 않은	많잖은	성실하지 않다	성실찮다
의롭지 않은	의롭잖은	평범하지 않다	평범찮다

❶, ❷와 예시어들의 준말 과정을 보면, '-지'로 끝나는 용언 앞에 '하'가 없으면 '않-'과 어울려 '-잖'이 된다. 그러나 '하'가 있어 '않'과 어울리면 '-찮'으로 표기하면 된다.

4.5.5. 삼가다 : *삼가하다 – 끝음절 '하'와 다음 음절 첫소리의 결합에 의한 준말

❶ 요즘은 컴퓨터로 <u>간편케</u> 일을 할 수 있다.
❷ <u>회상컨대</u> 그녀는 그때 정말 미인이었다.

❶과 ❷의 밑줄 친 말은 '간편하게, 회상하건대'의 본말이 줄어든 것이다. 즉 어간 끝음절인 '하'의 'ㅏ'가 탈락하고 남은 'ㅎ'이 다음 음절의 첫소리 'ㄱ'과 결합하여 거센소리로 줄어들었다. 이러한 과정을 거치는 예로는 '아니하다 → 아니타', '허송하지 → 허송치', '달성하고자 → 달성코자' 등이 있다.

본말	준말	본말	준말
연구하도록	연구토록	가하다	가타
흔하다	흔타	부지런하다	부지런타
정결하다	정결타	분발하도록	분발토록
무심하지	무심치	사임하고자	사임코자
다정하다	다정타	실망하게	실망케

❸ 생각하건대(생각컨대/생각건대) 어제 일은 실수였어.
❹ 섭섭하지 않게(섭섭치 않게/섭섭지 않게) 대접을 …

❸, ❹의 줄임말 중 올바른 표기는 무엇일까? '하'의 'ㅏ'가 탈락하고 남은 'ㅎ'이 다음 음절의 'ㄱ', 'ㅈ'과 결합하는 구조라면 '생각컨대'와 '섭섭치 않게'로 써야할 것이다. 그러나 이의 줄임말은 '생각건대'와 '섭섭지 않게'이다. 이에 대한 규정은 제40항 [붙임 2]에 나타나 있다.

[붙임2] 어간의 끝음절 '하'가 아주 줄 적에는 준 대로 적는다.

본말	준말	본말	준말
거북하지	거북지	생각하다 못해	생각다 못해
깨끗하지 못해	깨끗지 않다	못하지 않다	못지않다
답답하지 않다	답답지 않다	섭섭하지 않다	섭섭지 않다

결국, 어간 끝음절 '하'는 'ㅏ'만 탈락하거나 '하' 전체가 탈락하는 변화양상을 보이는데, 이러한 조건은 무엇인가? 위의 용례를 통해 본 결과 '하' 앞의 말이 모음이거나 'ㄴ, ㄹ, ㅁ, ㅇ'으로 끝나면 거센소리로 적으며, 그 앞말의 받침이 안울림소리이면 '하'가 줄어든다.52)

예제 03 다음 중 올바른 표현을 찾고, 그 이유에 대해 설명해보자.

1. 그는 서슴지 / 서슴치 않고 거짓말을 한다.
2. 어른에게 대꾸는 삼가하고 흡연을 삼가해 주십시오.

---

52) [붙임 3]에서 '결단코, 결코, 기필코, 무심코, 하여튼, 요컨대, 정녕코, 필연코, 하마터면, 하여튼, 한사코' 등의 부사는 소리대로 적음을 밝히고 있다.

제 3 장

띄어쓰기 및

그 밖의 것

1. 띄어쓰기

띄어쓰기가 한글 맞춤법의 일반적 원칙을 다루는 제1장 총칙의 제2항에 규정되어 있는 것은 그 중요성이 남다르기 때문이다. 의사소통을 목적으로 하는 일상 언어생활에서 정확한 문장을 구사하는 일이 중요한데, 띄어쓰기 역시 정확한 문장 구사에 관여한다. 문장성분을 제대로 갖추고 어휘 선택에 신중을 기했다 하더라도 띄어쓰기만의 잘못으로 전혀 다른 의미의 문장이 될 수 있다.

제1장 총칙
  (2) 문장의 각 단어는 띄어 씀을 원칙으로 한다.

위의 규정을 염두에 두고 아래 밑줄 친 부분의 띄어쓰기에 따른 의미 차이에 대해 알아보자.

❶ 철수는 <u>큰집/큰 집</u>에서 산다.
❷ 철수는 <u>집안/집 안</u>에서 중요한 일을 한다.

❶의 붙여 쓴 '큰집'과 띄어 쓴 '큰 집'은 둘 다 올바른 표현이다. 다만 의미구조에 큰 차이가 나타난다. 즉, "철수는 큰집에 산다."는 문장에서의 '큰집'은 하나의 단어이기에 붙여 쓴 것이다. 의미는 '큰아버지나 할아버지께서 사시는 집'이다. 반면, "철수는 큰 집에 산다."에서는 각각의 단어이기에 띄어 썼으며, '규모(평수)가 큰 집'을 의미한다.[1]

---

1) 따라서 "철수는 마당이 *<u>큰집</u>에서 산다."와 "철수는 어제 *<u>큰 집</u>에 다녀 왔다."는 틀린 문장이

❷의 '집안'과 '집 안'도 서로 다른 의미를 지닌다. 전자는 한 단어로 붙여 썼으며, '일가'(一家)라는 의미를 나타낸다. 그러나 띄어 쓴 '집 안'은 두 단어가 결합한 것으로, '집의 안(내부)'의 의미이다.

한글 맞춤법의 한 부분으로 규정되어 있는 띄어쓰기[2]는, 다음과 같은 내용으로 되어 있다.

제1절 조사
제2절 의존 명사, 단위를 나타내는 명사 및 열거하는 말 등
    1. 의존 명사
    2. 단위를 나타내는 말
    3. 수
    4. 두 말을 이어주거나 열거할 적에 쓰이는 말
    5. 단음절로 된 단어
제3절 보조 용언
제4절 고유 명사 및 전문 용어
    1. 성명 등의 고유 명사
    2. 성명 이외의 고유 명사
    3. 전문 용어

위 규정의 띄어쓰기는 문자 생활을 하는 현대인들의 독서력을 높일 뿐만 아니라 그 내용 파악에도 커다란 도움을 준다. 결국 이러한 독해력의 향상은 일상 언어생활에서 정확한 의미의 문장을 생성하고 수용함에도 큰 도움을 줄 것이다.

된다. 각각 "철수는 마당이 **큰 집**에서 산다."와 "철수는 어제 **큰집**에 다녀 왔다."로 써야 한다.

[2] '띄어쓰기'의 경우도 한글 맞춤법상의 용어로 사용할 때에는 '띄어쓰기'로 붙여야 한다. 왜냐하면 하나의 개념을 나타내는 한 단어이기 때문이다. 그러나 "문장의 각 단어는 띄어 씀을 원칙으로 한다."에서는 '띄다', '쓰다' 두 단어의 결합인 관계로 띄어 써야 한다.

1.1. 조사와 어미

TIP

· 영어와 같은 언어는 어순이나 단어의 굴절에 의해 문법적 구조가 결정되고, 중국어와 같은 언어는 어순에 의해 문법적 구조가 달라진다. 이를 언어유형론에 따라 분류하면 각각 굴절어, 고립어이다.

· 한국어는 언어유형상 첨가어, 교착어 또는 부착어라 한다. 일정한 문법적 구조를 나타내기 위해 단어 뒤에 특정한 문법적 형태들이 첨가된다는 것이다. 이 대표적 문법형태가 바로 조사와 어미이다.

❶ 말하기 시험이 철수에서부터 시작하였다.
❷ 철수는 면접을 위해 정장을 입었다.

예문의 서술어 '시작하였다'와 '입었다'는 용언으로 어간과 어미로 구성되어 있다. 어간과 어미는 단어 설정의 기준인 자립성이 없기에 독자적인 단어로 인정받지 못한다. 이 경우 어간, 어미가 결합한 형태가 한 단어로 인정받기에, 이 둘은 반드시 붙여 써야 한다.

그러면 밑줄 친 조사의 경우는 어떠할까? 조사 역시 용언의 어간 및 어미와 마찬가지로 자립성이 없는 의존형태소이다. 다만, 조사는 앞의 말과 잘 분리된다는 특성으로 말미암아 현행 품사 분류에서 독립된 단어 및 품사로 인정을 받고 있다. 따라서 "문장의 각 단어는 띄어 씀을 원칙으로 한다."는 규정의 적용을 받아 다음과 같이 표기해야 한다.

❶´ 말하기 시험 이 철수에서 부터 시작하였다.
❷´ 철수 는 면접 을 위해 정장 을 입었다.

한국인의 언어 능력에 따라 예문의 띄어쓰기가 어색하다는 것을 직관적으로 알 수 있다. 이렇게 띄어쓰기를 하지 않기 때문이다. 따라서 단어의 자격을 지니고 있으면서 띄어 쓰지 않고 앞말에 붙여 써야 하는 아래와 같은 세부 규정이 필요한 것이다.

제41항 조사는 그 앞말에 붙여 쓴다.

꽃이	꽃마저	꽃밖에	꽃에서부터	꽃으로만
꽃이나마	꽃이다	꽃입니다	꽃처럼	어디까지나
거기도	멀리는	웃고만		

❸ 국어에 자신이 생긴 것은 이 책으로 공부하고서 부터입니다.
❹ 국어에 자신이 생긴 것은 이 책으로 공부하고서부터 입니다.

❸과 ❹의 밑줄 친 띄어쓰기 중 올바른 것은 어느 것일까? 실제 이 두 표현이 많이 나타나지만 이들 띄어쓰기는 모두 틀린 것이다. 올바른 표현은 '공부하고서부터입니다.'이다. 이는 서술어 어간인 '공부하-'에 연결어미 '-고서'와 조사 '-부터'가 붙었고3), 마지막으로 서술어를 구성하는 서술격조사 '-이다'의 활용형인 '-입니다'4)가 결합한 것으로 이 전체가 한 단어로 기능하고 있다.

TIP
조사와 어미는 둘 다 의존형태소이지만 조사만 단어로 인정한다는 점에서 차이가 나타난다. 그러나 띄어쓰기와 관련해서는 둘 다 앞말에 붙여 써야 한다.

---

3) 조사는 체언 뒤에 결합하는 것이 일반적이지만, 조사 중 보조사의 경우는 명사 뒤에서 뿐만 아니라 부사나 부사구, 또는 일부 어미 뒤에도 나타날 수 있다는 특징이 있다.
4) "기다리는 것도 아름다운 미덕 입니다."에서처럼 명사 뒤에 결합하는 '-입니다'를 앞말과 띄어 쓰는 것을 볼 수 있는데, 이 또한 잘못된 것이다. 왜냐하면 명사가 서술어로 기능하기 위해서는 반드시 서술격조사 '-이다'와 결합하여야 하기 때문이다. 따라서 이 경우 현행 문법상으로 명사와 조사라는 두 단어의 결합으로 이루어진 것이지만 띄어쓰기 규정에 따라(조사는 앞말에 붙인다) 붙여 써야 한다.

각 문장의 단어는 띄어 쓴다는 규정과 조사는 앞말에 붙여 쓴다는 명확한 규정이 있음에도 불구하고 실제 언어생활에서의 띄어쓰기는 쉬운 문제가 아니다. 왜냐하면 동일한 형태가 여러 기능으로 사용되기 때문이다.

🔊 **생각** 다음 밑줄 친 '밖에'의 올바른 띄어쓰기와 그 이유에 대해 알아보자.(띄어쓰기 무시)

예 이 어려운 문제를 풀 사람은 <u>철수밖에</u>[5] 없다.

↳ 예문의 '밖에'는 '그것 말고는, 그것 이외에는'의 의미를 지니는 조사이다. 조사의 띄어쓰기 규정을 생각한다면 예문처럼 붙여 쓰는 것이 옳다.

예 철수는 도서관에 들어가려고 <u>출입문밖에</u> 줄을 섰다.

↳ 예문의 '밖에'는 조사가 아니다. 이는 '밖'과 '에'로 분석이 가능한데, '밖'은 '外'의 의미를 지닌 명사이며, '에'는 명사 뒤에 붙는 부사격조사이다. 따라서 독립성을 지닌 단어는 앞 단어와 띄어 써야 한다는 규정에 따라 '출입문 밖에'로 적어야 한다. 만약 "우리가 나가야 할 곳은 출입문밖에 없다."와 같이 조사로 사용된다면 붙여 쓰는 것이 맞다.

---

5) '밖에'가 조사로 기능할 때에는 항상 부정의 서술어와 호응 관계를 이룬다.

1.2. 의존 및 단위를 나타내거나 열거하는 말

TIP

· 명사는 사물의 이름을 지칭하는 단어들의 묶음 명칭이다. 따라서 기본적으로 자립성을 전제로 한다. 그러나 이들 중 혼자 쓰일 수 없고 반드시 다른 말에 기대어 쓰이는 말들이 있다. 이를 의존 명사[6]라 한다.

· 한국어의 의존 명사는 쓰이는 범위에 따라 보편성, 주어성, 서술성, 부사성, 단위성 의존 명사로 분류한다.

1.2.1. 네 생각뿐이다 : *없을뿐이다 – 의존 명사의 띄어쓰기

❶ 아는 것이 힘이다.
❷ 철수는 지금쯤 집에 갔을 거야.

예문의 밑줄 친 단어는 자립성이 없어 선행어로 관형어를 필수적으로 요구하고 있다. 의존성을 지닌다는 점에서 조사, 어미와 그 성격을 같이 하고 있다. 그러나 띄어쓰기에서는 큰 차이를 드러낸다. 즉 의존 명사는 반드시 앞말과 띄어 써야 한다.

> 제**42**항 의존 명사는 띄어 쓴다.
>
> 아는 **것**이 힘이다.   나도 할 **수** 있다.
> 먹을 **만큼** 먹어라.   아는 **이**를 만났다.
> 네가 뜻한 **바**를 알겠다.   그가 떠난 **지**가 오래다.

---

6) 의존 명사는 혼자 쓰이지 못하고 선행어로 관형어를 필요로 한다. 관형어가 선행하지 않은 '*것이 있다.', '*어제 것을 읽었다.'는 비문이며 관형어(밑줄)가 선행한 '먹을 것이 있다.', '어제 읽은 것을 다시 읽었다.'는 정문이 된다.

❸ 이제는 비가 그만 그쳐야 <u>할텐데</u>.

❸의 밑줄 친 띄어쓰기는 옳지 않다. 의존 명사 '터[7]'에 서술격조사 '-이'와 종결어미 '-ㄴ데'가 결합한 구조이다. '터'가 의존 명사로 기능하고 있음은 '하다'의 관형사형인 '할'이 그 앞에 위치했다는 것에서도 알 수 있다. 따라서 제42항 규정에 따라 "이제는 비가 그만 그쳐야 할 텐데."로 써야 한다.

🔊 **생각** 다음의 형태는 서로 다른 품사로 기능하고 있다. 품사 차이에 따른 띄어쓰기의 양상에 대해 알아보자.

---

1. 너무 피곤해서 빨리 집에 갈 <u>생각뿐이다.</u>
2. 철수는 여자 친구가 <u>없을뿐</u> 인기가 정말 많다.

↳ '뿐'은 의미가 서로 다른 두 가지 품사로 기능한다. 첫째는 '그것만 있고 더는 없음' 또는 '오직 그렇게 하거나 그러하다는 것'을 나타내는 보조사이다. 둘째는 '다만 어떠하거나 어찌할 따름'이라는 의미의 의존 명사이다. 띄어쓰기의 규정에 따라 조사(보조사)는 붙여 쓰고, 의존 명사는 띄어 써야 한다. 예문에서 보조사와 의존 명사로 쓰인 '뿐'은 어느 것인가? 일반적으로 조사는 체언의 뒤에 결합하는 성질이 있는 반면 의존 명사는 앞말로 관형어를 선행한다는 것을 염두에 두면 쉽게 찾을 수 있다. 즉 명사 '생각' 뒤의 '뿐'이 조사이며, 관형어 '없을' 뒤의 '뿐'이 의존 명사이다. 따라서 1의 띄어쓰기와 달리 2는 '없을 뿐'으로 띄어 써야 한다.

✏️ **예제 04** 다음 문장의 올바른 띄어쓰기와 그 이유에 대해 설명해보자.

    1. 나도 <u>너만큼</u> 안다.
    2. 나도 네가 <u>한만큼</u> 할 수 있다.

---

7) 용언의 관형사형 어미 '-(으)ㄹ' 뒤에서 주로 서술격 조사 '-이다'와 결합하여 '테'의 꼴로 쓰여, 예정이나 짐작 따위의 뜻을 나타낸다. 또는 용언의 관형사형 어미 '-은, -는, -던' 뒤에 쓰여, 처한 형편이나 기회 따위의 뜻을 나타내기도 한다.

1.2.2. 한번 : 한 번 – 단위를 나타내는 말의 띄어쓰기

❶ 어려운 단어가 많아 **한번/한 번** 읽어서는 이해가 안 돼.
❷ 내 동생의 올해 나이는 **서른다섯/서른 다섯**이다.

❶은 의존 명사 중 단위성 의존 명사의 띄어쓰기와 관련한 것이다. '번'은 일의 횟수를 세는 단위성 의존 명사로, 앞의 수를 나타내는 관형어와 반드시 띄어써야 한다. '한 번'이 옳다. 그러나 '한번'이 관형어와 의존 명사의 결합이 아닌 단독으로 쓰여 명사나 부사로 기능할 때에는 '한번'으로 붙여 쓴다.

❶′ **한번**은 산에서 길을 잃은 적이 있었지.
❶″ 시간 있을 때 우리 집에 **한번** 놀러 오세요.
❶‴ 성공하지 못 하더라도 끝까지 **한번** 해 보겠습니다.

❶′에서는 '지나간 과거의 어느 때'란 의미의 명사적 용법으로 쓰였다. 반면 ❶″에서는 '기회가 있는 어떤 때', ❶‴에서는 '어떤 일을 시험 삼아 시도함'이라는 부사적 용법으로 쓰였다. 모두 '한번'이 한 단어로 기능하고 있다.

제**43**항 단위를 나타내는 명사는 띄어 쓴다.[8]

한 **개**	차 한 **대**	금 서 **돈**
소 한 **마리**	옷 한 **벌**	열 **살**
조기 한 **손**	연필 한 **자루**	버선 한 **죽**
집 한 **채**	신 두 **켤레**	북어 한 **괘**

---

8) 다만, 순서를 나타내는 경우나 숫자와 어울리어 쓰이는 경우에는 붙여 쓸 수 있다.

두시 삼십분 오초	제일과	삼학년	육층
1446년 10월 9일	2대대	16동 502호	제1어학실습실
80원	10개	7미터	

❷의 '서른다섯'은 수와 관련된 띄어쓰기이다. 수는 만 단위로 띄어 쓴다는 규정이 있다. 따라서 만 단위 아래는 '구천팔백이십칠'로 모두 붙여 써야 한다.

> 제44항 수를 적을 적에는 '만(萬)' 단위로 띄어 쓴다.
>
> 십이억 삼천사백오십육만 칠천팔백구십팔 원
> 12억 3456만 7898원

❸ 새집/새 집은 헌집/헌 집과 대조를 이룬다.
❹ 첫만남/첫 만남에서 첫인상/첫 인상은 정말 중요해.

❸은 관형사의 띄어쓰기와 관련한 것이다. 명사 '집'에 대한 한정어로서의 '새'와 '헌'은 독립적 단어로 뒷말과 띄어 써야 한다. ❹는 이들의 구조를 따져야 한다. 즉 합성어이면 붙이고, 구의 연결이면 띄어야 하기 때문이다. 먼저 '첫 만남'은 구로서 '첫'(관형사) + '만남'(명사)이며, '첫인상'은 관형사와 명사가 만난 새로운 단어, 즉 합성어이다. 따라서 '첫 만남'은 띄며, '첫인상'은 붙여 쓴다.

그러나 이러한 구조의 분석이 쉽지 않다. 강희숙(2003:170)에서는 합성어[9]인지 구인지 헷갈리는 몇몇 예를 들고 있다.

(1) ㄱ. 첫인상, 첫사랑, 첫가을, 첫걸음, 첫겨울, 첫국밥, 첫길, 첫나들이, 첫눈, 첫닭, 첫더위, 첫딸, 첫마디, 첫머리 등

ㄴ. 새것, 새날, 새달, 새댁, 새말, 새물, 새봄, 새사람, 새색시, 새순, 새살림, 새서방, 새신랑, 새싹 등

ㄷ. 헌것, 헌계집, 헌솜, 헌쇠, 헌신짝 등

ㄹ. 옛길, 옛날, 옛말, 옛사람, 옛사랑, 옛이야기, 옛정, 옛적, 옛집, 옛터,

---

9) 합성어가 구와 구별되는 중요한 점은 쉼이 없고, 의미의 특수화가 일어난다는 것이다. '작은집'은 '작은'이 '집'을 직접 수식하고 있으므로 다른 말이 개입할 수 없어 쉼이 불가능하고, '작은아버지가 사시는 집'이라는 특수한 의미를 나타낸다. 반면 '대문이 작은 영호의 집'이라는 구 형식에서는 다른 모습을 나타낸다.

예전 등

(2) ㄱ. 큰집, 큰딸, 큰아들
    ㄴ. 작은집, 작은딸, 작은아들

예 (1)과 (2)는 모두 관형어와 명사의 결합에 의한 합성어이다.

❺ 책 한 권을 **두세/두 세** 사람이 나누어 읽었다.
❻ 술 두 말을 **두서너/두 서너** 사람이 나누어 마셨다.

원래 '두', '세'(서), '너'는 수량의 의미를 지니는 독립적인 단어로 띄어 쓰는 것이 원칙이다. 그러나 ❺와 ❻에서는 이들 서로간의 결합에 의해 합성어로 기능하고 있다. 따라서 '두세', '두서너'처럼 모두 붙여 쓰는 것이 옳다.[10]

1.2.3. 국장 겸 과장 : *국장겸 과장 – 두 말을 잇거나 열거하는 말

❶ 그녀는 학생 **겸** 주부로서 열심히 생활하고 있다.
❷ 가을에 나뭇잎이 **한 잎 두 잎** 떨어진다.

❶의 '겸'은 선행 명사인 '학생'과 후행 명사인 '주부'를 이어주는 역할을 담당한다. 이러한 기능을 보이는 것에 '사과와 배, 철수와 영희'에서처럼 '-와/과'도 있다. 그러나 띄어쓰기에 있어서 '겸'은 의존 명사로서 띄어 쓰고, 조사 '-와/과'는 앞말에 붙여 쓴다.

---

10) '한두, 두세, 두서너, 네다섯, 예닐곱' 등이 이러하다.

제45항 두 말을 이어 주거나 열거할 적에 쓰이는 다음의 말들은 띄어 쓴다.

국장 **겸** 과장   열 **내지** 스물   청군 **대** 백군
책상, 걸상 **등**이 있다.   이사장 **및** 이사들   사과, 배, 귤 **등등**
사과, 배 **등속**   부산, 광주 **등지**

❷의 밑줄 친 부분은 단음절로 된 단어가 연이어 나타나는 경우의 띄어쓰기로 '한잎 두잎'으로 붙여 쓰는 것도 허용[11]한다.

예제 05 다음 밑줄 친 부분의 올바른 띄어쓰기에 대해 설명해보자.

1. 너희들 지금 어디에 가고 있니?
2. 문구에는 연필, 지우개, 공책들이 있다.

1.3. 보조 용언

TIP

· 용언은 문장에서 주체에 대한 서술의 기능을 담당하는데, 동사와 형용사가 대표적이다. 일반적으로 한 문장에 하나의 용언이 위치하여 서술을 담당하는데, 이를 본용언이라 한다.

· 한 문장에 두 개의 용언이 위치하는 문장도 가능하다. 대부분 첫째 용언이 본용언의 기능을 담당하며, 둘째 용언은 본용언의 서술 기능에 여러 가지 의미를 보충해 주는 역할을 한다. 이를 보조 용언[12]이라 한다.

---

11) 제46항에 해당하는 예로 '그때 그곳', '좀더 큰것', '이말 저말' 등을 들고 있다.
12) 문장 "나는 신문을 찢었다."에서는 본용언(찢다) 하나만 사용된 것이고, "나는 신문을 찢어 버렸다."는 본용언(찢다)에 보조 용언(버리다:연결 어미 '-어'의 뒤에 쓰여, 앞 동사의 동작이 완료됨과 동시에 그 일이 어찌할 수 없는 상태로 바뀌었음을 뜻함)이 보충된 것이다. 그러나 본용언과 보조 용언 사이에 연결어미가 개입하게 되면 둘 다 본용언으로 기능하게 된다. 즉 "나는 신문을 찢어서 버렸다."는 "나는 신문을 찢었다."와 "나는 신문을 버렸다."의 복합문이다.

❶ 안방 아궁이의 불이 **꺼지다**.

❷ 안방 아궁이의 불이 **꺼져 간다/꺼져간다**.

❶의 '꺼지다'는 주체인 '불'에 대한 서술의 기능을 담당한다. 그러나 ❷는 본 용언 '꺼지다'에 동작이나 상태가 계속되어 진행된다는 의미의 보조용언 '-어 가 다'가 결합한 것이다. 이 경우 다음 규정을 적용받는다.

제**47**항 보조 용언은 띄어 씀을 원칙으로 하되, 경우에 따라 붙여 씀도 허용한다.
(ㄱ을 취하고, ㄴ을 버림)

ㄱ	ㄴ
내 힘으로 막아 **낸다**.	내 힘으로 막아**낸다**.
어머니를 도와 **드린다**.	어머니를 도와**드린다**.
그릇을 깨뜨려 **버렸다**.	그릇을 깨뜨려**버렸다**.
비가 올 **듯하다**.	비가 올**듯하다**.
그 일은 할 **만하다**.	그 일은 할**만하다**.
일이 될 **법하다**.	일이 될**법하다**.
비가 올 **성싶다**.	비가 올**성싶다**.
잘 아는 **척한다**.	잘 아는**척한다**.

제47항 보조 용언의 띄어쓰기 규정에 따라 ❷는 띄어 쓴 것과 붙여 쓴 것 모 두가 가능하다. 다만 아래의 예와 같은 환경에서는 띄어쓰기만 허용함에 유의 해야 한다.

❸ 잘도 놀아만 **나는구나**! 책을 읽어도 **보고**….

❹ 네가 **덤벼들어 보아라**. 강물에 **떠내려가 버렸다**.

❺ 그가 올 **듯도 하다**. 잘난 **체를 하다**.

❸은 앞말에 조사가 붙은 경우, ❹는 앞말이 합성 동사인 경우, 그리고 ❺처 럼 중간에 조사가 들어갈 적에는 그 뒤에 오는 보조 용언은 띄어 써야 한다.

1.3.1. ~먹는데 : ~먹는 데 – 의존명사와 어미의 구별

❶ 저녁을 먹는데 3시간이나 걸렸다.
❷ 저녁을 먹는데 할아버지께서 오셨다.

밑줄 친 부분은 의존 명사 '데'와 연결어미 '-는데'의 구별에 의해 띄어쓰기가
달라진다. ❶은 동사의 관형사형 '먹는' 다음에 위치한 의존 명사 '데'로 띄어 써
야 하며, ❷는 어간 '먹-'과 어미 '-는데'가 결합한 것으로 붙여 써야 한다.

❶′ 우리는 각자 맡은바 최선을 다 했다.
❷′ 서류를 검토한바 부족한 점이 많았다.

❶′도 ❶과 같이 관형사형에 연결된 의존 명사 '바'이며, ❷′ 역시 ❷와 동일한
구조이다. 따라서 ❶′는 '맡은 바', ❷′는 '검토한바'로 쓴다.

❸ ㄱ. 너는 오늘 한 행동에 대해 분명히 후회할걸.
　　ㄴ. 지금 와서 후회할걸 왜 동생과 싸웠니?
　　ㄷ. 나중에 친구와 싸웠던 일을 후회할거야.

❸ㄱ)은 어간 '후회하-'에 어미 '-ㄹ걸'이 연결된 구조로 붙여 쓰는 것이 맞으
며, ❸ㄴ,ㄷ)은 관형사형 '후회할'에 의존 명사 '걸'(거)이 결합한 것으로 띄어 써
야 한다.

1.3.2. ~만 하다 : ~만하다 – 의존 명사, 어미 및 보조용언의 구별

❶ 그는 책을 보는 듯 마는 듯 하다.
❷ 저 사람은 변덕이 죽 끓듯 하다.

예문의 '듯'은 의존 명사와 어미로 기능하고 있어 띄어 쓰고(❶), 붙여 쓰고 있다(❷). 즉 ❶의 '듯'은 '-은 듯 만 듯, -는 듯 마는 듯, -을 듯 말 듯'의 구성으로 쓰여 앞말과 띄어 쓰며, ❷의 '듯'은 '땀이 비 오듯, 물 쓰듯'처럼 앞의 어간과 붙여 쓴다. 그러나 아래의 경우는 또 다른 설명이 필요하다.

❸ 구름이 끼니 곧 비가 올 <u>듯하다</u>.

밑줄 친 '듯하다'의 '듯'은 의존 명사도 어미도 아닌 하나의 단어, 보조 용언으로 기능하고 있다. 제47항의 규정에 따라 이는 '올듯하다'로 쓸 수 있지만, '*올 듯 하다, *올듯 하다'로는 사용이 불가하다.

예제 06 다음 밑줄 친 부분의 올바른 띄어쓰기에 대해 설명해보자.

1. 아직까지 <u>쓸 만한 / 쓸만한</u> 물건인데.
2. 이 번 일로 그 성격을 <u>알 만하다 / 알만하다</u>.
3. 이 개는 크기가 <u>송아지만 하다 / 송아지 만하다 / 송아지만하다</u>.

...
TIP

· 명사는 사용 범위에 따라 보통 명사와 고유 명사로 분류할 수 있다. 같은 성질을 가진 대상에 두루 붙일 수 있는 것을 보통 명사라 한다면 같은 성질의 대상 가운데서 어느 하나를 다른 것과 구별할 필요가 있을 때 사용되는 명사를 고유 명사라 한다.[13]

· 고유 명사 형태라 해서 항상 고유 명사로만 기능하지 않고 보통 명사화 하기도 한다. 예를 들면, "대한민국의 <u>서울</u>은 서울이다."에서의 밑줄 친 '서울'은 '수도'라는 의미의 보통 명사이며, "우리의 해군은 21세기 <u>이순신</u>들[14]을 육성하고 있다."에서는 '나라를 위해 목숨을 아끼지 않는 장수'라는 보통 명사의 의미를 지니고 있다.

---

13) 고영근·남기심(1993:73) 참조.
14) 고유 명사 '이순신'은 복수형태가 불가능하다. 그러나 보통명사화 된 표현에서는 복수접미사 '-들'의 결합이 가능하다.

❶ 김진호 씨는 학생을 가르치시는 선생님이다.

❷ 남해안 일대에는 충무공 이순신 장군의 유적지가 많다.

❶의 '김진호'와 ❷의 '이순신'은 성과 이름으로 이어져 있다. "성과 이름을 띄어 쓴다."는 지난날의 규정과 달리 현행 맞춤법에서는 붙여 쓸 것을 규정하고 있다. 성과 이름을 합쳐서 한 단어로 생각하기 때문이다. 한편, 이름 뒤의 '씨, 양, 님, 선생, 박사, 장군, 과장' 등의 호칭어와 관직명은 띄어 씀이 원칙이다. 이에 대한 규정을 보자.

제**48**항 성과 이름, 성과 호 등은 붙여 쓰고, 이에 덧붙는 호칭어, 관직명 등은 띄어 쓴다.

김양수(金良洙)	서화담(徐花潭)	채영신 씨
최치원 선생	박동식 박사	충무공 이순신 장군

다만, 주의할 것은 성과 이름의 구분에 혼동이 되어 이를 분명히 하고자 할 때는 띄어 쓸 수 있으며, 중국 인명 외의 외국 인명은 반드시 띄어 쓰게 되어 있다.

❸ 남궁억/남궁 억, 황보지봉(皇甫芝峯)/황보 지봉

❹ 버락 오바마, 에이브러햄 링컨[15]

이 외에 성명을 제외한 고유 명사나 전문 용어는 단어별로 띄어 쓰는 것을 원칙으로 하면서 한 단위 혹은 한 개체라고 생각할 수 있기에 붙여 쓰는 것도 허용하고 있다.

---

15) 인명과 같은 고유 명사 외에 '강(江), 시(市), 산' 등의 경우에도 '한강, 서울시, 백두산'과 달리 '아마존 강, 북경 시, 에베레스트 산'처럼 띄어 써야 한다. 최병선(2009:283-284) 참조.

❺ 대한 중학교/대한중학교
❻ 중거리 탄도 유도탄/중거리탄도유도탄

예제 07 다음 밑줄 친 부분의 올바른 띄어쓰기에 대해 설명해보자.

1. 작목반 반장님의 성씨는 김씨입니다.
2. 시간 관계상 김진호 님은 다음에 오시기 바랍니다.

2. 그 밖의 것

『한글 맞춤법』 규정의 마지막 장으로 제51항부터 제57항까지로 구성되어 있다. 부사 파생 접미사 '-이, -히'의 표기법(51항), 한자음 본음과 속음의 표기법(52항), '-ㄹ'계 어미의 표기법(53항), 접미사의 표기법(54항), 구별해 사용하던 형태의 통일(55항)과 구별 사용해야 할 어미(56항)에 대해 규정하고 제57항에서는 발음이 동일한 단어들의 의미 차이를 제시하고 있다.

2.1. 깨끗이 : *깨끗히 – 부사 파생 접미사 '-이', '-히'의 구별

TIP

· 한국어 단어형성의 원리는 합성법과 파생법에 의한 두 가지가 있다. 합성법은 두 실질적 어근의 결합에 의한 것이고, 파생법은 하나의 실질적 어근을 중심으로 접두사와 접미사 중 어느 하나의 결합에 의한다.

· 파생어 형성의 접두사는 실질적 어근의 앞에 위치해서 붙여진 이름이며, 접미사는 어근의 뒤에 위치해서 붙여진 이름이다. 접두사는 기존 단어의 품사를 바꿀 수 없는 반면 접미사는 기존 단어의 품사를 바꾸기도 하며 그렇지 않은 경우도 있다.[16]

---

16) 파생어 '햇밤'은 어근 '밤'에 접두사 '햇'이 결합한 것으로 명사 '밤'의 품사에 아무런 변화가 일어나지 않는다, 다만, '그해 처음으로 수확한 밤'이라는 의미의 한정만 발생한다. 그러나 '먹이'는 동사 어근인 '먹다'란 품사를 명사로 바꿀 뿐만 아니라 '꾀보'에서는 명사 '꾀'에 접미사 '-보'가 붙은 것으로 품사의 변화가 일어나지 않는다.

❶ 식사 후에 자기가 먹은 밥그릇은 깨끗이/깨끗히 씻어라.

❷ 솔직히/솔직이 그 사람의 말은 이해가 안 돼.

❶과 ❷는 각각 '깨끗하다'와 '솔직하다'의 어근 '깨끗'과 '솔직'에 부사 파생 접미사 '-이, -히'의 결합에 의해 부사로 파생된 말이다. 이 경우 '-이'와 '-히'의 선택 조건은 무엇일까? 이에 대한 맞춤법의 규정은 다음과 같이 분명하고 명백하다.

제51항 부사의 끝음절이 분명히 '이'로만 나는 것은 '-이'로 적고, '히'로만 나거나 '이'나 '히'로 나는 것은 '-히'로 적는다.

1. '이'로만 나는 것

가붓이	깨끗이	나붓이	느긋이	둥긋이
따뜻이	반듯이	버젓이	산뜻이	의젓이
가까이	고이	날카로이	대수로이	번거로이
많이	적이	헛되이		
겹겹이	번번이	일일이	집집이	틈틈이

2. '히'로만 나는 것

극히	급히	딱히	속히	작히
족히	특히	엄격히	정확히	

3. '이, 히'로 나는 것

솔직히	가만히	간편히	나른히	무단히
각별히	소홀히	쓸쓸히	정결히	과감히
꼼꼼히	심히	열심히	급급히	답답히
섭섭히	공평히	능히	당당히	분명히
상당히	조용히	간소히	고요히	도저히

이 규정에 따르면 끝 음절이 분명히 '-이'로 나는 경우만 '-이'로 적고 나머지는 '-히'로 적으면 된다. 그러나 이러한 '-이, -히'의 음성적 조건에 의한 구별은 쉽지 않다. 따라서 예시어의 형태적 조건을 따져 그 결합의 원리를 살펴보면 다음과 같다.

예시어 2와 3의 '-히'로 표기하는 단어의 형태들은 대부분이 '-하다'가 붙을 수 있다. 다만 1의 예시어 중에도 '하다'의 결합이 가능한 것이 보이는데, 이들의 공통점은 모두 어간 끝받침이 'ㅅ'이다. 따라서 '하다'가 붙을 수 있는 'ㅅ' 어간의 단어는 예외가 된다. 또한 2의 예시어 중에도 '하다'의 결합이 불가능한 것이 보이는데, 이들은 발음상 분명히 '히'로 나기에 표기에 어려움이 없을 것이다.

2.2. 일편단(丹)심 : 모란(丹) – 한자음 본음과 속음의 표기

TIP

한국어 체계에 들어온 한자어는 원래 그 한자가 지니고 있는 음에서 벗어나 다른 음으로 변용되어 사용되기도 한다. 이를 속음(俗音)[17]이라 한다.

❶ 여행을 가려면 부모님의 承諾(승낙/승락)을 받아야 한다.
❷ 선생님의 許諾(허낙/허락) 없이는 교문 밖을 나설 수 없다.

예문의 한자어 '諾'은 본음이 '낙'이다. 그러나 속음으로는 '락'이 되어 '수락, 허락, 쾌락'으로 사용한다.

제52항 한자어에서 본음으로도 나고 속음으로도 나는 것은 각각 그 소리에 따라 적는다.

본음으로 나는 것	속음으로 나는 것
승낙(承諾)	수락(受諾), 쾌락(快諾), 허락(許諾)
만난(萬難)	곤란(困難), 논란(論難)
안녕(安寧)	의령(宜寧), 회령(會寧)
분노(忿怒)	대로(大怒), 희로애락(喜怒愛樂)
토론(討論)	의논(議論)
목재(木材)	모과(木瓜)
십일(十日)	시방정토(十方淨土), 시왕(十王), 시월(十月)
팔일(八日)	초파일(初八日)

---

17) 한자어 '六'의 본음은 '륙'이다. 그러나 '六月'에서는 '륙월'이 아닌 '유월'이 되며, '五六月'에서는 '오뉴월'로 사용되는 것과 같다.

이 외에도 한자어 '丹'은 '단'(一片丹心)과 '란'(牡丹)으로 사용되며, '宅' 역시 '택'(自宅, 住宅)과 '댁'(媤宅, 宅內)으로 사용한다. '場'은 '장'(道場)과 '량'(道場), '提'는 '제'(提供)와 '리'(菩提)가 된다.

2.3. 갈게/*갈께 : [갈께/*갈께] – '-ㄹ'계 어미의 표기

❶ 도서관에서 조금 더 공부하다가 <u>갈께</u>.
❷ 이따가 점심에 뭐 <u>먹을까</u>?

밑줄 친 ❶의 '갈께'는 어간 '가'에 어미 '-ㄹ게'가 결합한 구조로, 이의 발음 형태이다. 표기는 '갈게'로 하는 것이 옳다. 어미 '-ㄹ게'가 된소리로 발음되더라도 예사소리로 적어야 하는 규정이 있기 때문이다.

제53항 다음과 같은 어미는 예사소리로 적는다.(ㄱ을 취하고, ㄴ을 버림)			
ㄱ	ㄴ	ㄱ	ㄴ
-(으)ㄹ거나	-(으)ㄹ꺼나	-(으)ㄹ지니라	-(으)ㄹ찌니라
-(으)ㄹ걸	-(으)ㄹ껄	-(으)ㄹ지라도	-(으)ㄹ찌라도
-(으)ㄹ게	-(으)ㄹ께	-(으)ㄹ지어다	-(으)ㄹ찌어다
-(으)ㄹ세	-(으)ㄹ쎄	-(으)ㄹ지언정	-(으)ㄹ찌언정
-(으)ㄹ세라	-(으)ㄹ쎄라	-(으)ㄹ진대	-(으)ㄹ찐대
-(으)ㄹ수록	-(으)ㄹ쑤록	-(으)ㄹ진저	-(으)ㄹ찐저
-(으)ㄹ시	-(으)ㄹ씨	-올시다	-올씨다
-(으)ㄹ지	-(으)ㄹ찌		

그러나 ❷는 어간 '먹'에 의문을 나타내는 어미 '-(으)ㄹ까?'가 결합한 것으로 바른 표기다. 이처럼 "의문을 나타내는 몇몇 어미들은 된소리로 적는다." 하여 아래 예를 들고 있다.

-(으)ㄹ까?	-(으)ㄹ꼬?	-(스)ㅂ니까?
-(으)리까?	-(으)ㄹ쏘냐?	

2.4. 낚시꾼 : *낚싯군 – 접미사의 표기

❶ 바닷가의 낚싯군/낚시꾼들이 고기를 잡고 있다.
❷ 선녀와 나뭇군/나무꾼의 이야기는 정말 재미있어.

접미사는 어떤 말의 뒤에 붙어 새 단어를 파생시키는 문법 형태소로 고유한 의미를 지니고 있다. ❶과 ❷는 단어 '낚시'와 '나무'에 '어떤 일을 직업적으로 혹은 습관적으로 하는 사람'을 뜻하는 접미사가 결합한 형태이다. 이 의미를 지니는 접미사의 형태 중 '군'과 '꾼' 중 어느 표현이 옳은 것일까?

❶, ❷의 정답은 '-꾼'이 사용된 '낚시꾼', '나무꾼'이다. 즉 '-군/-꾼'은 '꾼'으로 통일하여 적는다.[18) '-갈/-깔' 역시 '깔'로 적으며, '때기', '빼기', '꿈치', '쩍다'도 된소리로 통일하여 적는다.

제**54**항 다음과 같은 접미사는 된소리로 적는다.(ㄱ을 취하고 ㄴ을 버림)

ㄱ	ㄴ	ㄱ	ㄴ
때깔	땟갈	뒤꿈치	뒷굼치
빛깔	빛갈	팔꿈치	팔굼치
성깔	성갈	이마빼기	이맛배기
귀때기	귓대기	코빼기	콧배기
볼때기	볼대기	객쩍다	객적다
판자때기	판잣대기	겸연쩍다	겸연적다

제54항은 '-꾼, -깔, -때기, -빼기, -꿈치, -쩍다' 등과 같이 된소리로 발음되는 접미사는 모두 된소리로 적어야 한다는 규정이다. 특히 접미사 '-꾼'의 경우 '지 겟군, 농삿군과 같은 잘못된 표기의 예가 많음에 유의해야 한다.[19)

---

18) '익살꾼, 일꾼, 장난꾼, 지게꾼, 노름꾼, 땅꾼, 소리꾼' 등이 이에 속한다.
19) 이러한 잘못된 표기는 사이시옷 현상을 적용한 결과로 보이는데, 접미사 앞에서는 사이시옷 현상의 환경이 아니다.

📢 **생각** 접미사 '빼기'와 관련해 '배기'로 쓰는 경우가 있는데, 이 둘의 쓰임에 대해 알아보자.

> 예 **귀퉁배기, 대짜배기, 육자배기, 주정배기 / 뚝배기, 학배기[20]**
>
> ↳ '배기'는 [배기]로 발음되는 경우에 적으며, 한 형태소 내의 'ㄱ, ㅂ' 받침 뒤에서 [빼기]로 발음되는 경우에도 '배기'로 적는다.
>
> ↳ 제54항처럼 다른 형태소 뒤에서 [빼기]로 발음되는 것은 '빼기'로 적고 있다. 이 외에도 '고들빼기, 언덕빼기, 곱빼기' 등이 해당한다.

📝 **예제 08** **다음 중 올바른 표기를 찾고, 그 이유를 설명해보자.**

　　1. 싸운 친구와 다시 만나기가 <u>멋쩍다 / 멋적다</u>.
　　2. 또래 친구가 없어 혼자 있기가 <u>맛적다 / 맛쩍다</u>.

2.5. ~던 : ~든 – 통일해야 할 형태 및 구별해야 할 형태

❶ 면접시험 때 입을 양복을 새로 <u>마추었다</u>.
❷ 사랑하는 연인이 입을 <u>맞추었다</u>.

한 때 '마추다'는 '일정한 치수나 규격대로 만들도록 미리 맡기다'의 의미로, '맞추다'는 '어긋남 없이 꼭 맞도록 하다'로 구별하였다. 그러나 구별하여 적던 이들을 '맞추다' 한 가지로 통일하여 적기로 하였다.[21]

---

20) '학배기'는 잠자리의 애벌레를 뜻한다.
21) '맞추다'로 통일하여 적도록 한 결과 이의 명사형은 '마춤'이 아닌 '맞춤'이다.

제55항 두 가지로 구별하여 적던 다음 말들은 한 가지로 적는다.(ㄱ을 취하고, ㄴ을 버림)

ㄱ	ㄴ
맞추다(입을 맞춘다. 양복을 맞춘다)	마추다
뻗치다(다리를 뻗친다. 멀리 뻗친다)	뻐치다[22]

❸ 철수는 어제 읽든/던 책을 다시 읽고 있다.

❹ 공부하던/든 말던/든 마음대로 해라.

❸의 '-든'과 ❹의 '-던'은 구별해 사용해야 할 어미이다. '-든'은 어떤 것을 가리지 않는다는 뜻의 조사와 어미로 기능한다. 반면 '-던'은 지난 일을 나타내는 어미 '더'에 관형사형 어미 '-ㄴ'이 결합한 어미이다. 따라서 ❸의 올바른 표기는 '던'이며, ❹는 '든'이다.

제56항 '-더라, -던'과 '-든지'는 다음과 같이 적는다.

1. 지난 일을 나타내는 어미는 '-더라, -던'으로 적는다.(ㄱ을 취하고, ㄴ을 버림.)

ㄱ	ㄴ
지난 겨울은 몹시 춥더라.	지난 겨울은 몹시 춥드라.
깊던 물이 얕아졌다.	깊든 물이 얕아졌다.
그렇게 좋던가?	그렇게 좋든가?
그 사람 말 잘하던데!	그 사람 말 잘하든데!
얼마나 놀랐던지 몰라.	얼마나 놀랐든지 몰라.

---

22) '뻐치다'는 '이 끝에서 저 끝까지 닿다'의 의미로, '뻗치다'는 '뻗다, 뻗지르다'의 강세어로 사용되었으나, '뻗치다'로 통일하였다.

결론적으로, '-더-'의 형태소를 확인할 수 있는 것은 과거의 일을 회상할 때
사용한다. 그렇지 않은 '-든(지)'는 선택의 의미를 지니고 있다.

2.6. 부치다 : 붙이다 - 동음이의어의 구별

제57항은 『한글 맞춤법』의 마지막 규정이다. 동일하게 발음되는 서로 단어들
을 29개 항의 쌍으로 묶어 놓고 있다.

1	가름 / 갈음

❶ 청군 대 백군으로 편을 가르다.
❷ 낡은 책상을 새 책상으로 갈다.

'가름'과 '갈음'은 둘 다 명사형이지만 ❶과 ❷에서 보듯 그 기본형은 서로 다
르다. '가름'은 기본형 '가르다'에서 파생한 단어로, 어간 '가르-'에 명사형 어미
'-(으)ㅁ'이 결합한 것이다. 그러나 '갈음'은 동사 '갈다'(代替)의 어간에 명사형 어
미가 결합하였다.[23]

---

23) '갈다'가 '대체하다'는 의미가 아닌 '날카롭게 날을 세우거나, 땅을 파서 뒤집는다'는 의미로
사용될 때의 명사형은 '갈음'이 아닌 '갎'이 된다. '알다'의 명사형 또한 '앎'이 된다. 'ㄹ'로 끝
나는 용언 어간의 명사형 어미는 '-ㅁ'이기 때문이다.

ℝ ○× (1) 친구끼리 편을 가름 / 갈음은 좋지 않다.

(2) 철수는 웃음으로 답변을 가름 / 갈음했다.

| 2 | 거름 / 걸음 |

❶ 밭이 걸다.

❷ 건강을 위해 매일 걷다.

❶의 '걸다'는 '흙이나 거름 따위가 기름지고 양분이 많다'는 의미의 형용사이다. '거름'은 어간 '걸'에 명사형 어미 '-음'이 붙은 형태지만 원 의미인 '땅이 기름지다'는 본뜻에서 멀어져 '비료'의 의미를 지니기에 원형을 밝혀 적지 않는다. 반면 ❷의 '걷다'의 명사형은 어간 '걷'에 명사형 어미 '-음'이 결합하여 '걸음'이 된다.[24]

ℝ ○× (1) 농사를 짓기 전에 거름 / 걸음을 뿌려야 한다.

(2) 천천히 걷다가 점점 거름 / 걸음이 빨라진다.

| 3 | 거치다 / 걷히다 |

❶ 속초까지 운행하는 이 버스는 양평과 홍천을 거치다.

❷ 정부는 여러 사업을 위해 국민들로부터 세금을 걷다.

❶의 '거치다'는 '오가는 도중에 어디를 지나거나 들르다'란 뜻을 나타낸다.[25]

---

24) 'ㄷ' 받침을 지닌 용언의 어간이 모음의 어미와 만나 'ㄹ'로 활용하는 것을 'ㄷ' 불규칙용언이라 한다. 묻다(問)가 '물어, 물으니, 물었다'로 불규칙 활용하는 반면, 묻다(埋)는 '묻어, 묻으니, 묻었다'로 규칙 활용을 한다. 53쪽 참조.

25) 목적격조사 '-을' 뒤에 나타나는 '거치다'는 이 외에도 '어떤 과정이나 단계를 겪거나 밟다'와

❷의 '걷다'는 '여러 사람에게서 돈이나 물건 따위를 거두다'란 뜻의 준말이다. 따라서 '걷히다'는 '세금이 잘 걷히다.'처럼 '걷다'의 피동형으로 사용된다. '안개나 구름이 걷히다.'에서도 나타나는데, 이때는 '걷다'(구름이나 안개 따위가 흩어져 없어지다/비가 그치고 맑게 개다)의 피동형이다.

ⓞⓧ　(1) 광화문과 근정전을 거쳐 / 걷혀 사정전으로 향했다.

　　　(2) 아침에 자욱이 끼었던 안개가 거쳐 / 걷혀 시야가 확 트였다.

| 4 | 걷잡다 / 겉잡다 |

❶ 계속되는 강풍으로 산불이 걷잡을 수 없게 확산되고 있다.
❷ 오늘 잠실 운동장에 모인 인원은 겉잡아 삼만 명은 된다.

❶의 '걷잡다'는 '거두어 붙잡다' 또는 '마음을 진정하거나 억제하다'란 뜻으로 본디 'ㄷ' 받침을 지닌 단어이다. ❷의 '겉잡다'는 '겉으로 보고 대강 짐작하여 헤아리다'란 뜻을 지닌다.

ⓞⓧ　(1) 더 이상 걷잡지 / 겉잡지 못할 상태가 되었다.

　　　(2) 걷잡아 / 겉잡아 이 일은 일주일 정도 걸리겠다.

| 5 | 그러므로 / 그럼으로 |

❶ 철수는 부지런하다. <u>그러므로</u> 부자가 되었다.
❷ 철수는 열심히 공부한다. <u>그럼으로</u>(써) 효도한다.

('손을'과 함께 쓰여) '검사하거나 살펴보다'란 의미로도 쓰인다.

❶의 '그러므로'는 '그렇다²⁶⁾', '그러다'의 어간 뒤에 까닭이나 이유를 나타내는 어미 '-므로'가 결합한 것이다. 문맥에서 '그러니까, 그렇기 때문에, 그러하기 때문에, 그리하기 때문에'라는 원인의 의미를 나타낸다. 그러나 ❷의 '그럼으로'는 '그러다'의 명사형 '그럼'에 조사 '-으로'가 붙은 것으로 '그렇게 하는 것으로써'라는 수단, 방법의 의미가 부각된다.

Ⓡox (1) 교통 법규가 그러므로 / 그럼으로 위반입니다.
　　　 (2) 차영표는 봉사활동을 한다. 그러므로 / 그럼으로 보람을 느낀다.

예제 09 다음 중 올바른 표기를 찾고, 그 이유를 설명해보자.
　　1. 비가 <u>오므로 / 옴으로</u> 여행가지 않았다.
　　2. 책을 <u>읽으므로 / 읽음으로</u> 시간을 보낸다.

---

6 │ 노름 / 놀음(놀이)

❶ '<u>노름</u>에 미쳐 나면 여편네(처)도 팔아 먹는다'는 속담이 있다.
❷ '신선<u>놀음</u>에 도낏자루²⁷⁾ 썩는 줄 모른다'는 속담도 있다.

❶의 '노름'과 ❷의 '놀음'은 '놀다'의 어간 '놀'과 명사형 어미 '-음'이 결합한 구조이다. 그러나 전자는 '놀다'는 본뜻에서 멀어져 원형을 밝혀 적지 않은 표기이며,²⁸⁾ 후자는 아직 '놀다'의 의미가 살아 있는 것으로 각각의 원형을 밝혀 적도록 하고 있다.

---

26) '그렇다'는 'ㅎ' 불규칙 용언으로서 뒤에 특정한 어미가 연결될 경우 'ㅎ'이 탈락한다.
27) '도끼'와 '자루'의 합성명사가 사잇소리 현상에 의해 '도낏자루'가 된다.
28) '거름'도 이와 동일한 이유에서 소리 나는 대로 적는다.

(1) 연예인들의 노름 / 놀음이 한때 사회적 파장을 일으켰다.

　　(2) 꼭두각시노름 / 놀음은 우리나라의 민속 인형극이다.

7	느리다 / 늘이다 / 늘리다

❶ 거북이의 걸음이 너무 느리다.

❷ 치마가 짧아 치마 길이를 늘이다.

❸ 앞뒤 베란다를 확장해 마루를 늘리다.

'느리다'는 어떤 동작을 하는 데 시간이 많이 걸린다는 뜻의 단어다. '늘이다'와 '늘리다'는 '늘다'의 사동형이라는 공통점을 지니고 있다. '늘이다'는 '본디보다 더 길게 하다', '아래로 처지게 하다'란 의미로 쓰인다.[29] 그러나 '늘리다'는 '물체의 길이나 넓이, 부피 따위가 본디보다 커지다', '수나 분량, 시간 따위가 본디보다 많아지다', '힘이나 기운, 세력 따위가 이전보다 큰 상태가 되다'는 의미를 지니고 있다.

(1) 밀가루 반죽을 쭉 늘여 / 늘려 칼국수를 만들어 먹었다.

　　(2) 기업들은 신사업에 진출하여 많은 일자리를 늘여야 / 늘려야 한다.

8	다리다 / 달이다

❶ 옷이 구겨져 다리미로 옷을 다리다.

❷ 한약재를 약탕기에 넣고 달이다.

---

29) "고무줄(엿가락)을 늘이다."나 "밧줄(주렴)을 늘이다."의 용례가 있다.

동사 '다리다'는 '다리미로 다림질을 하다'는 뜻이며, '달이다'는 '액체 따위를 끓여서 진하게 만들다' 또는 '약재 따위에 물을 부어 우러나도록 끓이다'는 뜻이다.

ox (1) 요즘 직장인들이 싼 값에 와이셔츠를 다리다 / 대리다 / 달이다.

(2) 간장이나 한약재를 다리다 / 달이다.

| 9 | 다치다 / 닫히다 / 닫치다 |

❶ 작년 체육 대회에서 다리를 <u>다쳤다</u>.
❷ 강풍에 열려 있던 문이 저절로 <u>닫혔다</u>.
❸ 남편이 아내의 잔소리에 문을 힘껏 <u>닫쳤다</u>.

예문의 밑줄 친 단어의 기본형은 각각 '다치다', '닫히다', '닫치다'이다. '다치다'는 '부상을 입다'는 뜻이고, '닫히다'는 '닫다'(閉)의 어간에 피동 접미사 '-히'가 결합된 형태이다. 마지막으로 '닫치다'는 강세접미사 '-치'가 붙어 '힘차게 닫다'는 의미를 지닌다.[30)]

ox (1) 계단에서 발을 헛디뎌 발목을 다쳤다 / 닫쳤다.

(2) 대문이 닫쳐 / 닫혀 있어서 집에 들어갈 수 없었다.

(3) 철수는 화가 나서 문을 탁 닫히고 / 닫치고 나갔다.

---

30) '닫치다'를 피동형의 의미 구조로 파악하여 "문이 바람에 닫치다."로 사용하면 비문이 된다. 왜냐하면, 피동문의 서술어는 목적어가 필요 없는 자동사이기 때문이다. '닫치다'는 ❸에서 보듯 목적어를 필수적으로 요구하는 타동사이다.

10 │ 마치다 / 맞히다

❶ 시작한 지 얼마 지나지 않아 숙제를 마치다.

❷ 이 문제를 다 맞히는 사람에게 선물을 준다.

❶의 '마치다'는 '마무리하다' 또는 '끝내다'는 뜻이며, ❷의 '맞히다'는 '맞다'의 사동사이다. '맞다'는 '자연 현상에 따라 내리는 눈, 비 따위의 닿음을 받다', '어떤 좋지 아니한 일을 당하다', '침, 주사 따위로 치료를 받다', '문제에 대한 답이 틀리지 아니하다'의 의미를 지닌다.

🄡ㅇ✕ (1) 그는 이곳의 남은 임기를 마치고 / 맞히고 귀농할 계획이다.

(2) 우리 양궁 선수들은 정확하게 10점의 과녁을 마친다 / 맞힌다.

11 │ 목거리 / 목걸이

❶ 목거리가 생겼을 때에는 가능한 말을 많이 하지 않아야 한다.

❷ 목걸이는 많은 여성들이 몸에 부착하는 액세서리[31]이다.

❶과 ❷는 명사 '목'에 '걸'과 '-이'가 결합한 구조이다. 이를 소리 나는 대로 적은 것이 '목거리'이며, 원래의 형태를 밝혀 적은 것이 '목걸이'이다. 즉 전자는 '걸다'는 원래의 의미에서 멀어져 다른 뜻의 단어가 된 것이지만 후자는 본래의 의미를 간직하고 있다. '목거리'는 '목이 붓고 아픈 병'을 뜻하며, '목걸이'는 '목에 거는 물건'을 뜻한다.

---

31) 외래어 '액세서리'(accessory)를 '악세사리, 악세서리, 액세사리'로 표기하는 것은 잘못이다. 이의 순화어로는 '노리개, 장식물' 등이 있다.

Rox (1) 지병인 목거리 / 목걸이가 잘 낫지 않는다.

(2) 결혼기념일 아내에게 목거리 / 목걸이를 선물했다.

| 12 | 바치다 / 받치다 / 받히다 / 밭치다 |

❶ 흙을 제거하기 위해 체로 **바쳤다**.

❷ 회사원은 월급에서 일정액의 세금을 **받친다**.

❸ 임시방편으로 윗돌을 빼서 아랫돌을 **받힌다**.

❹ 지난 주말에 승마를 하다가 말의 뒷발에 **밭쳤다**.

❶~❹ 문장에 쓰인 단어들 중 올바른 표기는 어떤 것일까? 먼저 '바치다'는 '윗사람에게 물건을 드리다', '마음과 몸을 내놓다', '세금 따위를 내다'의 의미를 지닌다. 이러한 의미 기능의 문장은 ❷로 다음과 같이 쓸 수 있다.

❷′ 회사원은 월급에서 일정액의 세금을 **바친다**.

'받치다'와 '받히다'는 '받다'와 관련한 것으로 어간 '받'에 강세 접미사 '-치'가 결합한 것이 '받치다'이며, 피동 접미사 '-히'가 결합한 것이 '받히다'이다. 즉 '받치다'는 '받침 글자를 잘 받쳐 써라.'에서처럼 '밑을 괴다'의 의미[32]로 사용한다. 예문 ❸의 서술어로 사용될 수 있다.

❸′ 임시방편으로 윗돌을 빼서 아랫돌을 **받친다**.

'받히다'는 '머리나 뿔 따위로 세차게 부딪치다'는 의미의 피동사로 예문 ❹에서 사용 가능하다.

---

32) "배게 대신 양 손으로 머리를 <u>받치고</u> 누워 잤다."의 '받치다'도 같은 용법이다.

❹ʹ 지난 주말에 승마를 하다가 말의 뒷발에 **받혔다**.

마지막으로 '밭치다'는 '밭다'(건더기와 액체가 섞인 것을 체나 거르기 장치에 따라서 액체만을 따로 받아 내다.)를 강조하여 이르는 말이다. 예문 ❶의 상황에 쓸 수 있다.

❶ʹ 돌을 제거하기 위해 체로 **밭쳤다**.

📦 ox (1) 제사를 지낼 때 정성과 재물을 바친다 / 받친다.
(2) 공책 뒤에 책받침을 바치고 / 받치고 쓰면 글씨가 잘 써 진다.
(3) 소에게 받힌 / 밭친 뒤로는 소를 무서워 한다.
(4) 옛날 시골 잔치에서는 술을 체에 받힌다 / 밭친다.

| 13 | 반드시 / 반듯이 |

❶ 내일까지 <u>반드시</u> 이 일을 끝마쳐야 한다.
❷ 의자에 앉을 때에는 허리를 <u>반듯이</u> 펴고 앉아라.

❶과 ❷의 '반드시'와 '반듯이'는 구별해서 써야 하는 말이다.[33] '반드시'는 '틀림없이, 꼭' 등의 의미를 지니는 말이며, '반듯이'는 '생각이나 행동이 비뚤어지거나 기울거나 굽지 않고 바르게'란 뜻을 지닌 말이다.

---

33) 한글 맞춤법 제25항에서는 "'-하다'가 붙는 어근에 '-히'나 '-이'가 붙어서 부사가 되거나, 부사에 '-이'가 붙어서 뜻을 더하는 경우에는 그 어근이나 부사의 원형을 밝히어 적는다."고 규정하고 있다. 다만 이 경우에는 어근의 본뜻이 유지되는 경우에 한한다. '반듯'에 '-이'가 붙어 '반듯하다'는 의미를 유지하면 형태를 밝혀 적으며, 그렇지 않으면 소리 나는 대로 적는 것이다.

  O X (1) 건강을 위해서는 반드시 / 반듯이 운동을 해야 한다.

           (2) 선을 그을 때에는 반드시 / 반듯이 그어라.

예제 10 다음 중 올바른 표기를 찾고, 그 이유를 설명해보자.

1. 옛 기억에 눈을 지그시 / 지긋이 감았다.
2. 철수는 오늘 아침 일찍이 / 일찌기 학교에 왔다.

14	부딪치다 / 부딪히다

❶ 철수는 반대쪽에서 오는 자전거에 <u>부딪친다</u>.
❷ 두 대의 자동차가 서로 마주 <u>부딪힌다</u>.

밑줄 친 '부딪치다'와 '부딪히다'는 동사 '부딪다'와 관련을 지니고 있다. '부딪다'(무엇과 무엇이 힘 있게 마주 닿거나 마주 대다)의 강세어가 '부딪치다'이고, 피동 형태가 '부딪히다'이다. 그렇다면 문장 ❶과 ❷는 다음과 같이 고쳐야 한다.

❶´ 철수는 반대쪽에서 오는 자전거에 <u>부딪힌다</u>.
❷´ 두 대의 자동차가 서로 마주 <u>부딪친다</u>.

즉 ❶은 '부딪다'의 피동형인 '부딪히다', ❷는 '부딪다'의 강세어인 '부딪치다'를 쓴다.

  O X (1) 장난감을 사 달라고 아이가 몸을 땅에 부딪친다 / 부딪힌다.

           (2) 타이타닉 호는 빙산에 부딪쳐 / 부딪혀 가라 앉았다.

| 15 | 부치다 / 붙이다 |

❶ 고향에 계시는 부모님에게 선물을 **부치다**.
❷ 한국어의 조사는 앞말과 띄어 쓰지 않고 **붙이다**.

'부치다'와 '붙이다'는 어원적으로 '붙다'와 관련이 있다. '붙다'(맞닿아 떨어지지 아니하다)의 의미가 유지되어 온 '붙이다'[34]와 그렇지 않은 '부치다'로 구분하여 사용한다. 맞춤법 규정에 나타난 두 단어의 용례는 다음과 같다.

부치다	붙이다
1. 힘이 부치는 일이다.	1. 우표를 붙인다.
2. 편지를 부친다.	2. 책상을 붙였다.
3. 논밭을 부친다.	3. 흥정을 붙인다.
4. 빈대떡을 부친다.	4. 불을 붙인다.
5. 식목일에 부치는 글	5. 감시원을 붙인다.
6. 회의에 부치는 안건	6. 조건을 붙인다.
7. 인쇄에 부치는 원고	7. 취미를 붙인다.
8. 삼촌 집에 숙식을 부친다.	8. 별명을 붙인다.

'부치다'는 '힘이 미치지 못하다, 편지 또는 물건을 보내다, 논밭을 다루어서 농사를 짓다, 프라이팬에 기름을 바르고 빈대떡 등을 익혀 만들다, 어떤 문제를 의논 대상으로 내놓다, 원고를 인쇄에 넘기다, 몸이나 식사 따위를 의탁하다' 등의 의미를 나타낸다. 반면, '붙이다'는 '붙게 하다, 서로 맞닿게 하다, 두 편의 관계를 맺게 하다, 불이 옮아서 타게 하다, 딸려 붙게 하다, 습관이나 취미 등이 익어지게 하다, 이름을 가지게 하다' 등의 뜻을 나타낸다.

ox (1) 시골에 계시는 부모님이 학비를 아들에게 부치다 / 붙이다.
(2) 선관위에서 국회의원 후보자들의 포스터를 부치다 / 붙이다.

---

34) '붙이다'는 '붙다'의 어간 '붙'에 사동접사 '-이'가 결합한 파생어이다.

16	시키다 / 식히다

❶ 선생님께서 철수에게 발표를 <u>시키신다</u>.
❷ 팔팔 끓인 보리차를 마시려고 <u>식히고</u> 있다.

'시키다'는 '하게 하다'란 뜻이며, '식히다'는 '식다'(더운 기가 없어지다)의 사
동사로 '식게 하다'란 뜻이다.

ⓡox (1) 형이 동생에게 심부름을 시키다 / 식히다.
　　　 (2) 운동을 하고 난 후 나무 그늘에서 땀을 시키다 / 식히다.

예제 11 다음 두 문장의 띄어쓰기의 차이점에 대해 설명해보자.

1. 쉬는 시간에 공부를 <u>시킨다</u>. / 청소를 <u>시킨다</u>.
2. 선생님이 학생들을 <u>공부시키다</u>. / <u>청소시키다</u>.

17	아름 / 알음 / 앎

❶ 이 나무는 세 <u>아름</u>이나 되는 둘레를 자랑한다.
❷ 관계는 서로간의 <u>알음</u>을 전제로 이루어진다.
❸ 모든 인간에게 <u>앎</u>은 힘이다.

❶의 '아름'은 '두 팔을 벌려 껴안은 둘레의 길이'라는 명사적 기능[35]과 둘레
의 길이를 나타내는 의존 명사적 기능으로 쓰인다. ❷와 ❸은 동일 어간에 명사
형 어미가 결합한 것으로 문법적 구조가 동일하다. 그러나 그 의미는 다르다.

---

[35] 예문 ❶의 '아름'은 수관형사 뒤에 나타난 의존 명사이며, "이 나무는 어른의 <u>아름</u>으로 두
아름이나 된다."에서는 명사적 용법으로 사용되었다.

즉, '알음'은 어간 '알'에 명사형 어미 '-(으)ㅁ'이, '앎'은 어간 '알'에 명사형 어미 '-ㅁ'이 결합하였다. 오늘날 '앎'은 '지식'이라는 의미의 독립 명사로 굳어진 말이다. 따라서 ❷와 ❸에서 이들을 서로 바꾸어 쓸 수는 없다.

ǒẋ (1) 친구의 생일을 축하하기 위해 꽃을 한 아름 / 알음 샀다.

(2) 그들은 동아리 활동을 통해 서로 아름 / 알음이 있는 사이이다.

(3) 알음 / 앎은 힘이다.

예제 12 다음 중 올바른 표기를 찾고, 그 이유를 설명해보자.

1. 소문은 알음알음으로 모든 사람에게 퍼지게 된다.

2. 잘못을 알고도 아름아름 넘어가려 해서는 안 된다.

| 18 | 안치다 / 앉히다 |

❶ 밥을 안쳐 놓고 잠시 책을 읽고 있다.

❷ 손님을 잠시 자리에 앉혀 놓고 설거지를 한다.

'밥, 찌개 등의 음식을 만들기 위해 재료를 솥, 냄비에 넣어 불 위에 올려 놓는다'의 의미일 때에는 '안치다[36]'를 사용한다. 그러나 사람이나 동물 등의 몸을 특정한 자리에 올려놓을 때에는 '앉히다'를 써야 한다. '앉히다'는 '앉다'의 어간에 사동의 접미사가 결합한 것으로 '앉게 하다'의 의미를 나타낸다.

ǒẋ (1) 그녀는 솥에 고구마를 안쳐 / 앉혀 놓은 것을 잊고 있었다.

(2) 엄마는 우는 아이를 무릎에 안치고 / 앉히고 재운다.

---

36) "당장 눈앞에 안친 일들이 많다."에서는 '어려운 일이 앞에 밀리다'는 의미의 다른 단어이다.

| 19 | 어름 / 얼음 |

❶ 두물머리는 북한강과 남한강의 <u>어름/얼음</u>에 위치해 있다.
❷ 여름에는 <u>어름/얼음</u>의 소비가 많다.

❶과 ❷의 두 단어 중 올바른 표기는 무엇일까? 쉽게 풀 수 있지만 '어름'의
의미가 생소하다. 한 때, '얼음'을 파는 집의 간판에 '어름'으로 적힌 것을 많이
볼 수 있었다. 물이 얼어서 굳어진 것은 '얼음'으로 표기하고, 두 사물 간의 경
계를 의미할 때에는 '어름'을 쓴다. 따라서 ❶은 '어름'을, ❷는 '얼음'으로 표기해
야 한다.

> Ｒ ｏẋ (1) 수평선은 하늘과 바다가 맞닿아 있는 어름 / 얼음이다.
>   (2) 북한에서는 아이스크림을 어름 / 얼음과자라 한다.

| 20 | 이따가 / 있다가 |

❶ <u>이따가/있다가</u> 좀 조용해지면 둘이 이야기 하자.
❷ 산속에 며칠 더 <u>이따가/있다가</u> 몸이 좋아지면 내려갈게.

'이따가'는 부사로 '조금 지난 뒤에'란 의미이다. '있다가'는 동사 어간 '있'에
연결어미 '-다가'[37)가 결합한 것으로, '있다'의 본뜻이 남아 있기에 원형을 밝혀
적는다. ❶은 '이따가', ❷는 '있다가'로 적는다.

> Ｒ ｏẋ (1) 이따가 / 있다가 오너라.
>   (2) 돈은 이따가도 / 있다가도 없다.

---

37) '어떤 동작, 상태 따위가 중단되고 다른 동작이나 상태로 바뀜'을 나타낸다.

21 || 저리다 / 절이다

- ❶ 같은 자세로 오래 앉아 있었더니 다리가 <u>저리다/절이다</u>.
- ❷ 김치를 담그기 전에 배추를 소금물에 <u>저리다/절이다</u>.

❶의 문장 의미는 '다리에 피가 통하지 않아 힘이 없고 감각이 둔하다'는 것이다. 이러한 의미를 표현하기 위해서는 '저리다'를 써야 한다. 반면 ❷는 배추에 '염분을 먹여 절게 한다'는 의미이므로 '절이다'를 쓰는 것이 맞다.

Ò Ⅹ (1) 팔베개를 했더니 팔이 저리다 / 절이다.
　　　(2) 생선을 굽기 전에 소금에 저리다 / 절이다.

예제 13 **다음 중 올바른 표기를 찾고, 그 이유를 설명해보자.**

　　1. 손과 발이 모두 저리다 / 절이다.
　　2. 오이를 식초에 저린다 / 절인다.

22 || 조리다 / 졸이다

- ❶ 반찬으로 생선을 <u>조려/졸여</u> 먹다.
- ❷ 면접시험을 보고 나서 마음을 <u>조리고/졸이고</u> 있다.

❶의 '조리다'는 '고기나 생선, 채소 따위를 양념하여 국물이 거의 없게 바짝 끓이다[38]'는 뜻을 지니고 있다. ❷의 '졸이다'에는 '마음을 초조하게 먹다'란 의미가 있다.

---

38) 이는 '통조림'이나 '장조림'의 '조림'과 관련이 있다. 즉 '조리다'의 어간에 명사형 어미 '-ㅁ'이 결합한 것이기 때문이다.

Ω ⓞⓧ (1) 멸치와 고추를 간장에 조리다 / 졸이다.

(2) 수학 시간에 내 이름이 불릴까봐 가슴을 조리다 / 졸이다.

예제 14 다음 중 올바른 표기를 찾고, 그 이유를 설명해보자.

1. 어제 어머니께서는 고등어를 조렸다.
2. 냄비에 있던 라면 물이 많이 조렸다 / 졸았다.

| 23 | 주리다 / 줄이다 |

❶ 식량이 없어 여러 날을 <u>주리다</u>.
❷ 어려운 경제 사정으로 생활비를 <u>줄이다</u>.

'주리다'는 '먹을 것이 없어 배를 곯다'는 뜻을 나타내며, 유의어 관계에 있는 '굶주리다'로 많이 사용한다. '줄이다'는 '줄다'의 사동사로 '물체의 길이, 면적 등이 작아지게 하고, 수나 분량이 적어지게 한다'는 뜻을 지니고 있다.

Ω ⓞⓧ (1) 먹다 남은 식은 밥으로 일단 주린 / 줄인 배를 채웠다.

(2) 어머니의 긴 치마를 주려 / 줄여 그 집 딸들이 입고 다닌다.

| 24 | -노라고 / -느라고 |

❶ 나름 하<u>느라고</u> 한 것이 이 모양이다.
❷ 어제는 시험공부를 하<u>노라고</u> 밤을 새웠다.

두 연결어미 중 '-노라고'는 화자 자신의 의지나 목적을 표현할 때 쓰는 것으로 '자기 나름으로는 한다고' 정도의 의미를 나타낸다. 반면 '-느라고'는 앞의 내용이 뒤 내용의 원인이 됨을 표현하는 것으로, '-는 일로 인하여'란 뜻을 나타낸다. 이들 어미의 의미를 생각한다면 ❶에는 '-노라고'가, ❷에는 '-느라고'가 쓰여야 한다.

> 🅡ò̇x̣ (1) 열심히 쓰노라고 / 쓰느라고 쓴 게 이 모양이다.
> (2) 어제는 자노라고 / 자느라고 토론 프로그램을 못 봤다.

---

25 -느니보다(어미) / -는 이보다(의존 명사)

❶ 억지로 하느니보다 하지 않는 게 낫겠다.
❷ 공부하는 이보다 그렇지 않은 이가 더 많다.

'-느니보다'는 현행 맞춤법에서 다루지 않는다. 그러나 사물과 관련하여 '-는 것보다'의 의미로 사용하므로 이를 어미로 적기로 하였다. 그러나 '-는 이보다'에서의 '이'는 '사람'을 뜻하는 의존 명사이다. 의존 명사이기에 앞의 관형어를 수반하고 있으며, 앞말과 띄어 쓰고 있다.

> 🅡ò̇x̣ (1) 독서실에서 친구와 노느니보다 / 노는 이보다 집에서 해라.
> (2) 내가 보니 아느니보다 / 아는 이보다 모르는 이가 더 많은 것 같다.

---

26 -(으)리만큼(어미) / -(으)ㄹ 이만큼(의존 명사)

❶ 화가 나리만큼 내가 여자 친구에게 잘못한 것이 없는데.
❷ 이 계획에 대해 찬성할 이만큼이나 반대할 사람도 많을 거야.

바로 앞에서와 같이 사람을 의미하는 의존 명사 '이'만 밝혀 적고, 아닌 것은 소리 나는 대로 적는다. 즉 '-(으)리만큼'은 '-ㄹ 정도만큼'이란 뜻을 나타내는 어미이며, '-(으)ㄹ 이만큼'은 '-ㄹ 사람만큼'이란 뜻을 지닌다.

Ⓡöx (1) 배가 터지리만큼 / 터질 이만큼 많이 먹었다.

(2) 공부가 좋은 사람도 싫으리만큼 / 싫을 이만큼 있을 것이다.

| 27 | -(으)러(목적) / -(으)려(의도) |

❶ 우리는 밥 먹으러 비전타워 식당에 간다.
❷ 지난번에 빌렸던 책을 반납하려고 도서관을 찾았다.

'-(으)러'는 주로 '가다, 오다'와 함께 쓰여 직접적인 목적을 나타내고, '-(으)려'는 '하다'와 어울려 화자 자신의 의도를 나타낸다. 목적의 어미 '-(으)러' 자리에 '-(으)려'를 써 의도의 뜻을 나타내게 하려면 '-고'를 붙여야 한다. 그러나 의도의 어미 '-(으)려' 자리에 '-(으)러'가 쓰여 목적의 의미를 드러낼 때에는 '고'가 결합할 수 없다. 즉 '-러고'는 될 수 없지만, '-려고'는 가능하다는 차이가 나타난다.

Ⓡöx (1) 철수는 지금 책을 사러 / 사려 간다.

(2) 지금 여기서 무엇을 하러 / 하려 하니?

| 28 | -(으)로서(자격) / -(으)로써(수단) |

❶ 교육자로서 그런 일을 할 수 있을까?
❷ 칭찬으로써 고래를 춤추게 할 수 있다.

예문의 '-(으)로서'와 '-(으)로써'는 둘 다 체언 뒤에 붙는 조사라는 점에서 동일하다. 그러나 전자는 '지위, 자격, 신분'으로 쓰이고, 후자는 '재료, 수단, 방법'의 의미로 사용된다. 즉 예문 ❶은 '교육자라는 신분, 지위, 자격'을 가진 사람으로, 이해할 수 없는 일을 한 것에 의문을 품은 문장이다. ❷는 고래를 춤추게 하기 위해서 '칭찬'이라는 수단과 방법을 사용한다는 문장이다.

ㅇㅈ (1) 국민의 대표로서 / 로써 우리는 국회의원을 선출한다.

(2) 토끼는 꾀로서 / 로써 거북이의 속임으로부터 벗어날 수 있었다.

---

29 ‖ -(으)므로(어미) / (-ㅁ, -음)으로(써)(조사)

❶ 네가 나를 믿으므로 나 또한 너를 믿는다.
❷ 모든 부모들은 자식을 믿음으로써 대한다.

'-(으)므로'는 까닭의 의미를 나타내는 어미로, 예문 ❶은 '믿기 때문에'로 해석이 가능하다. 반면 '(-ㅁ, -음)으로(써)'는 용언의 명사형에 조사가 결합한 구조로 '도구'나 '수단' 또는 '방법'의 의미를 나타낸다. 원인의 '-기 때문에'와 교체가 가능하면 '-(으)므로'를 사용하고, 그렇지 않으면 '(-ㅁ, -음)으로(써)'를 사용하면 된다.

ㅇㅈ (1) 우리의 고유문자가 없으므로 / 없음으로 한자어를 빌려 사용하였다.

(2) 자신의 목숨을 받치므로 / 받침으로 은혜에 보답하였다.

제 **4** 장

표준어 사정

원칙

1. 표준어의 필요성

국어학의 한 영역에 '방언론'이 존재하는데, 이는 '방언'을 연구 대상으로 하는 학문이다. 방언은 언어 지리적인 차이에 의해 달리 사용되는 말로서 지역적 정감이 실린 말들이다. 그러나 방언의 차이에서 오는 국민들의 의사소통의 불편을 해소하고 한 국가 안의 국민들이 공통으로 쓸 수 있는 말을 따로 정할 필요가 있다.[1]

1.1. 맞춤법 제정과 표준어 사정

한글 맞춤법과 표준어의 제정은 떼려야 뗄 수가 없는 문제이다. 제1장에서 이미 살펴본 바와 같이 1933년 『한글 마춤법 통일안』의 총론에서 표준어를 다루고 있기 때문이다.

제1장 총론
(1) 한글 마춤법[綴字法]은 표준말을 그 소리대로 적되, 어법에 맞도록 함으로써 원칙을 삼는다.
(2) 표준말은 대체로 중류 사회에서 쓰는 서울말로 한다.

---

[1] 경상도의 "철수야 <u>어무이</u> 있는 <u>정지</u>에 가 봐라."나 전라도의 "어제 일을 <u>되작되작</u> 생각해본께 내가 실수했어."란 문장을 다른 지역의 사람들이 제대로 이해할 수 있을까를 생각해 본다면 표준어의 필요성을 절감할 수 있을 것이다. 밑줄 친 표현의 표준어는 각각 '어머니', '부엌' 그리고 '차근차근'이다.

그러나 단행본 형태의 표준어 사정은 한글 마춤법 통일안과 시기적인 차이가 나타난다. 즉 1933년『한글 마춤법 통일안』이 먼저 고시되고, 그 3년 뒤인 1936년에『사정한 조선어 표준말 모음』이 완성되었기 때문이다.(엄밀한 의미에서 표준어에 대한 개념이나 의식 등은 이미『한글 마춤법 통일안』부터 싹 텄으며, 실제적으로도 부록 1에서 표준어의 일부가 8개 항목으로 분류되어 있었다. 이를『한글 마춤법 통일안』에 제시된 표준어 사정 원칙을 토대로 사정한 결과가『사정한 조선어 표준말 모음』인 것이다.[2])

1936년『사정한 조선어 표준말 모음』은 국어 표준어 규정을 최초로 마련했다는 의의를 지니고 있으며 동시에 국어사전 편찬과 실 언어생활의 지침서로서 역할을 담당하였다. 그 후, 시간의 흐름에 따라 국민들의 언어생활에도 많은 변화가 일어났으며 동시에 달라지거나 혼용되어 쓰이는 말들이 생겨 표준어 개정의 필요성이 대두되었다. 이에 따라 개정한 것이 바로 현행『표준어 사정』이다.[3]

1.2. 표준어 규정의 내용 체계

다음 장에서 살펴볼『표준어 규정』은 크게 두 부분으로 나누어져 있다. '제1부 표준어 사정 원칙'과 '제2부 표준 발음법'이 그것이다. 각각의 세부 내용을 자세히 살피고, 표준 발음법은 장을 달리하여 다루기로 한다.

---

2) 강희숙(2003:243) 참조.
3) 1988년 1월 19일에 문교부 고시 제 88-2호로 고시되었고, 1989년 3월 1일부터 시행되었다.

(1) 표준어 사정 원칙

장(내용)		절	항
제1장	총칙		제1항 ~ 제2항
제2장	발음 변화에 따른 표준어 규정	제1절 자음	제3항 ~ 제7항
		제2절 모음	제8항 ~ 제13항
		제3절 준말	제14항 ~ 제16항
		제4절 단수 표준어	제17항
		제5절 복수 표준어	제18항 ~ 제19항
제3장	어휘 선택의 변화에 따른 표준어 규정	제1절 고어	제20항
		제2절 한자어	제21항 ~ 제22항
		제3절 방언	제23항 ~ 제24항
		제4절 단수 표준어	제25항
		제5절 복수 표준어	제26항

(2) 표준 발음법

장(내용)		항
제1장	총칙	제1항
제2장	자음과 모음	제2항 ~ 제5항
제3장	소리의 길이	제6항 ~ 제7항
제4장	받침의 동화	제8항 ~ 제9항
제5장	소리의 동화	제10항 ~ 제22항
제6장	된소리되기	제23항 ~ 제28항
제7장	소리의 첨가	제29항 ~ 제30항

먼저, 『표준어 규정』의 '표준어 사정 원칙' 부분은 크게 3장으로 구성되어 있다. 제1장은 표준어 사정의 원칙을 밝힌 것이며, 제2장은 언어의 역사성 중 발음 변화에 의해 표준어를 개정한 부분이다. 그리고 마지막 제3장은 어휘적으로 형태를 달리하는 표준어를 사정한 부분이다.

『표준어 규정』의 제2부는 표준 발음과 관련한 것으로 7개의 장으로 구성되어 있다. 종래에 없던 규정을 새롭게 마련한 것으로 음성언어로서의 정확한 발음 또한 국민들의 정확하고 분명한 의사소통에 기여하는 바가 크기 때문이다. 발음이라는 특수성과 관련하여 표준 발음의 일반적 원리를 설명하는 총칙을 제외하곤 한국어의 음운론적 배경 지식이 필요하다.

2. 표준어 사정의 대원칙

> 제1항 표준어는 교양 있는 사람들이 두루 쓰는 현대 서울말로 정함을 원칙으로 한다.
> 제2항 외래어는 따로 사정한다.

한글 맞춤법의 대원칙을 '총칙'의 내용들로 다루었듯이, 표준어 사정의 원칙
또한 제1장 '총칙'에서 다루고 있다.

2.1. 표준어의 정의 - 제1항의 규정

제1항은 표준어가 될 수 있는 조건 세 가지를 제시하고 있다. 첫째, 교양 있
는 사람, 둘째, 현대, 셋째, 서울말이 그것이다.

첫째, '교양 있는 사람'은 표준어 사용의 주체를 지칭한다. '교양 있는 사람'에
대한 명확한 경계가 애매하다. 다만, 국민들의 원활한 의사소통을 위하여 공통
적으로 쓸 수 있게 만든 것이 표준어라면 이는 공용어의 성격을 지닌다. 그렇
다면 한 국가의 국민으로서 표준어를 익혀 바르게 사용한다는 것은 교양인의
필수 조건 중 하나이다.[4]

둘째, '현대'라는 기준은 이전의 '현재'를 대체한 것이다. 시간적 개념어로서의
'현재'는 역사적 변화 과정에서 한 시대를 구획 짓는 개념으로 적절하지 않기

---

[4] '교양 있는 사람'이라는 기준은 이전 『한글 마춤법 통일안』의 '중류 사회'를 대체한 것이다.
왜냐하면 '중류'라는 어휘에는 '경제, 사회, 지위' 등과 관련한 계급의식이 포함되어 표준어가
신분적 계급의식에 좌우된다는 느낌이 강하기 때문이었다. 또한 표준어 사정 원칙의 해설
(1988:196)에 따르면 "표준어는 교양의 수준을 넘어 국민이 갖추어야 할 의무 요건(義務要件)"
이라 하였다.

때문이다.

셋째, '서울말'이라는 기준이다. 표준어는 새로 만든 말이 아니다. 여러 지역에서 사용하는 말 중 세력이 가장 크고, 많은 사람들이 따르는 말을 인위적으로 정하게 된다. 대부분 한 나라의 정치·경제·문화·예술 중심지의 말이 이에 해당한다.[5] 이를 정리하면 다음과 같다.

표준어
— ❶ 계층적 기준 : 중류 사회
  ❷ 시대적 기준 : 현대
— ❸ 지역적 기준 : 서울말

마지막으로 1933년 규정과 대조할 때 달라진 표현 중 하나가 '표준말'이란 용어 대신 '표준어'가 사용되었다는 것이다. 이는 '표준어'에 대한 대립어로의 '비표준어'가 성립되는 반면, '표준말'에 대한 '비표준말'은 성립하지 않기 때문이다.

2.2. 외래어의 사정 – 제2항의 규정

제2항에서 다루고 있는 내용은 '외래어의 사정'에 관한 것이다. 이 또한 표준어 사정의 중요한 대상임에는 틀림없다. 그렇기 때문에 『한글 맞춤법』 제1장 총칙, 제3항에서도 "외래어는 '외래어 표기법'에 따라 적는다."고 밝히고 있는 것이다.

그러나 외래어에 대한 사정 작업은 현행 표준어 규정에서 보류되었다. 왜냐

---

5) '서울말'만을 표준어로 규정하고 있는 현행 맞춤법의 헌법 소원 사건을 재판관 7대2의 의견으로 기각 결정한 일이 있었다. 헌재는 "서울이 갖는 역사적 의미와 문화적 의미, 사용 인구, 지리적으로 중앙에 있는 점 등에 비춰볼 때 서울말을 표준어로 삼는 게 기본권 침해라고 하기 어렵다"며 "서울말에도 다양한 형태가 있는 만큼, '교양 있는 사람들'이라는 기준 역시 합리적"이라고 밝혔다. 이어 공문서 작성·교과서 제작과 관련해서도 "표준어를 강제하는 범위는 공적 언어생활의 최소한의 범위여서 일상의 사적 언어생활에는 아무런 제한이 없다"며 원활한 의사소통을 위해서는 필요한 '규율'이라고 판단했다. 그러나 김종대, 이동흡 재판관은 "표준어를 서울말이라는 기준만으로 그 범위를 정하고, 교과서와 공문서에 강제하는 것은 국민의 언어생활에 관한 행복추구권 침해"라며 위헌 의견을 냈다.(한국일보, 2009년 5월 29일)

하면 다양한 영역에서 물밀 듯 들어오는 외래어 하나하나를 심의 사정하여 우리의 국어 생활에 수용할 것인가 결정하는 일에는 많은 시간 제약이 따르기 때문이다. 다만, 이러한 외래어의 표기에서는 각 언어가 지닌 특질이 고려되어야 하므로, 『외래어 표기법』을 따로 정하여 표기의 기본 원칙 및 표기 일람 등을 제시하고 있다. 이는 1986년 1월 7일 문교부 고시 제85-11호로 고시되었는데, 아래와 같은 체계로 이루어져 있다.

  제1장 표기의 기본 원칙
  제2장 표기 일람표
  제3장 표기 세칙
  제4장 인명, 지명 표기의 원칙

본서는 『한글 맞춤법』과 『표준어 규정』에 초점을 두기에 외래어 표기와 관련한 위의 규정 중 제1장의 기본 원칙과 제2장 표기 일람표를 중심으로 간단히 언급하기로 한다.

제1항 외래어는 국어의 현용 24 자모만으로 적는다.
제2항 외래어의 1 음운은 원칙적으로 1 기호만을 적는다.
제3항 받침에는 'ㄱ, ㄴ, ㄹ, ㅁ, ㅂ, ㅅ, ㅇ'만을 쓴다.
제4항 파열음 표기에는 된소리를 쓰지 않는 것을 원칙으로 한다.
제5항 이미 굳어진 외래어는 관용을 존중하되, 그 범위와 용례는 따로 정한다.

제1항은 외래어의 국어 표기를 위해 자음 14자와 모음 10자를 제외한 다른 글자나 기호 등을 만들 필요가 없다는 것이다. 한편으로 외래어의 원음에 가까운 표현을 위해서는 한국어의 음운 체계에 없는 음들이 필요하다. 그러나 외래어를 국어화한 외국어라 정의한다면 새로운 기호를 만들어 국민들에게 부담을 주어서는 안 되며, 쉽게 보고 익힐 수 있도록 하기 위해서는 현재 사용하고 있

는 자모음만으로 적어야 한다.

제2항은 외래어의 음운과 기호의 대응 관계를 1:1로 규정한 것은 기억과 표기의 용이함을 위함이다. 그러나 영어의 음운 'p'는 실제 'ㅍ, 프, ㅂ'[6] 등으로 나타나 음운과 기호가 1:1의 관계에 있지 않다. 따라서 '원칙적으로'란 단서 조항을 덧붙이고 있다.

제3항은 외래어 표기에서 받침에 올 수 있는 음운을 정한 것이다. 이는 한국어의 받침에 표기하는 것과 비교하면 큰 차이가 있다. 즉 한국어에서 받침에 적을 수 있는 음운의 개수가 27개[7]임에 반해 외래어는 7개라는 점이다. 7개의 음운을 외래어의 받침 표기로 규정한 것은 한국어의 음절말에서의 중화 현상과 관련지어 볼 수 있다. 다만 그럼에도 불구하고 음운 'ㄷ'과 'ㅅ'의 차이가 나타난다. supermarket의 경우 단독형으로 [슈퍼마켙]이 되지만, 뒤에 모음의 어미가 결합할 경우에는 연음되어 [슈퍼마케시], [슈퍼마케슬]로 발음된다. 따라서 원래의 모양은 '슈퍼마켙'이 아닌 '슈퍼마켓'이라 할 수 있다.

🔅 생각 다음 외래어 표기는 위 기본 원칙의 몇 항에 위배되는 지 알아보자. 그리고 올바른 표기를 써 보자.

> 예 coffee shop : 커피숖, diskette : 디스켙, chocolate 초콜맅
>
> ㄴ, 이들 외래어 표기는 모두 기본 원칙 제3항 "받침에는 'ㄱ, ㄴ, ㄹ, ㅁ, ㅂ, ㅅ, ㅇ'만을 쓴다."는 규정에 어긋난다. 받침에 쓸 수 없는 'ㅍ, ㄷ'을 사용했기 때문이다. 따라서 규정을 지킨 올바른 표기는 '커피숍'과 '디스켓, 초콜릿'이다.

제4항은 한국어 음운 체계와 달리 유무성에 의한 구별이 존재하는 외국어 표기에 관한 것이다. 즉 유성 파열음 'b, d, g'는 한국어의 평음 'ㅂ, ㄷ, ㄱ'으로

---

6) top[tɑp]에서는 'ㅂ'으로, piston[pistən]에서는 'ㅍ', stamp[stæmp]에서는 '프'로 실현된다.
7) 'ㄱ, ㄲ, ㄳ, ㄴ, ㄵ, ㄶ, ㄷ, ㄹ, ㄺ, ㄻ, ㄼ, ㄽ, ㄾ, ㄿ, ㅀ, ㅁ, ㅂ, ㅄ, ㅅ, ㅆ, ㅇ, ㅈ, ㅊ, ㅋ, ㅌ, ㅍ, ㅎ'이다.

적는다. 그리고 무성 파열음인 'p, t, k'는 격음 'ㅍ, ㅌ, ㅋ'으로 적고[8], 된소리로 적어서는 안 된다.

생각 다음 외래어 표기의 오류를 지적하고, 올바른 표기로 적어 보자.

> 예 gas : 까스,   bus : 뻐스,   caf : 까페,   conte : 꽁트
>
> ↳ 위의 단어들은 언뜻 된소리 발음으로 들린다. 그러나 제4항의 규정에 따라 영어의 유성 파열음은 평음으로 적기에 '가스', '버스'가 올바른 표기가 된다. 그리고 불어의 경우 분명히 된소리로 인식되지만 된소리를 표기하지 않는다는 규정에 따라 유기음을 사용한 '카페', '콩트'가 바른 표기이다.

마지막 제5항은 외래어 표기 과정에서 특정한 원칙만을 내세워 표기의 일관성을 기할 필요가 없다는 것이다. 예를 들면, 'type'(이)라는 표기는 항상 어느 한 형태로 고정되는 것이 아니라 관용에 따라 '타이프'(타자를 친다는 의미)와 '타입'(유형의 의미)의 두 형태로 표기해 왔다는 점이다. 이를 어느 한 표기로 통일시킬 경우 오히려 언어생활의 불편만을 초래할 것이다.

제2장의 표기 일람표는 제1장과 함께 외래어 표기의 구체적 지침서 역할을 담당한다. 일반적으로 외래어는 국제음성기호와 한글 대조표에 따라 표기하고 있기 때문이다. 그리고 국제음성기호를 사용하지 않은 언어를 위해서 별도의 한글 대조표를 만들어 놓고 있다.[9]

---

8) '빼라, 껌' 등의 굳어진 말을 제외하고 파찰음이나 마찰음의 경우에도 이 규정을 따르고 있다. '*써비스→서비스, *써클→서클'이 그것이다.

9) '에스파냐 어 자모와 한글 대조표'〈표 2〉, '이탈리아 어 자모와 한글 대조표'〈표 3〉, '일본어의 가나와 한글 대조표'〈표 4〉, '중국어의 주음 부호와 한글 대조표'〈표 5〉로 구성되어 있다.

※ 국제음성기호와 한글 대조표를 알아보고, 실생활에서 이를 지키지 않아 잘못 사용하고 있는 외래어 표기에 대해 조사해보자.

....

....

....

....

....

....

....

....

....

....

....

....

....

....

  이상 제1장과 제2장의 규정만으로 외래어의 한글 표기 지침이 정리되었다. 그러나 하나의 기호가 환경에 따라 여러 형태로 나타나는 것에 대한 예시와 개별 언어마다의 특수한 표기를 위한 세부 규정 또한 필요하다. 이를 위해 제3장 표기 세칙을 마련했다. 이에서는 제1절 영어의 표기 세칙을 비교적 자세히 규정하고 있는데, 영어가 아닌 다른 언어(독일어, 프랑스어, 에스파냐어, 이탈리아어, 일본어, 중국어)의 표기 세칙[10]에서 이를 준용하게 함으로써 중복을 피하기 위한 것이다.

---

10) 1986년의 외래어 표기법에서는 7개 언어에 대한 표기 세칙이 정해졌지만, 그 후, 다른 나라와의 교류가 빈번해지면서 '폴란드, 체코, 헝가리'(1992년) 등과 '스웨덴, 노르웨이'(1995년) 등에 대한 한글 표기법이 마련되었다. 강희숙(2003:406) 참조.

제4장은 외국의 인명, 지명 표기에 대한 원칙을 규정하고 있다. 이 또한 일반 외래어 표기 규정을 따라야 하지만, 고유 명사라는 특수성으로 인해 이에 대한 표기 기준이 따로 필요한 것이다.

3. 발음 변화에 따른 표준어

언어의 일반적 특징 가운데 '역사성'이 있다. 시간의 흐름에 따라 언어의 구성 요소인 '음운', '형태', '문법', '의미' 등이 변할 수 있다는 것이다. 표준어에 대한 개념의 변화도 이러한 양상에서 이해할 수 있다. 다만, 표준어는 단어의 하위 개념 중 하나로 문장을 구성하는 중심에 있는데, 그 형태는 발음의 영향을 크게 받는다. 표준어 사정 원칙의 제2장은 발음의 변화가 현저하여 기존 표준어를 다른 형태로 대체해야만 한 예를 제시하고 있다.

3.1. 자음과 관련한 발음의 변화

이에 해당하는 표준어 사정의 조항은 제3항(거센소리로 발음이 변한 형태)과 제4항(거센소리로 나지 않는 형태) 그리고 어원에서 멀어진 발음 형태로 굳어져 쓰이는 표준어(제5항)와 한 가지 형태로 통일해 쓰이는 표준어(제6항), 접두사 '수'에 대한 규정(제7항)으로 세분화되어 있다.

3.1.1. 살쾡이 : *삵괭이 – 제3항과 제4항의 표준어 규정

❶ 고양잇과11)의 포유류에 **살쾡이/삵괭이**가 있다.
❷ 발음이 [부어기]로 나기에 **부엌/부억**으로 표기한다.

---

11) 고유어 '고양이'와 한자어 '과(科)'의 합성어로 [고양이꽈/고양읻꽈]처럼 뒷말의 첫소리가 된소리로 나기에 사잇소리 현상의 적용을 받는다.

❶의 '삵괭이'는 [삭꽹이][12]로 발음되는데, 대부분의 사람들은 이를 [살쾡이]로 발음한다. 따라서 실제 발음과 동일한 형태의 '살쾡이'를 표준어로 사정하였다. 한편, ❷는 형식형태소 '-이'가 결합한 발음이 [부어기]로 난다는 점에서 앞말의 원형이 '부억'임을 예상할 수 있다. 왜냐하면 한글 맞춤법은 소리 나는대로 적는 것을 원칙으로 하기 때문이다. 그러나 이는 이 원칙에서 벗어난 것으로, 오래 전부터 '부엌'의 형태로 표기되어 왔기에 이를 표준어로 사정한 것이다.

예제 01 다음 중 올바른 표기를 찾고, 그 이유를 설명해보자.

1. 다음 보기의 빈 칸 / 간에 들어갈 알맞은 단어를 쓰시오.
2. 빈대 잡으려다 초가삼간 / 초가삼간 다 태운다.

❸ 내년 농사를 위해 가을갈이 / 가을카리를 해야 한다.
❹ 저, 거시기 / 거시키 죄송합니다만 길 좀 물어볼 수 있을까요?

❸, ❹의 표기와 관련한 표준어 규정 제4항은 다음과 같다.

제**4**항 다음 거센소리로 나지 않는 형태를 표준어로 삼는다.

ㄱ	ㄴ	비고
가을-갈이	가을-카리	
거시기	거시키	ㄱ을 표준어로 삼고, ㄴ을 버림.
분침	푼침	

이중, ❹의 표준어 '거시기'를 방언으로 생각하기 쉽다. 그러나 분명 사전에 등재되어 있는 표준어이다. 품사로는 '대명사'와 '감탄사'의 기능을 한다.

---

12) 한국어의 된소리 현상에 의한 발음이다. 즉 합성어 앞말의 받침 'ㄱ, ㄷ, ㅂ' 뒤에 뒷말의 첫 소리 'ㄱ, ㄷ, ㅂ, ㅅ, ㅈ'이 올 경우 뒷말을 'ㄲ, ㄸ, ㅃ, ㅆ, ㅉ'으로 발음하는 현상이다.

❹′ 어제 본 영화, 거시기 참 재미있었지?

예문 ❹의 '거시기'는 '하려는 말이 얼른 생각나지 않거나 바로 말하기가 거북할 때 쓰는 군소리'로 감탄사임에 반해, ❹′에서는 '이름이 얼른 생각나지 않거나 바로 말하기 곤란한 사람 또는 사물'을 가리키는 대명사로 쓰인 것이다.

3.1.2. 강낭콩 : *강남콩 – 제5항의 표준어 규정

❶ 중국 강남에서 온 콩이란 뜻으로 **강낭콩/강남콩**이라 한다.
❷ 이 아파트의 **사글세/삭월세**는 너무 비싸다.

❶의 바른 표기는 '강낭콩'이다. 그 어원이 분명한 말임에도 불구하고 '강남콩'으로 발음하지 않고, '강낭콩'으로 발음한다.[13] ❷ 역시 '월세'의 다른 말인 '삭월세'를 '朔月貰'의 뜻으로 잡아 '사글세'란 말과 함께 써 왔다. 그러나 이는 단순히 한자음만을 따온 것으로 "우리가 취할 올바른 태도가 아니다." 하여 표준어로 인정하지 않고 있다.

이처럼 제5항에서는 어원에서 멀어진 형태로 굳어져 널리 쓰이는 것을 표준어로 규정하고 있다.[14] 단, 어원적으로 원형에 더 가까운 형태가 아직 쓰이고 있는 경우에는, 그것을 표준어로 삼고 있다. 아래와 같다. (ㄱ을 표준어로 삼고, ㄴ을 버린다.)

---

13) '강남콩'(江南-)은 '남비'와 함께 이미 어원을 인식하지 않고 '강낭콩, 냄비'로 쓰이고 있는 언어 현실을 그대로 반영한 것이다.
14) 제5항에는 '고삿'과 '울력-성당'도 예시어로 제시되어 있다. '지붕을 이을 때에 쓰는 새끼'와 '좁은 골목이나 길'의 의미로 '고샅'만을 썼으나, 앞의 의미를 표현할 때에는 '고삿'을 표준어로 인정하였다. '울력-성당'(*위력-성당)은 '떼를 지어서 으르고 협박하는 일'을 의미한다.

ㄱ	ㄴ	비고
갈비	가리	~구이, ~찜, 갈빗-대
갓모	갈모	1. 사기 만드는 물레 밑고리 2. '갈모'는 갓 위에 쓰는 유지로 만든 우비
굴-젓	구-젓	
말-곁15)	말-겻	
물-수란16)	물-수랄	
밀-뜨리다17)	미-뜨리다	
적-이	저으기	적이-나, 적이나-하면
휴지	수지	

📢 **생각** 표준어 '적이'의 어원과 그 의미에 대해 알아보자. 그리고 한글 맞춤법의 일반적 원칙인 "본뜻에서 멀어진 형태는 원형을 밝혀 적지 않는다."는 조항과 관련하여 설명해보자.

ㄴ '적이'는 어원적으로 '적다'와 관련이 있다. 즉 '적다'의 어간 '적'에 접미사 '-이'가 결합된 말이다. 그러나 이의 오늘날 의미는 '적다'와 관련 없이, '꽤 어지간한 정도로'로 '많다'는 의미를 지니고 있다. 즉 본뜻에서 멀어진 형태임을 알 수 있다. 그래서 한 때 '저으기'가 널리 쓰이기도 하였다. 그러나 표준어 사정 원칙 해설에서는 '적이'와 '적다'의 관계를 부정할 수 없어 이것을 표준어로 인정하기로 하였다고 설명하고 있다.

3.1.3. 둘째 : *두째 – 제6항의 표준어 규정

❶ 2012년 올해는 한글 창제 566돌/돐이다.

❷ 이 자리를 빌려/빌어 감사의 말씀을 전합니다.

---

15) '말곁'은 '남이 말하는 옆에서 덩달아 참견하는 말'을 뜻한다.
16) '물수란'은 '달걀을 깨뜨려 그대로 끓는 물에 넣어 반쯤 익힌 음식'이라는 의미의 명사이다.
17) '밀뜨리다'는 "갑자기 힘 있게 밀어 버리다."는 의미이며, '밀트리다'와 유의어이다.

표준어 규정의 제6항은 두 가지 의미의 다른 형태로 사용하던 것을 한 가지 형태로 통일하였다. ❶의 '돌'은 '생일'로, '돐'은 '주기'의 의미로 구분해 사용했었다. 그러나 현행 표준어 규정에서는 이 둘을 구분하지 않고 '돌'로 표기하기로 한 것이다. ❷는 '빌리다'와 '빌다'로 구분이 되는데, 전자는 '借'와 '貸'의 의미를, 후자는 '乞'과 '祝'의 의미를 나타낸다. 따라서 '빌려'가 바른 표기가 된다.

🔊생각   '빌리다'와 관련한 단어 중 '임대'와 '임차'가 있다. 다음 문장을 통해 그 정확한 쓰임에 대해 알아보자.

> 예 이 건물의 1층을 임대해 커피 가게를 열면 어떨까?

> ↳ '임대'의 정확한 의미는 '일정한 대가를 받고 남에게 빌려준다'는 뜻이다. 그런데 위 문장의 의미는 내가 돈을 내고 빌려 쓴다는 것이므로 '임대'라는 단어는 맞지 않다. 즉 '임차'가 올바른 표기이다.

❸ 사람을 평가할 때에는 첫째도 <u>둘째/두째</u>도 인간성이다.

❸의 밑줄 친 것을 포함하여 '셋째/세째', '넷째/네째'에서의 올바른 표기는 '둘째, 셋째, 넷째'이다. 종전에 '두째, 세째'는 '차례'를, '셋째, 넷째'는 수량을 나타내는 것으로 구분하였지만, 구분의 실효성이 없어 모두 '셋째, 넷째'로 통일하였다. 그러나 '둘째' 앞에 십 단위 이상의 서수사가 쓰일 때에는 받침 'ㄹ'이 분명히 탈락하기 때문에 '열두째, 스물두째, 서른두째' 등으로 써야 한다.

3.1.4. 숫양 : *수양 – 제7항의 표준어 규정

❶ <u>수소/숫소</u>와 암소 한 쌍이 있다.
❷ <u>수탉/수닭</u>의 모습이 <u>암탉/암닭</u>보다 더 화려하다.

표준어 규정의 제7항은 접두사 '수'와 관련한 표기이다. 이는 '숫'과 자주 혼동을 일으키는 것으로 그 쓰임의 환경에 주의를 기울여야 한다. 원칙적으로 수컷을 이르는 접두사는 '수'로 통일하여 쓰기로 하였다. 따라서 ❶에서는 '수소'가 올바른 표기이며, '수꿩, 수놈, 수사돈[18], 수은행나무' 등으로 표기한다. ❷의 밑줄 친 올바른 표기는 각각 '수탉'과 '암탉'이다. 아래의 규정과 같다.

제7항 다만 1. 다음 단어에서는 접두사 다음에서 나는 거센소리를 인정한다. 접두사
'암-'이 결합되는 경우에도 이에 준한다.(ㄱ을 표준어로 삼고 ㄴ을 버림.)

ㄱ	ㄴ	비고
수-캉아지	숫-강아지	
수-캐	숫-개	
수-키와	숫-기와	
수-탕나귀	숫-당나귀	
수-톨쩌귀	숫-돌쩌귀	
수-퇘지	숫-돼지	
수-평아리	숫-병아리	

'수'와 '닭'의 결합 과정에서 '수탉'이 되는 것은 '수'의 원형이 '수ㅎ'이기 때문이다. 이러한 체언을 'ㅎ'종성 체언[19]이라 한다. 이들과 함께 '살코기', '안팎' 등에서도 'ㅎ'의 잔재를 확인할 수 있다.

🔊 생각 '수ㅎ'을 의식하고 다음 표기에 나타나는 특징에 대해 알아보자.

예 땅에는 많은 **수캐미**가 기어 다니고 하늘에는 **암펄**들이 날고 있다.

ㄴ '수'에 '개미'가 결합하고, '암'에 '벌'이 결합한 것으로 보면, 각각 '수캐미'와 '암펄'로 표기하는 것이 옳을 것 같다. 그러나 위의 규정에서 '암'과 '수'가 뒤의 평음(ㄱ, ㄷ, ㅂ)가 만나 거센소리가 되는 현상은 제시된 단어에 한정하고 있다. 따라서 '개미', '벌'과의 결합에서는 거센소리로 나타나지 않는다.

---

18) '수사돈'은 '사위 쪽의 사돈'이라는 의미이다.
19) '갈(刀), 나라(國), 나조(夕), 우(上)' 등이 해당한다.

예제 02 다음 중 올바른 표기를 찾고, 그 이유를 설명해보자.

1. 수양 / 숫양의 반대말은 암양이다.
2. 암염소의 반대말은 수염소 / 숫염소이다.

3.2. 모음과 관련한 발음의 변화

3.2.는 양성 모음의 음성 모음화에 따른 변화(제8항), 'ㅣ' 모음 역행 동화에 의한 표준어 규정(제9항)을 포함하여 이중모음의 단모음화에 의한 표준어(제10 항)와 그 외 모음의 발음 변화에 의한 규정(제11항) 그리고 '윗'과 관련한 표기 (제12항) 및 한자어 '구'와 관련한 규정(제13항)으로 구성되어 있다.

3.2.1. 깡충깡충 : *깡총깡총 - 제8항의 표준어 규정

❶ 산토끼가 깡충깡충/깡총깡총 뛰어 갑니다.
❷ 일곱 번 넘어져도 오뚝이/오똑이처럼 일어나라.

한국어의 모음은 그 성질에 따라 양성 모음과 음성 모음으로 구분한다. 양성 모음은 양성 모음과 결합하며, 음성 모음은 음성 모음과 결합하는 성질을 모음 조화라 한다.[20] 그러나 현대에 이르러 모음조화 현상은 한쪽의 양성 모음이 음성 모음으로 변하여 점차 붕괴되고 있다. ❶의 토끼가 뛰는 모습의 의태어는 모음조화 규칙에 따라 '깡총깡총'이었다. 그러나 양성 모음이던 발음이 음성 모음으로 바뀌어 이를 현실 발음으로 인정하게 된 경우이다. 따라서 '깡충깡충'이 바른 표기이다. ❷의 '오뚝이' 역시 명사나 부사에서 모두 '오뚝이'[21]를 표준어로

---

20) 모음조화 현상은 중세 국어 시기에 철저히 지켜지다가 후대로 내려오면서 의성어나 의태어 등과 같은 특수한 경우에서만 지켜지고 있다. 수돗물이 흐르는 소리를 음상이 밝은 대신 작 거나 적은 느낌을 주는 양성 모음끼리 만난 '졸졸'로 표현할 수도 있고, 어두운 대신 큰 느 낌을 갖는 음성 모음끼리 만난 '줄줄'로도 표현할 수 있다. 이는 '아장아장', '올망졸망' 등과 같은 의태어에서도 나타난다.

규정하였다.

제8항 양성 모음이 음성 모음으로 바뀌어 굳어진 다음 단어는 음성 모음 형태를 표
준어로 삼는다.(ㄱ을 표준어로 삼고, ㄴ을 버림.)

ㄱ	ㄴ	비고
깡충-깡충	깡총-깡총	큰말은 '껑충껑충'임.
-둥이	-동이	←童-이. 귀, 막-, 선-, 쌍-, 검-, 바람-, 흰
발가숭이	발가송이	센말은 '빨가숭이', 큰말은 '벌거숭이, 뻘거숭이'임.
보퉁이	보통이	
봉죽	봉족	←奉足. ~꾼, ~들다
뻗정-다리	뻗장-다리	
아서, 아서라	앗아, 앗아라	하지 말라고 금지하는 말
주추	주초	←柱礎. 주춧돌

위에서 '둥이', '봉죽', '주추'는 어원이 한자어 '童-이', '奉足', '柱礎'이지만 한자
어 원형을 의식하지 않고 모두 음성 모음화한 형태를 표준어로 규정하고 있다.
'아서, 아서라'의 경우는 '빼앗다'는 의미에서 멀어져 발음 나는 대로 적고(아사,
아사라) 그 다음에 음성 모음 형태를 취한 것이다.

✎ 예제 03 **다음 중 올바른 표기를 찾고, 그 이유를 설명해보자.**

1. 철수의 삼촌 / 삼춘은 오늘 미국으로 유학을 떠난다.
2. 사돈 / 사둔 댁의 결혼식에 부주 / 부조를 해야 하는데, 얼마나 할까?

---

21) 명사 '오뚝'에 접미사 '-이'가 결합한 파생어는 '오뚝이'가 옳다. 따라서 '오뚜기'로 잘못 쓰는
일이 없도록 주의해야 한다. 기업에서 사용하는 상표로서의 '오뚜기'는 '쌍용'처럼 고유명사
적 성격을 띠는 것으로 맞춤법의 예외적 현상으로 다룰 수 있다.

3.2.2. 아지랑이 : *아지랭이 - 제9항의 표준어 규정

❶ 아물아물 아지랑이/아지랭이가 피어오른다.
❷ 서울에서 태어나 자란 사람을 서울내기/서울나기라 한다.

❶과 ❷의 표기는 'ㅣ' 모음 역행 동화와 관련이 있다. 한국어에서 후설 모음
인 'ㅏ, ㅓ, ㅗ, ㅜ' 뒤에 전설 모음 'ㅣ'가 오게 되면 선행하는 후설 모음이 모두
전설 모음으로 변하는 성질이 있다. 그래서 'ㅐ, ㅔ, ㅚ, ㅟ'가 된다.[22] 이런 예로
'어미〉에미', '아비〉애비', '먹이다〉멕이다', '속이다〉쇡이다', '죽이다〉쥑이다'가 해
당한다. 다만 다른 동화 현상과 달리 이에 의한 발음은 원칙적으로 표준 발음
으로 인정하지 않으며, 표준어로 삼지도 않는다. 따라서 ❶과 ❷의 바른 표기가
'아지랑이'와 '서울나기'라고 생각할 수 있다. 그러나 '아지랑이'는 표준어이지만
'서울나기'는 표준어로 인정받지 못한다.

제9항　'ㅣ' 역행 동화 현상에 의한 발음은 원칙적으로 표준 발음으로 인정하지 아
니하되, 다만 다음 단어들은 그러한 동화가 적용된 형태를 표준어로 삼는
다.(ㄱ을 표준어로 삼고, ㄴ을 버림.)

ㄱ	ㄴ	비고
-내기	-나기	서울-, 시골-, 신출-, 풋-
냄비	남비	
동댕이-치다	동당이-치다	

[붙임1] 다음 단어는 'ㅣ' 역행 동화가 일어나지 아니한 형태를 표준어로 삼는다.
(ㄱ을 표준어로 삼고, ㄴ을 버림.)

ㄱ	ㄴ	비고
아지랑이	아지랭이	

---

22) 동화의 방향은 역행 동화에 해당한다. 왜냐하면 뒤에 오는 'ㅣ' 모음에 의해 선행 모음이 바
뀌기 때문이다.

❸ 미장이, 유기장이, 양복장이, 옹기장이
❹ 멋쟁이, 개구쟁이, 골목쟁이, 소금쟁이

'-장이'의 'ㅣ' 모음 동화에 의한 형태는 '-쟁이'인데, 이 둘은 그 쓰임의 차이에 의해 모두 표준어로 인정하고 있다. 즉 '-장이'는 '匠人'의 뜻이 살아 있는 것으로 수공업적인 기술자를 의미하는 접미사로 기능하며, 그 외의 경우에는 '-쟁이'를 사용하도록 하였다.

🔊 **생각** 접미사 '-장이'와 '-쟁이'의 기능적 차이를 염두에 두고, 아래 두 표현 중 올바른 표기를 찾고, 그 이유에 대해 알아보자.

> **예** 환장이/환쟁이, 점장이/점쟁이
>
> ↳ 예제의 올바른 표기는 각각 '-쟁이'가 사용된 '환쟁이'와 '점쟁이'이다. 그림을 그리는 사람과 점을 치는 사람으로 특별한 기술이 필요한 것은 틀림 없지만, 이러한 기술이 '-장이'가 결합할 수 있는 수공업적인 기술이라고는 할 수가 없기 때문이다.

3.2.3. 으레 : *으례 – 제10항, 제11항의 표준어 규정

❶ 그는 하루 일을 마치면 <u>으레/으례</u> 술을 한 잔 한다.
❷ 이 옷은 집에서 편하게 입는 <u>허드레/허드래</u> 옷이다.

밑줄 친 ❶의 문맥상 의미는 '두말할 것 없이 당연히', '틀림없이 언제나'로, 표준어는 '의레'만을 인정한다. 이 단어는 '의례'(依例)에서 '으례'로 되었다가 이중모음의 단모음화 과정을 거친 것이다.

제10항 다음 단어는 모음이 단순화한 형태를 표준어로 삼는다.(ㄱ을 표준어로 삼고, ㄴ을 버림.)

ㄱ	ㄴ	비고
괴팍-하다	괴퍅-하다/괴팩-하다	
-구면	-구면	
미루-나무	미류-나무	←美柳~
미륵	미력	←彌勒. ~보살, ~불, 돌~
여느	여늬	
온-달	왼-달	만 한 달
케케-묵다	켸켸-묵다	
허우대	허위대	
허우적-허우적	허위적-허위적	허우적-거리다

표준어 규정 제11항에서는 제8항부터 제10항에 속하기 어려운 모음 변화를 다루고 있다. ❷의 '허드레'는 모음의 발음 변화를 인정하여 발음이 바뀌어 굳어 진 형태인 '허드레'를 표준어로 인정하고 있다.

제11항 다음 단어에서는 모음의 발음 변화를 인정하여, 발음이 바뀌어 굳어진 형태 를 표준어로 삼는다.(ㄱ을 표준어로 삼고, ㄴ을 버림.)

ㄱ	ㄴ	비고
-구려	-구료	
깍쟁이[23]	깍정이	1. 서울~, 알~, 찰~ 2. 도토리, 상수리 등의 받침은 '깍 정이'임.
나무-라다	나무-래다	
미수	미시	미숫-가루
바라다	바래다	'바램(所望)'은 비표준어임.[24]
상추	상치	~쌈
시러베-아들	실업의-아들	
주책	주착	←主着. ~망나니, ~없다
지루-하다	지리-하다	←支離
튀기	트기	
호루라기	호루루기	

🔊 **생각** 일상 언어생활에서 '주책'과 관련하여 다음과 같은 표현을 자주 사용한다. 이의 문법적 오류에 대해 알아보자.

> 예 **"사람이 나이가 드니 주책없다/주책이다."**

> ↳ 표준어 규정 제11항에 의해 표준어는 '주책'이다. 이는 한자어 '주착(主着)'을 어원으로 삼지만 이 한자어 어원을 버리고 발음이 변한 형태를 표준어로 삼고 있다. 이와 관련한 '주책없다'와 '주책이다' 중 표준어는 '주책없다'이다. '주책'의 사전적 의미는 '일정하게 자리 잡힌 주장이나 판단력'으로 '일정한 줏대 없이 되는대로 하는 사람을 가리킬 때는 '주책없다'라고 표현해야 한다.

3.2.4. 위 : 윗 : 웃 – 제12항의 표준어 규정

❶ 웃입술/윗입술/위입술에 상처가 덧났다.
❷ 위짝/웃짝/윗짝에 가서 철수를 데리고 오너라.
❸ 날씨가 추워서 윗옷/위옷/웃옷을 걸쳐 입었다.

혼란이 많은 것 중 하나로, '위', '윗', '웃'을 들 수 있다. 이 중, '윗'은 명사 '위'의 사잇소리 현상과 관련이 있는 반면, '웃'은 그런 관련성을 찾기 어렵다. 따라서 원칙적으로 '윗'과 '웃'의 기본적 표기는 '윗'으로 정하고 있다. 따라서 ❶에서의 바른 표기는 '윗입술'이다.

---

23) '이기적이고 인색한 사람' 내지 '아주 약빠른 사람'을 의미한다.
24) '소망'의 의미를 지니는 '바라다'가 표준어인 관계로 비표준어 형태의 어간 '바래'에 명사형 어미 '-ㅁ'이 결합한 형태 역시 비표준어이다. 구어에서도 "나도 네가 합격하기를 *바래/바랬다." 역시 '바라/바랐다'가 올바른 표현이다. 그러나 '색이 변하다'란 의미의 '바래다'는 명사형이 '바램'이다.

제12항 '웃' 및 '윗'은 명사 '위'에 맞추어 '윗'으로 통일한다.(ㄱ을 표준어로 삼고, ㄴ을 버림.)

ㄱ	ㄴ	비고
윗-넓이	웃-넓이	
윗-눈썹	웃-눈썹	
윗-니	웃-니	
윗-당줄25)	웃-당줄	
윗-도리	웃-도리	
윗-동아리	웃-동아리	준말은 '윗동'임.
윗-막이	웃-막이	
윗-머리	웃-머리	
윗-목	웃-목	
윗-몸	웃-몸	~운동
윗-바람	웃-바람	
윗-배	웃-배	
윗-벌	웃-벌	
윗-변	웃-변	수학 용어
윗-사랑	웃-사랑	
윗-세장26)	웃-세장	
윗-수염	웃-수염	
윗-잇몸	웃-잇몸	
윗-자리	웃-자리	
윗-중방27)	웃-중방	

'윗넓이'[윈널비], '윗눈썹'[윈눈썹], '윗니'[윈니], '윗잇몸'[윈닌몸]은 합성어 사이에서 [ㄴㄴ] 발음이 덧나고, '윗막이'[윈마기], '윗머리'[윈머리], '윗목'[윈목], '윗몸'[윈몸]은 [ㄴ]음이 첨가 발음되기에 사잇소리 'ㅅ'을 첨가한 것이다. 나머지 단어들은 모두 뒷말의 첫소리가 된소리로 발음된다.

---

25) '망건당에 꿴 당줄'을 의미한다. 이는 '아래'와 '위'의 대립이 있는 단어로 '위+당줄'의 구조에서 뒷말의 첫소리가 된소리로 발음([위땅쭐/윋땅쭐])될 때 사잇소리를 첨가한다는 규칙에 의해 '윗당줄'이 표준어가 된다.
26) '지게나 걸채 따위에서 윗부분에 가로질러 박은 나무'를 뜻한다. 된소리 발음 [위쎄장/윋쎄장]으로 사잇소리 현상이 적용된다.
27) '창문 위 또는 벽의 위쪽 사이에 가로지르는 인방'을 뜻하는 것으로, '상인방'(上引枋)과 같은 말이다. [위쭝방/윋쭝방]으로 발음한다.

❷의 '위짝, 웃짝, 윗짝'은 명사 '위'와 '짝'이 만난 것으로, 사잇소리 현상이 일어날 수 없는 조건이다. 뒷말 자체가 된소리이거나 거센소리인 경우에는 어떤 말과 결합하더라도 된소리화가 일어날 수 없기 때문이다. 따라서 '위짝'으로 써야 한다. '쪽, 채, 층, 치마, 턱, 팔'은 모두 '위'와 결합한다.

❶과 ❷처럼 '위'와 '아래'의 대립이 분명한 말의 경우는 사잇소리 현상의 적용 여하에 따라 '위'와 '윗'을 구별해 사용하면 된다. 그러나 제12항처럼 원칙적으로 '윗'으로 쓴다고 규정한 것은 '위-'가 된소리나 거센소리와 결합하는 경우가 많지 않아 일반적이지 않기 때문이다. 반면 '위'와 '아래'의 대립으로 볼 수 없는 단어들은 '웃-'으로 발음되는 형태를 표준어로 삼고 있다. 따라서 ❸의 경우는 '웃옷'으로 표기해야 한다. 여기서의 '웃옷'은 아래에 입는 바지와 대립되는 '윗옷'을 의미하는 것이 아니라 '겉에 입는 옷'의 의미를 지니고 있다.

제12항 다만 2. '아래, 위의 대립이 없는 단어는 '웃-'으로 발음되는 형태를 표준어로 삼는다.(ㄱ을 표준어로 삼고, ㄴ을 버림.)

ㄱ	ㄴ	비고
웃-국[28]	윗-국	
웃-기[29]	윗-기	
웃-돈	윗-돈	
웃-비[30]	윗-비	~걷다
웃-어른	윗-어른	

3.2.5. 대구법 : *대귀법 – 제13항의 표준어 규정

❶ 이 시는 대구법/대귀법(對句法)을 사용해 주제를 강조하고 있다.

❷ 이 논어의 글구/글귀(글-句)가 내 마음에 와 닿는다.

---

28) '간장이나 술 따위를 담가서 익힌 뒤에 맨 처음에 떠낸 진한 국'을 나타낸다.
29) '떡, 포, 과일 따위를 괸 위에 모양을 내기 위하여 얹는 재료'로, '주악, 화전' 따위가 있다.
30) '아직 우기(雨氣)는 있으나 한창 내리다가 그친 비'를 의미한다.

한자어 '구'(句)를 '구'로 읽고 표기할 것인가 아니면 '귀'로 읽고 표기할 것인가에 대해 표준어 규정에서는 이를 '구'로 통일하여 쓰기로 정하였다. 따라서 ❶은 '대구법'이 옳은 표현이며, '구절'도 이의 적용을 받는 예이다. 그러나 한자어 '句'를 '구'가 아닌 '귀'로 표기하는 단어가 있다. ❷의 '글귀'를 포함하여 '귀-글31)'에서는 '귀'를 예외적으로 인정하고 있음에 주의해야 한다. 한자어 '句'의 뜻풀이를 보면, '글귀 구'라고 되어 있다.

3.3. 준말과 본말 사이에서의 표준어 규정

준말과 본말의 관계 속에서 어느 하나가 우세하게 널리 사용되는 것을 표준어로 규정하고 있다. 즉 준말을 표준어로 인정하는 경우(제14항), 본말을 표준어로 인정하는 경우(제15항) 그리고 준말과 본말 모두를 표준어로 인정하는 경우(제16항)에 대해 규정하고 있다.

3.3.1. 무 : *무우 - 제14항의 표준어 규정

❶ 배가 고파 밭에서 <u>무/무우</u>를 뽑아 먹었다.
❷ 물독에 빠진 <u>생쥐/새앙쥐</u> 꼴 같다.

❶의 본래 말은 2음절어인 '무우'였다. 그러나 오늘날에는 이의 준말인 '무'가 널리 쓰이고 있어 이를 표준어로 사정한 것이다. ❷의 '새앙쥐' 역시 "고양이 죽 쑤어 줄 것 없고 <u>새앙쥐</u> 볼가심할 것 없다."는 속담32)에서 찾아볼 수 있지만, 더 이상 이는 표준어로 인정받지 못하고 있다.

---

31) 한시(漢詩) 따위에서 두 마디가 한 덩이씩 되도록 지은 글을 의미한다. 그 한 덩이를 '구'(句)라 하고 각 마디를 '짝'이라 하는데, 앞마디를 안짝, 뒷마디를 바깥짝이라고 한다.
32) "고양이가 먹을 얼마 안 되는 죽을 쑤어 줄 만한 거리도 없고 조그만 생쥐가 볼가심할 만한 양식도 없다."는 뜻으로, '너무 가난해서 아무것도 먹을 것이 없음'을 비유적으로 이르는 말이다.

제14항 준말이 널리 쓰이고 본말이 잘 쓰이지 않는 경우에는, 준말만을 표준어로 삼는다.(ㄱ을 표준어로 삼고, ㄴ을 버림.)

ㄱ	ㄴ	비고
귀찮다	귀치 않다	
김	기음	~매다
똬리	또아리	
미다	무이다	1. 털이 빠져 살이 드러나다. 2. 찢어지다
뱀	배암	
뱀-장어	배암-장어	
빔	비임	설~, 생일~
샘	새암	~바르다, ~바리[33)
솔개	소리개	
온-갖	온-가지	
장사-치	장사-아치	

3.3.2. 귀이개 : *귀개 – 제15항의 표준어 규정

❶ 귀가 간지러워 <u>귀이개/귀개</u>로 귀지를 팠다.

❷ 밤나무 밑에 지난 비에 떨어진 알밤이 <u>수두룩하다/수둑하다</u>.

표준어의 제15항은 제14항과 반대로 본말에 대응하는 준말이 쓰이고는 있지만 본말의 세력만큼 준말 형태의 쓰임이 적기 때문에 본말만을 표준어로 인정하고 있다. 따라서 ❶과 ❷는 본말인 '귀이개'와 '수두룩하다'가 표준어이다. [붙임]에서는 "다음과 같이 명사에 조사가 붙은 경우에도 이 원칙을 적용한다."고 하여 아래의 예를 들고 있다.

---

33) '샘바르다'는 '샘이 심하다'는 의미이며, '샘바리'는 명사로 '샘이 많아서 안달하는 사람'을 뜻한다.

ㄱ	ㄴ	비고
아래-로	알로	ㄱ을 표준어로 삼고, ㄴ을 버림.

3.3.3. 외우다 : 외다 – 제16항의 표준어 규정

❶ 저녁노을/저녁놀의 경치가 참 아름답다.
❷ 철수는 내일 시험을 위해 영어 단어를 외우다/외다.

❶의 '저녁노을'과 '저녁놀'은 본말과 줄임말의 관계에 있으며, ❷ 또한 동일한 관계에 있다. 앞의 제14항과 제15항에 따르면 이 중 널리 쓰이는 형태 하나를 표준어로 규정해야 할 것이다. 그러나 이들 단어들은 본말과 준말 모두를 표준어로 삼고 있다. 왜냐하면 두 형태 모두 다 널리 쓰이고 있어 어느 하나를 버릴 수가 없기 때문이다.

> **제16항** 준말과 본말이 다 같이 널리 쓰이면서 준말의 효용이 뚜렷이 인정되는 것은, 두 가지를 다 표준어로 삼는다.(ㄱ은 본말이며, ㄴ은 준말임.)
>
> | ㄱ | ㄴ | 비고 |
> |---|---|---|
> | 거짓부리 | 거짓불 | 작은말은 '가짓부리, 가짓불'임 |
> | 막대기 | 막대 | |
> | 망태기 | 망태 | |
> | 석새-삼베[34] | 석새-베 | |
> | 사-누이 | 사-뉘/사-누 | |
> | 오-누이 | 오-뉘/오-누 | |
> | 이기죽-거리다[35] | 이죽-거리다 | |
> | 찌꺼기 | 찌기 | '찌꺽지'는 비표준어임. |

---

34) '240올의 날실로 짠 베'라는 뜻으로, 성글고 굵은 베를 이르는 말이다.
35) "자꾸 밉살스럽게 지껄이며 짓궂게 빈정거리다."는 의미를 지닌다.

예제 04 다음 중 올바른 표기를 찾고, 그 이유를 설명해보자.

1. 지난주에는 고향에 머물러/ 머물러 있었다.
2. 영어 단어를 많이 외워/ 외어 작문이 쉬웠다.

3.4. 봉숭아 : *봉숭화 - 단수 표준어

비슷한 발음을 지닌 두 가지 이상의 형태가 사용될 때, 더 일반적으로 쓰이는 형태 하나만을 표준어로 삼아 표기의 혼란을 방지하고자 단수 표준어를 규정하고 있다.

❶ 밥을 먹으려고/먹을려고 식당에 갔다.
❷ 딸의 손가락에 봉숭아/봉숭화 물을 들였다.
❸ 이 건물은 천장/천정이 매우 높다.

❶의 밑줄 친 형태는 어간 '먹-'에 어미 '-(으)려고'와 '-(으)ㄹ려고'가 결합한 것으로 볼 수 있다. 그러나 '의도'의 의미를 지니는 어미는 '(으)려고'만을 단수 표준어로 인정한다. 따라서 '집에 갈려고 버스를 탔다.'에서의 '갈려고' 역시 '가려고'로 표기해야 한다. ❷ 역시 두 단어 중 한 단어, 즉 '봉숭아'만을 단수 표준어로 정하고 있다.[36] ❸에서는 '천장'(天障)이 표준어[37]이다. 대표적인 단수 표준어는 아래와 같다.

---

36) '봉숭아'와 함께 '봉선화' 역시 현행 표준어로 인정받고 있다.
37) "물가 따위가 한없이 오른다."는 의미의 한자성어는 '천정부지(天井不知)'이다.

제17항 비슷한 발음의 몇 형태가 쓰일 경우, 그 의미에 아무런 차이가 없고, 그 중 하나가 더 널리 쓰이면, 그 한 형태만을 표준어로 삼는다.(ㄱ을 표준어로 삼고, ㄴ을 버림.)

ㄱ	ㄴ	비고
꼭두-각시	꼭둑-각시	
냠냠-이	얌냠-이	
던	든	선택, 무관의 뜻을 나타내는 어미는 '-든'임. 가든(지) 말든(지), 보든(가) 말든(가)
상-판대기	쌍-판대기	
-습니다[38]	-읍니다	
짓무르다	짓물다	

예제 05 **다음 중 올바른 표기를 찾고, 쓰이는 환경의 특징을 설명해보자.**

1. 셋 - 사과 세 개 - 금 세/서/석 돈 - 쌀 세/서/석 섬
2. 넷 - 사과 네 개 - 금 네/너/넉 돈 - 쌀 네/너/넉 섬

3.5. 쇠고기 : 소고기 - 복수 표준어

이는 바로 앞의 단수 표준어와는 반대로 비슷한 발음을 가진 두 형태가 다 널리 쓰이는 것들이라는 이유로 모두 표준어로 삼는다.

---

38) 종래에는 '-습니다'를 '-읍니다'보다 더 깍듯한 표현이라 하여 둘 다 표준어로 인정했었다. 그러다가 일반 구어에서 '-습니다'가 훨씬 널리 쓰인다고 하여 종결어미를 '-습니다' 하나로 통일하였다. 이와 연관시켜 '있다', '없다'의 명사형을 '있슴, 없슴'으로 표기하는 오류를 범하는데, 용언의 명사형 어미는 변함 없이 '-(으)ㅁ'이므로 '있음, 없음'이 바른 표기이다.

❶ 밥 먹었니? - 네/예, 먹었습니다.
❷ 북한에서는 아무 때나 <u>쇠고기/소고기</u>를 먹을 수 없다.

❶의 밑줄 친 단어는 질문에 대한 긍정의 대답어이다. '예'만을 표준어로 인정하던 것과 달리 '네'가 보편적 쓰임으로 자리 잡으면서 '예'와 함께 쓰기로 결정한 것이다. ❷ 역시 전통적 표현의 '쇠고기'에 '소고기'를 표준어로 추가한 것이다. 아래 예문의 밑줄 친 단어들도 복수 표준어의 자격을 지닌다.

❸ 하수가 막혀 물이 <u>괴다/고이다</u>.
❹ 강의실이 답답해 바람을 <u>쐬다/쏘이다</u>.
❺ 느슨해진 나사를 <u>죄다/조이다</u>.

이 밖에 '꾀다/꼬이다', '쐬다/쏘이다' 등도 이에 포함한다. 한편 제19항에서는 "어감의 차이를 나타내는 단어 또는 발음이 비슷한 단어들이 다 같이 널리 쓰이는 경우에는, 그 모두를 표준어로 삼는다."고 하였다.

ㄱ	ㄴ	비고
고까	꼬까	~신, ~옷
고린-내	코린-내	
교기(驕氣)	갸기	교만한 태도
구린-내	쿠린-내	
꺼림-하다	께름-하다	
나부랭이	너부렁이	

이 중 '나부랭이/너부렁이'에서 '너부렁이'를 '나부랭이'에 견주어 '너부렝이'로 처리하지 않은 것은 언어 현실이 아직 거기까지 이르지 않은 것으로 판단하였기 때문이다(국어 어문 규정집, 217 참조).

4. 어휘 선택의 변화에 따른 표준어

언어의 역사성을 전제로 한다면 언어의 한 구성 요소인 어휘(표준어) 역시 변할 수 있음을 예측할 수 있다. 그 첫 번째로 제2장에서는 발음의 변화에 의한 표준어 규정에 대해 살피고 있다. 이에 반해 제3장에서는 어휘적으로 형태를 달리하는 단어들을 사정의 대상으로 삼고 있다.

4.1. 설거지 : *설겆이 – 고어와 신어의 처리

❶ 식사를 다 하고 나서 **설거지/설겆이**하다.
❷ **애닲은/애달픈** 사연을 듣고 눈물이 앞을 가렸다.

❶의 밑줄 친 단어 중 '설겆이'는 종전에 표준어로 취급하였던 것이다. 그러나 이는 '설겆어라, 설겆으니' 등으로 활용하지 않기에 어간 '설겆-'을 설정할 수 없다. 이에 따라 명사형은 '설거지'이며, 이에 '-하다'가 붙어 서술어로 기능하고 있다. ❷의 '애닲다' 역시 '애닲으니, 애닲은' 등으로 활용되지 않기에 이를 고어로 처리하고 '애달파서, 애달프니'로 활용하는 '애달프다'를 표준어로 삼았다.

제20항 사어(死語)가 되어 쓰이지 않게 된 단어는 고어로 처리하고, 현재 널리 사용되는 단어를 표준어로 삼는다.(ㄱ을 표준어로 삼고, ㄴ을 버림.)

ㄱ	ㄴ	비고
난봉	봉	
낭떠러지	낭	
오동-나무	머귀-나무39)	
자두	오얏40)	

4.2. 총각무 : *알타리무 - 한자어와 고유어계의 처리

한국어의 체계 속에는 많은 외래어가 포함되어 있는데, 그 중 상당 부분이 한자어이다. 우리의 국자(國字)가 없었던 시절 한자를 빌려와 문자 생활을 했기 때문이다. 따라서 고유어와 한자어가 동일한 의미를 지니는 경우가 많은데 이 때 이 둘 중 어떤 것을 표준어로 삼을 것인가 하는 문제가 있다. 국어 순화라는 측면에서 같은 의미라면 고유어를 쓰도록 하는 것이 옳겠지만 표준어의 규정에 있어서 단순히 고유어라는 이유만으로 표준어로 사정할 수 없는 것이고, 또한 한자어라는 이유만으로 표준어에서 배제되어서는 안 되는 것이다. 표준어 규정 제21항과 제22항이 고유어 계열의 표준어와 한자어 계열의 표준어에 대해 사정하고 있다.

제21항의 한자어들은 우리 국어 생활에서 그 쓰임을 보기 어렵기 때문에 정리된 것이다. 반면 이에 대응하는 고유어 계열이 더 자연스러운 국어로 느껴져 표준어로 사정한 것이다. 그러나 제22항은 고유어라도 언어 생활에서 생명을 잃은 것들을 버리고, 그에 짝이 되는 한자어만을 표준어로 삼았다.

---

39) '머귀-나무'는 '오동나무'의 뜻으로는 버리나, '운향과에 딸린 갈잎 큰키 나무'의 뜻으로는 표준어다.
40) 한자어 '李'(오얏 리)의 뜻풀이에 '오얏'의 형태가 보이나 현대 국어에서는 고어로 처리한 것이다.

제21항 고유어 계열의 단어가 널리 쓰이고 그에 대응하는 한자어 계열의 단어가 용도를 잃게 된 것은, 고유어 계열의 단어만을 표준어로 삼는다.(ㄱ을 표준어로 삼고, ㄴ을 버림.)

ㄱ	ㄴ	비고
가루-약	말-약	
구들-장	방-돌	
길품-삯	보행-삯	
까막-눈	맹-눈	
꼭지-미역41)	총각-미역	
나뭇-갓42)	시장-갓	
늙-다리	노닥다리	
두껍-닫이43)	두껍-창	
떡-암죽44)	병-암죽	
마른-갈이45)	건-갈이	
마른-빨래	건-빨래	
메-찰떡	반-찰떡	
박달-나무	배달-나무	
밥-소라	식-소라	큰 놋그릇
사래-논	사래-답	묘지기나 마름이 부쳐 먹는 땅
사래-밭	사래-전	
삯-말	삯-마	
성냥	화곽	
솟을-무늬	솟을-문(紋)	
외-지다	벽-지다	
움-파46)	동-파	
잎-담배	잎-초	
잔-돈	잔-전	
조-당수47)	조-당죽	
죽데기48)	피-죽	'죽더기'도 비표준어임.
지겟-다리	목-발49)	지게 동발의 양쪽 다리
짐-꾼	부지-군(負持)	
푼-돈	분전/푼전	
흰-말	백-말/부루-말	'백마'는 표준어임.
흰-죽	백-죽	

41) 한 줌 안에 들어올 만큼을 모아서 잡아맨 미역이다.
42) 산의 나무나 풀 따위를 함부로 베지 못하게 단속하는 땅이나 산을 의미한다.
43) 미닫이를 열 때, 문짝이 옆벽에 들어가 보이지 아니하도록 만든 것이다.

제22항 고유어 계열의 단어가 생명력을 잃고 그에 대응되는 한자어 계열의 단어가 널리 쓰이면, 한자어 계열의 단어를 표준어로 삼는다.(ㄱ을 표준어로 삼고, ㄴ을 버림.)

ㄱ	ㄴ	비고
개다리-소반	개다리-밥상	
겸-상	맞-상	
고봉-밥50)	높은-밥	
단-벌	홑-벌	
마방-집51)	마바리-집	馬房~
민망-스럽다/면구-스럽다	민주-스럽다	
방-고래52)	구들-고래	
부항-단지	뜸-단지	
산-누에	멧-누에	
산-줄기	멧-줄기/멧-발	
수-삼	무-삼	
심-돋우개53)	불-돋우개	
양-파	둥근-파	
어질-병	어질-머리	
윤-달	군-달	
장력-세다54)	장성-세다	
제석55)	젯-돗	
총각-무	알-무/알타리-무	
칫-솔	잇-솔	
포수	총-댕이	

---

44) 말린 흰무리(멥쌀 가루로 만든 시루떡)를 빻아서 만든 죽이다.
45) 마른논에 물을 넣지 않고 논을 가는 일을 뜻한다.
46) 겨울에 움 속에서 자란, 빛이 누런 파이다.
47) 좁쌀을 물에 불린 다음 갈아서 묽게 쑨 음식이다.
48) 통나무의 표면에서 잘라 낸 널조각. 주로 땔감으로 쓴다.
49) '지겟다리'의 동의어인 한자어 '목발'은 비표준어이지만, '다리가 불편한 사람이 겨드랑이에 끼고 걷는 지팡이'의 표준어는 '목발'이다.
50) 그릇 위로 수북하게 높이 담은 밥이다.
51) 말을 두고 삯짐 싣는 일을 업으로 하는 집을 뜻한다.
52) 방의 구들장 밑으로 나 있는, 불길과 연기가 통하여 나가는 길이다.
53) 등잔의 심지를 돋우는 쇠꼬챙이를 의미한다.
54) 씩씩하고 굳세어 무서움을 타지 아니하다.
55) 제사를 지낼 때 까는 돗자리이다.

4.3. 애순 : 어린순 - 방언의 표준어

❶ 우렁쉥이와 멍게 두 단어 모두 표준어이다.
❷ 빈대떡과 빈자떡 중 어느 것이 표준어일까?

❶은 문장의 설명 그대로 '우렁쉥이'와 '멍게' 모두 표준어로 인정한다. 원래 표준어는 '우렁쉥이'였으나 방언인 '멍게' 또한 널리 쓰이면서 표준어 자격을 획득한 경우이다. ❷에서는 표준어였던 '빈자떡'이 '빈대떡'에 완전히 밀려 사용되지 않자 방언이던 '빈대떡'만을 표준으로 삼은 것이다.

제23항 방언이던 단어가 표준어보다 더 널리 쓰이게 된 것은, 그것을 표준어로 삼는다. 이 경우, 원래의 표준어는 그대로 남겨 두는 것을 원칙으로 한다.(ㄱ을 표준어로 삼고, ㄴ도 표준어로 남겨 둠.)

ㄱ	ㄴ	비고
물-방개	선두리	
애-순	어린-순	

제24항 방언이던 단어가 널리 쓰이게 됨에 따라 표준어이던 단어가 안 쓰이게 된 것은, 방언이던 단어를 표준어로 삼는다.(ㄱ을 표준어로 삼고, ㄴ을 버림.)

ㄱ	ㄴ	비고
귀밑-머리	귓-머리	
까-뭉개다	까-무느다	
막상	마기	
생인-손56)	생안-손	준말은 '생-손'임.
역-겹다	역-스럽다	
코-주부	코-보	

---

56) 한의학에서 손가락 끝에 종기가 나서 곪는 병을 의미한다.

4.4. 붉으락푸르락 : *푸르락붉으락 – 단수 표준어

❶ 공원 내에서 <u>담배꽁초/담배꽁추</u>를 버리면 과태료를 문다.
❷ 화가 나면 얼굴색이 <u>붉으락푸르락/푸르락붉으락</u> 한다.

❶의 밑줄 친 두 단어는 의미가 동일하다. 이럴 경우, 어느 하나가 압도적으로 널리 쓰이면 그것을 표준어로 정하게 되는데, '담배꽁초'가 이에 해당한다. 따라서 '담배꽁추'는 표준어로 정하지 않는다. ❷는 단순히 순서만 뒤바뀐 것으로 둘 다 표준어로 인정할 수 있을 듯하지만 '붉으락푸르락' 형태만 표준어에 해당한다. 이와 유사한 형태의 '오락가락'이나 '들락날락'이 '가락오락'이나 '날락들락'이 되지 못하는 것처럼 이런 종류의 합성어에 일정한 어순이 있는 까닭에 널리 쓰이는 '붉으락푸르락'만을 인정한 것이다.

🔊 생각 **단수 표준어와 관련해 다음 문장의 비문법성에 대해 알아보자.**

> 예 철수에게 무슨 일 있니? 왜 저렇게 **안절부절해**.
>
> ↳ 단수 표준어 제25항에 '안절부절못하다'와 '안절부절하다'가 제시되어 있으며, 이 중 표준어로 규정하고 있는 것은 '안절부절못하다'이다. 즉 '마음이 초조하고 불안하여 어찌할 바를 모르다.'는 의미를 표현할 때에는 '안절부절못하다'로 표현해야 한다.

예제 06 표준어에 해당하는 것에 ○표 하시오.

┌ 고치다　　(　)	┌ 광주리　　(　)	┌ 길잡이　　(　)
└ 낫우다　　(　)	└ 광우리　　(　)	├ 길앞잡이　(　)
		└ 길라잡이　(　)
┌ 까다롭다　(　)	┌ 까치발　　(　)	┌ 등나무　　(　)
└ 까탈스럽다(　)	└ 까치다리　(　)	└ 등칡　　　(　)
┌ 며느리발톱(　)	┌ 부각　　　(　)	┌ 부스러기　(　)
└ 뒷발톱　　(　)	└ 다시마자반(　)	└ 부스럭지　(　)
┌ 부지깽이　(　)	┌ 빙충이　　(　)	┌ 샛별　　　(　)
└ 부지팽이　(　)	└ 빙충맞이　(　)	└ 새벽별　　(　)
┌ 선머슴　　(　)	┌ 손목시계　(　)	┌ 술고래　　(　)
└ 풋머슴　　(　)	└ 팔목시계　(　)	└ 술푸대　　(　)
┌ 알사탕　　(　)	┌ 암내　　　(　)	┌ 애벌레　　(　)
└ 구슬사탕　(　)	└ 곁땀내　　(　)	└ 어린벌레　(　)
┌ 열심히　　(　)	┌ 쥐락펴락　(　)	┌ 짓고땡　　(　)
└ 열심으로　(　)	└ 펴락쥐락　(　)	└ 지어땡　　(　)

4.5. 여쭙다 : 여쭈다 – 복수 표준어

❶ 그는 부모를 잃은 **가엾은/가여운** 아이를 입양했다.

❷ 타향살이의 신세에 **서럽게/섧게** 울었다.

❸ 궁금한 것이 생기면 웃어른께 **여쭈어/여쭈워** 보아라.

　발음 변화로 인한 두 형태의 단어가 널리 쓰이게 되면 모두를 복수 표준어로 인정했듯이 어휘 변화로 두 형태가 널리 쓰이면 역시 복수 표준어로 인정한다. ❶에서는 '가엾다'와 '가엽다'가 복수 표준어의 자격을 갖추고 있다. '가엾은'은 어간 '가엾-'에 관형사형 어미 '-은'이 결합한 활용형이며, '가여운'은 어간 '가엽-'에 모음의 관형사형 어미 '-은'이 결합해 'ㅂ' 불규칙 활용[57]을 한 것이다. ❷는

---

57) 양성 모음 아래의 어간 받침 'ㅂ'이 모음의 어미와 결합하면 '오'로 활용한다. 예를 들면, '곱+

'서럽다'와 '섧다'가 복수 표준어 관계에 있으며, ❸은 '여쭈다'와 '여쭙다'가 복수 표준어이다.

❹ 설거지를 하던 중 접시를 <u>깨뜨렸다/깨트렸다.</u>
❺ 호박이 <u>넝쿨/덩굴/덩쿨째</u> 굴러 왔다.

❹의 밑줄 친 단어의 구조는 어간 '깨-'를 중심으로 선어말어미 '-뜨리-'와 '-트리-', 과거의 '-었' 그리고 종결어미 '-다'가 결합한 모습이다. 이 때 '-뜨리-'와 '-트리-'는 강세의 의미를 지니며 둘 다 표준어 자격을 지니고 있다. 따라서 '터뜨렸다/터트렸다'나 '쏟뜨렸다/쏟트렸다'도 표준어의 자격을 지닌다. 한편, 명사 형태의 복수 표준어는 ❺에서 확인할 수 있다. 세 형태 중 복수 표준어로 인정하는 것은 '넝쿨'과 '덩굴'이다.[58] 따라서 '덩쿨'은 표준어의 자격을 갖지 못한다.

🔊 생각   '-이에요'와 '-이어요'는 복수 표준어이다. 이들 줄임말은 '예요'와 '여요'인데, 아래 표현에 대해 알아보자.

> 예 지금 몇 시<u>에요</u>?/지금 몇 시<u>예요</u>?
> 예 밥 먹었어요? – 아니<u>에요</u>. / 아<u>네요</u>./아<u>녀요</u>.

> ↳ 복수 표준어 '이에요/이어요'는 체언 뒤에 붙어 서술어로 기능하게 한다. 이는 서술격조사의 어간 '이'에 종결어미인 '-에요/어요'가 결합한 구조이다. 따라서 체언이 아닌 용언의 어간 뒤에는 '-에요/어요'가 결합한다.

> ↳ 1의 원 문장은 "지금 몇 시이에요?"와 "지금 몇 시이어요?"이며, 이를 줄여 표현하면 '몇 시예요'나 '몇 시여요'가 된다. 따라서 명사 뒤에 종결어미가 직접 결합한 '몇 시에요'는 틀린 표현이다. 다만, 체언 뒤에 결합하는 '-이에요, -이어요'의 줄임말은 모음으로 끝나는 체언에만 적용되고, 자음으로 끝나는 체언에서는 줄어들지 않는다. 예

아)고와'와 같다. 반면 음성 모음 아래의 어간 받침 'ㅂ'이 결합할 때에는 '우'로 변한다. '밉+어)미워'와 같다.

58) "가뭄/가물에 콩나듯 한다."에서 '가뭄'과 '가물' 또한 복수 표준어이다.

를 들면, '책상이에요, 책상이어요'의 줄임 형태인 '책상예요, 책상여요'는 쓸 수 없다. 2는 형용사 '아니다'와 관련한 것으로 이 자체가 용언이다. 용언의 어간 '아니'는 종결 어미인 '-에요, -어요'가 직접 결합해야 한다. 따라서 '아니에요, 아니어요' 또는 이의 줄임인 '아녜요, 아녀요'로 표현할 수 있다. 그러나 어간 '아니'와 서술격의 활용형인 '-이에요'의 줄임말인 '예요'는 결합할 수 없다.

예제 07 표준어에 해당하는 것에 ○표 하시오.

고깃간	( )	곰곰	( )	꼬까	( )
푸주간	( )	곰곰이	( )	때때	( )
				고까	( )
나귀	( )	눈대중	( )	돼지감자	( )
당나귀	( )	눈어림	( )	뚱딴지	( )
		눈짐작	( )		
만큼	( )	모쪼록	( )	민둥산	( )
만치	( )	아무쪼록	( )	벌거숭이산	( )
		벌레	( )	볼따구니	( )
밑층	( )	버러지	( )	볼퉁이	( )
아래층	( )	벌러지	( )	볼때기	( )
시늉말	( )	수수깡	( )	심술꾸러기	( )
흉내말	( )	수숫대	( )	심술쟁이	( )
아래위	( )	어이없다	( )	어저께	( )
위아래	( )	어처구니없다	( )	어제	( )
옥수수	( )	우레	( )	자물쇠	( )
강냉이	( )	천둥	( )	자물통	( )

제 5 장

표준 발음법

1. 표준 발음법의 필요성

『표준어 규정』의 제1부 '표준어 사정 원칙'에 이어 제2부에서는 '표준 발음법'을 다루고 있다. 한글 맞춤법의 총칙 제1항에서 "표준어를 소리 나는 대로 적되, 어법에 맞도록 함을 원칙으로 한다."고 규정하고 있기에 표준어에 대한 사정 원칙과 표준 발음법은 필수적 규정이다.

1.1. 표준 발음의 정의

표준 발음이란 표준어의 발음을 말한다. 동일 언어 공동체 안에서 지역적, 사회적 차이를 초월하여 널리 공통되는 발음은 표준적인 발음이라 할 수 있다. 그런데 표준어가 국민의 언어 현상을 통일하려는 목적 하에 제정되는 것이므로, 표준 발음은 언중(言衆) 곧, 국민의 언어 행위에 있어서 가장 이상적인 것으로 규범화된 발음이라고 정의할 수 있다(강희숙, 2004:304).

1.2. 표준 발음의 내용

표준 발음법은 모두 7장 30항으로 구성되어 있다. 각 장의 중심 내용은 다음과 같다.

제1장 총칙

제2장 자음과 모음

제3장 소리의 길이

제4장 받침의 동화

제5장 소리의 동화

제6장 된소리되기

제7장 소리의 첨가

제1장 총칙은 표준 발음법의 대원칙에 대해 밝히고 있으며, 이하 2장부터 7장까지는 음운론의 배경 지식이 필요한 내용들이다. 제2장은 자음, 모음의 수와 순서를 규정하고, 단모음과 이중모음의 발음에 대해 다루고 있다. 제3장은 한국어의 초분절음운인 음의 장단 구별에 대한 규정이다. 제4장은 한국어의 음절말 자음에 대한 규정이다. 즉 대표 받침으로 7개(ㄱ, ㄴ, ㄷ, ㄹ, ㅁ, ㅂ, ㅇ)의 자음만이 발음되고, 그 외의 자음들은 이 중 하나로 발음된다. 제5장은 소리의 동화 중, '구개음화'와 '비음화' 그리고 '유음화'에 대해 설명하고 있으며, 뒤를 이어 표준 발음으로 인정하지 않는 동화에 대해 규정하고 있다. 제6장은 필수적 경음화와 수의적 경음화에 대해 다루고 있다. 마지막 제7장은 합성어나 파생어에서 'ㄴ'소리, 'ㅅ'소리가 덧나는 현상에 대해 규정하고 있다.

2. 표준 발음법의 대원칙

> 제1항 표준 발음법은 **표준어의 실제 발음**을 따르되, 국어의 **전통성**과 **합리성**을 고
> 려하여 정함을 원칙으로 한다.

'총칙' 제1항은 표준어의 발음법에 대한 대원칙을 정한 것으로, 세 가지의 조
건으로 이루어져 있다. 첫째, '표준어의 실제 발음을 따르며', 둘째, '국어의 전통
성을 고려하며', 셋째, '국어의 합리성을 고려한다'가 그것이다.

첫째, '표준어의 실제 발음을 따른다'는 조건은 '교양 있는 사람들이 두루 쓰
는 현대 서울말의 발음'을 기준으로 삼는다는 것이다. 겹받침 'ㄺ'과 'ㅄ'의 표준
발음에 대해 생각해 보자.

❶ 흙[흑] : 흙도, 흙만, 흙이
❷ 값[갑] : 값도, 값만, 값이

겹받침 'ㄺ'과 'ㅄ'의 대표 발음은 각각 'ㄱ'과 'ㅂ'이며, 자음으로 시작하는 조사
가 올 경우에는 음운론적 환경에 따라 실제 발음을 달리 한다. 즉 'ㄷ'과 만나면
[흑또], [갑또][59)처럼 대표음으로 발음되지만, 비음인 'ㅁ'과 만나게 되면 비음화
의 과정을 거쳐 [흥만], [감만]으로 발음된다. 그러나 모음으로 시작하는 조사와
결합하는 경우에는 본음대로 'ㄺ, ㅄ' 모두 발음한다. 이처럼 실제 발음에 따라

---

59) '도'의 실제 발음이 [또]로 나는 것은 '된소리되기' 현상에 관한 것으로, 후술을 참조하기 바
란다. 'ㅄ' 받침의 '값이'는 [갑시]를 거쳐 된소리의 [갑씨]가 된다.

표준 발음을 정한다는 것이다. 다음은 용언에서 받침 'ㄹㄱ'의 표준 발음에 대해 알아보자.

❸ 늙다
　ㄱ. 늙고, 늙거나, 늙게
　ㄴ. 늙은, 늙으면, 늙어
　ㄷ. 늙소, 늙더니, 늑지

　용언 어간의 받침 'ㄹㄱ' 역시 그 환경에 따라 실제 발음이 다르게 나타난다. 즉 'ㄱ'으로 시작된 어미와 결합되는 경우에는 [늘꼬], [늘꺼나], [늘께]와 같이 'ㄹ'만을 발음(ㄱ)하며, 모음으로 시작된 어미와 결합되는 경우에는 [늘근], [늘그면], [늘거]로 본음 'ㄹㄱ'을 모두 발음한다. 그리고 'ㅅ, ㄷ, ㅈ'으로 시작된 어미와 결합하게 되면 [늑쏘], [늑떠니], [늑찌]처럼 'ㄱ'만을 발음하는 것이 현대 서울에서의 표준 발음이다.

　둘째, '전통성을 따른다'는 것은 한 단어가 여러 형태의 발음으로 실현될 경우, 한국어가 거쳐 온 역사적 전통을 기반으로 함을 의미한다. 가장 대표적인 현상으로 음의 '장단'을 들 수 있다. 현재 대부분의 사람들이 발음만으로 의미 차이를 인식하지 못하는 '밤(夜):밤(栗), 말(言):말(馬), 눈(雪):눈(眼)' 등을 소수의 장년층에서는 구별하여 사용하고 있다. 이 경우, 길고 짧게 발음하는 것은 역사적으로 소리의 높이나 길이를 구별해 온 전통을 지녀온 것이므로, 이를 표준 발음에서 다루고 있는 것이다.

　셋째, '합리성을 고려한다'는 것은 한국어의 규칙 내지는 법칙에 따라 표준 발음을 합리적으로 정한다는 뜻이다. 길게 소리가 나는 단음절 용언 어간은 일부 예외를 제외하면 모음으로 시작된 어미와 결합되는 경우에 짧게 발음한다. 이러한 한국어의 규칙으로 인해 짧게 발음하는 어법을 규정화하고 있다. 그러나 합리성을 고려하여 표준 발음법을 정함에 어려움이 있는 경우도 있다. 다음 두 단어의 표준 발음이 정해지는 과정에 대해 알아보자.

	멋있다	맛있다	비고
발음 1	[머싣때]	[마싣때]	예외적 허용
발음 2	[머딛때]	[마딛때]	원칙적 발음

한국어의 받침 규칙에 따르면, 발음 2가 합리성을 지닌 표준 발음이다. 왜냐하면 합성어에서 받침을 지닌 앞말이 모음으로 시작하는 뒷말과 결합할 때 받침의 대표음화가 일어난 후 뒷말의 첫소리로 연음되기 때문이다. [멋+있다→머딛다→머딛때]의 순서와 같다.[60] 그러나 한국어의 합리성에 바탕을 둔 표준 발음과 달리 언어 현실에서는 받침을 먼저 연음화한 [마싣때]가 더 널리 사용되고 있다. 이 경우 이도 표준 발음으로 허용하고 있다.

---

60) '옷이, 옷을'에서는 받침의 연음으로 표준 발음이 [오시], [오슬]이 된다. 이처럼 받침이 있는 형태소 다음에 모음으로 시작하는 형식형태소(조사, 어미)가 올 때 앞말의 받침은 뒷말의 첫소리로 옮겨 발음하게 된다.

3. 표준 발음법의 내용

    '총칙'에 이은 표준 발음법의 세부 규정은 제2항부터 제7항까지로 구성되어 있다. 정확한 표준 발음은 한국어의 자음과 모음의 체계 그리고 이들의 조음 방법 및 조음 위치에 대한 이해가 선행되어야 한다. 따라서 표준 발음법의 제2항에서 자음과 모음을 다루고 그 뒤를 이어 개별적인 발음에 대해 규정하고 있다.

3.1. 자음과 모음

    발음과 관련한 표준어의 자음과 모음의 배열순서는 한글 자모의 순서에다 국어사전에서의 자모 순서[61]를 고려하고 있다.

제2항 표준어의 **자음**은 다음 19개로 한다.
      ㄱ ㄲ ㄴ ㄷ ㄸ ㄹ ㅁ ㅂ ㅃ ㅅ ㅆ ㅇ ㅈ ㅉ ㅊ ㅋ ㅌ ㅍ ㅎ

제3항 표준어의 **모음**은 다음 21개로 한다.
      ㅏ ㅐ ㅑ ㅒ ㅓ ㅔ ㅕ ㅖ ㅗ ㅘ ㅙ ㅚ ㅛ ㅜ ㅝ ㅞ ㅟ ㅠ ㅡ ㅢ ㅣ

제4항 'ㅏ ㅐ ㅓ ㅔ ㅗ ㅚ ㅜ ㅟ ㅡ ㅣ'는 단모음으로 발음한다.

[붙임] 'ㅚ, ㅟ'는 이중 모음으로 발음할 수 있다.

    위에 따르면 한국어의 자음과 모음은 총 40개이며, 모음은 단모음 10개에 이중모음 11개로 이루어져 있음을 알 수 있다. 먼저 조음 위치와 조음 방법에 따

---

61) 한글 맞춤법 제2장 제4항의 '자모'편에서 자세히 다룬 바 있다.

라 자음을 분류하면 다음과 같다.

〈자음의 분류 체계〉

조음 방법 \ 조음 위치		양순음 :입술소리	치조음 :혀끝소리	경구개음	연구개음	성문음 :목청소리
파 열 음	평 음	ㅂ	ㄷ		ㄱ	
	격 음	ㅍ	ㅌ		ㅋ	
	경 음	ㅃ	ㄸ		ㄲ	
파 찰 음	평 음			ㅈ		
	격 음			ㅊ		
	경 음			ㅉ		
마 찰 음	평 음		ㅅ			ㅎ
	경 음		ㅆ			
비 음		ㅁ	ㄴ		ㅇ	
유 음			ㄹ			

자음의 분류 체계로부터 각각의 자음을 발음하는 방식을 알 수 있다. 'ㅂ, ㄷ, ㄱ'은 폐에서 나오는 공기를 각각 입술, 치조, 연구개의 위치에서 막았다가 이를 터뜨리면서 발음을 해야 한다. 또한 '국물'이 '비음화'[62] 규정에 따라 [궁물]로 발음되는 이유 또한 이 표에서 찾을 수 있다.

〈단모음의 분류 체계〉

	전설 모음		후설 모음	
	평순	원순	평순	원순
고 모 음	ㅣ	ㅟ	ㅡ	ㅜ
중 모 음	ㅔ	ㅚ	ㅓ	ㅗ
저 모 음	ㅐ		ㅏ	

---

62) 받침 'ㄱ'이 비음인 'ㅁ'과 만나게 되면, 'ㄱ'은 비음화 과정을 거치게 되는데, 이 때 'ㄱ'은 동일한 조음 위치에 있는 비음, 즉 'ㅇ'으로 변화하게 되는 것이다. 'ㅂ'은 'ㅁ'으로, 'ㄷ'은 'ㄴ'으로 변화는 이유 또한 동일하다.

자음은 조음 위치와 조음 방법에 따라 정확한 발음을 할 수 있다. 반면 모음은 혀의 위치, 입술의 모양, 혀의 높이에 따라 발음이 달라진다. 예를 들면, 모음 'ㅣ'의 발음은 전설, 평순모음이면서 고모음이라는 특징을 나타낸다.

제3항과 4항을 통해 이중모음 'ㅑ, ㅐ, ㅕ, ㅖ, ㅘ, ㅙ, ㅛ, ㅝ, ㅞ, ㅠ, ㅢ'를 찾을 수 있다. 이중모음은 이중모음으로 발음해야 함이 원칙으로, 아래 ❶의 'ㅕ', ❷의 'ㅖ' 그리고 ❸의 'ㅢ'도 이에 해당한다.

❶ 가져, 다져, 다쳐, 바쳐
❷ 계집, 혜택, 시계, 은혜
❸ 씌어, 희망, 무늬, 유희

그러나 ❶에 사용된 이중모음 'ㅕ'는 이중모음으로 발음되지 않는다. 용례의 '져, 쳐'는 '가지+어, 다지+어, 다치+어, 바치+어'의 용언 활용형 구조에서 '지어, 치어'를 줄여 쓴 것으로, 'ㅈ, ㅉ, ㅊ' 다음에서 'ㅕ' 같은 이중모음이 발음될 수 없다. 따라서 이들의 정확한 발음은 다음과 같다.

❶′ 가져[가저], 다져[다저], 다쳐[다처], 바쳐[바처]

❷의 이중모음 'ㅖ' 역시 이중모음으로 발음하는 것이 원칙이다. 그러나 현실 발음에서는 [ㅔ]로도 실현되기에 이 또한 허용하고 있다.[63]

❷′ 계집[계:집~게:집], 혜택[혜:택~헤:택]

❸의 이중모음 'ㅢ'는 모두 자음을 첫소리로 가지고 있다. 이 경우 'ㅢ'는 [ㅣ]로만 발음하는 것이 원칙이다.[64]

---

63) 'ㅖ'를 이중모음 [ㅖ]로 발음하는 경우는 '예, 례'뿐으로, '예의, 인용례'에서 찾아볼 수 있다.
64) 이와 관련한 자세한 사항은 제1장 33쪽 참조.

제5항 'ㅑ ㅒ ㅕ ㅖ ㅘ ㅙ ㅛ ㅝ ㅞ ㅠ ㅢ'는 이중모음으로 발음한다.

다만 1. 용언의 활용형에 나타나는 '져, 쪄, 쳐'는 [저, 쩌, 처]로 발음한다.

다만 2. '예, 례' 이외의 'ㅖ'는 [ㅔ]로도 발음한다.

다만 3. 자음을 첫소리로 가지고 있는 음절의 'ㅢ'는 [ㅣ]로 발음한다.

다만 4. 단어의 첫 음절 이외의 '의'는 [ㅣ]로, 조사 '의'는 [ㅔ]로 발음함도 허용한다.

주의[주의/주이]   협의[혀븨/혀비]
우리의[우리의/우리에]   강의의[강: 의의/강: 이에]

3.2. 소리의 길이

한국어의 초분절음소에 소리의 장단이 있다. 분절음인 자음, 모음과 달리 항상 모음 위에 얹혀서 의미 분화에 영향을 끼치는 것으로, 영어에서는 악센트, 중국어에서는 성조가 그러한 역할을 한다.

표준 발음법에서 소리의 길이와 관련한 규정은 제6항과 제7항이다. 그러나 한국어 소리의 장단에 의해서 의미가 분화된다 하지만 실 언어생활에서 장단의 차이를 인식하기는 거의 불가능한 일이다. 따라서 표준 발음 규정으로서 두 조항을 서술하기로 한다.

3.2.1. [눈: 보라] : [첫눈] – 소리의 길이(제6항 규정)

제6항 모음의 장단을 구별하여 발음하되, 단어의 첫 음절에서만 긴소리가 나타나는 것을 원칙으로 한다.

   (1) 눈보라[눈: 보라]   말씨[말: 씨]   밤나무[밤: 나무]
      많다[만: 타]   멀리[멀: 리]   벌리다[벌: 리다]
   (2) 첫눈[천눈]   참말[참말]   쌍동밤[쌍동밤]
      수많이[수: 마니]   눈멀다[눈멀다] 떠벌리다[떠벌리다]

다만, 합성어의 경우에는 둘째 음절 이하에서도 분명한 긴소리를 인정한다.

   반신반의[반: 신바: 늬/반: 신바: 니]
   재삼재사[재: 삼 재: 사]

[붙임] 용언의 단음절 어간에 어미 '-아/-어'가 결합되어 한 음절로 축약되는 경우에
도 긴소리로 발음한다.

| 보아→봐[봐:] | 기어→겨[겨:] | 되어→돼[돼:] |
| 두어→둬[둬:] | 하여→해[해:] | |

다만, '오아→와, 지어→져, 찌어→쪄, 치어→쳐' 등은 긴소리로 발음하지 않는다.

표준 발음의 소리는 긴소리와 짧은 소리 두 가지만을 인정하고, 단어의 제1
음절에서만 긴 소리를 인정함을 제6항에서 밝히고 있다. 즉 (1)과 (2)를 통해 복
합어의 첫째 음절에서는 긴소리를 인정하지만, 제2음절 이하에 놓일 경우에는
짧게 발음한다는 것을 알 수 있다. 그러나 때로 둘째 음절 이하에서도 분명한
긴소리로 발음되는 것만은 긴소리를 인정한다. 이런 경우에는 두 단어와 같이
끊어 읽을 수 있는 첩어성을 띠고 있다.[65]

[붙임]과 비슷한 경우로 어간과 피동·사동의 접미사가 축약된 형태의 경우에
도 긴소리로 발음한다. 싸이다→쌔대[쌔: 대, 트이다→틔대[티: 대, 쏘이다→쐬
대[쐬: 대 등이 있다.

3.2.2. [감: 따] : [가므니], [감기다] – 소리의 길이(제7항 규정)

제7항 긴소리를 가진 음절이라도, 다음과 같은 경우에는 짧게 발음한다.

  1. 단음절인 용언 어간에 모음으로 시작하는 어미가 결합되는 경우

| 감대[감: 따] – 감으니[가므니] | 밟대[밥: 따] – 밟으면[발브면] |
| 신대[신: 따] – 신어[시너] | 알대[알: 다] – 알애[아라] |

  다만, 다음과 같은 경우에는 예외적이다.

끌대[끌: 다] – 끌어[끄: 러]	떫대[떨: 따] – 떫은[떨: 븐]
벌대[벌: 다] – 벌어[버: 러]	썰대[썰: 다] – 썰어[써: 러]
없대[업: 따] – 없으니[업: 쓰니]	

---

65) 그러나 첩어성을 지닌다 하더라도 같은 음절이 반복되는 두 음절어의 경우에는 긴소리로
발음되지 않는다. 예를 들면, 반반(半半)[반 : 밴, 간간(間間)이[간 : 간] 등이 있다.

> 2. 용언 어간에 피동, 사동의 접미사가 결합되는 경우
>
>   감다[감: 따] – 감기다[감기다] 꼬다[꼬: 다] – 꼬이다[꼬이다]
>   밟다[밥: 따] – 밟히다[발피다]
>
> 다만, 다음과 같은 경우에는 예외적이다.
>
> 끌리다[끌: 리다] 벌리다[벌: 리다] 없애다[업: 쌔다]
>
> **【붙임】** 다음과 같은 합성어에서는 본디의 길이에 관계 없이 짧게 발음한다.
>   밀–물   썰–물   쏜–살–같이   작은–아버지

위의 제7항은 긴소리를 가진 용언 어간이 짧게 발음되는 경우들을 규정한 것이다. 우리말에서 가장 규칙적으로 나타나는 현상 중 하나로, 이에서 벗어나는 예외적 현상에 주목할 필요가 있다.

3.3. 받침의 발음

한국어의 받침은 음절말 끝소리에서 실현되는 자음이다. 현행의 받침 표기는 훈민정음 창제 당시의 규정에 따라 어원을 밝혀 적는 '종성부용초성'을 따르고 있다.[66] 그러나 받침의 표기와 달리 발음은 7대표음을 따르고 있다.

  ❶ <u>낯</u>을 놓고 기역자 모른다는 말이 있다.
  ❷ 철수야 <u>낮</u>에 뭐 했니?
  ❸ <u>낯</u>이 익은 저 사람 어디서 봤지?

밑줄 친 부분의 표준 발음은 [나슬], [나제], [나치]이다. 홑받침이 모음의 형태소와 결합하면 제 음가대로 뒤 음절 첫소리로 옮겨 발음을 하기 때문이다. 그

---

66) 훈민정음 창제 당시의 받침 표기 규정은 '종성부용초성'과 '팔종성가족용'이었다. 전자는 모든 자음을 받침으로 표기할 수 있다는 규정임에 반해, 후자는 그 중 'ㄱ, ㄴ, ㄷ, ㄹ, ㅁ, ㅂ, ㅅ, ㅇ'의 8개만으로 적는다는 것이다. 그 후, 중종 때 최세진은 『훈몽자회』에서 8종성법만을 규정하였고, 영·정조 이후에는 7종성법(ㄷ→ㅅ)으로 변하였다. 그러다가 『한글 마춤법 통일안』(1933년)이 고시될 때 '종성부용초성'으로 결정되었다.

러나 단독 형태의 어말 위치에서나 자음 앞에서는 발음 양상이 달라진다.

❹ 낫 / 낮 / 낯
❺ 낫도 / 낮도 / 낯도

❹처럼 어말 위치에서의 받침, ❺의 자음 앞에서의 받침 'ㅅ, ㅈ, ㅊ'은 본음대로 발음되지 않는다. 모두 대표음 [ㄷ]으로 발음된다. 즉 받침소리로서 'ㅅ, ㅈ, ㅊ'은 모두 대표음 [ㄷ]으로 발음된다. 이렇게 받침소리로 발음되는 한국어의 자음은 오직 7개뿐이다.

> 제8항 받침소리로는 'ㄱ, ㄴ, ㄷ, ㄹ, ㅁ, ㅂ, ㅇ'의 7개 자음만 발음한다.

※ 다음 단어들의 표준 발음을 써 보자.

1.	ㄲ, ㅋ	→	[ ] :	닭대[ ]	키읰[ ]	키읔과[ ]
2.	ㅅ, ㅆ			옷 [ ]	웃대[ ]	있다 [ ]
	ㅈ, ㅊ	→	[ ] :	젖 [ ]	빚대[ ]	쫓다 [ ]
	ㅌ			솥 [ ]	뱉대[ ]	
3.	ㅍ	→	[ ] :	앞 [ ]	덮대[ ]	

> 제9항 'ㄲ, ㅋ', 'ㅅ, ㅆ, ㅈ, ㅊ, ㅌ', 'ㅍ'은 어말 또는 자음 앞에서 각각 대표음
> [ㄱ, ㄷ, ㅂ]으로 실현된다.

3.3.1. 여덟[여덜] : 넓대[넙따/*널따] – 겹받침의 발음

두 개의 자음으로 된 겹받침이 모음으로 시작하는 조사나 어미 또는 접미사와 결합할 경우에는 첫째 받침은 받침의 소리로 발음하되, 둘째 받침은 다음 음절의 첫소리로 옮겨 발음한다. 그러나 어말이나 자음 앞에서는 둘 중 어느 하

나만 발음이 된다. 크게 두 가지 종류로 구분한다.

❶ 넋, 앉다, 여덟, 외곬, 핥다, 값
❷ 닭, 맑다, 삶, 젊다, 읊고, 읊다

❶과 ❷는 모두 겹받침이 나타난다. ❶은 받침의 두 자음 중 첫째만 발음되며, ❷는 둘째 자음만 발음된다.

❶′ [넉, 안따, 여덜, 외골, 할따, 갑]
❷′ [닥, 막따, 삼, 점따, 읍꼬, 읍따]

❶과 ❷의 겹받침 발음과 관련한 규정은 표준 발음법의 제10항과 제11항에 각각 규정되어 있다.

제10항 겹받침 'ㄳ', 'ㄵ' 'ㄼ, ㄽ, ㄾ', 'ㅄ'은 어말 또는 자음 앞에서 각각 [ㄱ, ㄴ, ㄹ, ㅂ]으로 발음된다.

제11항 겹받침 'ㄺ, ㄻ, ㄿ'은 어말 또는 자음 앞에서 각각 [ㄱ, ㅁ, ㅂ]으로 발음된다.

🔊 생각 제10항의 규정과 관련하여 다음 단어의 표준 발음에 대해 생각해보자.

1. 새로 지은 건물이 <u>넓다</u>.
2. 버스가 급정거를 하는 바람에 옆 사람의 신발을 <u>밟다</u>.

↳ '넓다'와 '밟다'는 모두 동일한 받침으로 제10항의 규정에 따르면 각각 [널따]와 [발때로 발음되어야 한다. 그러나 [널때가 표준 발음임에 반해 [밟때는 그렇지 않다. 즉 '밟-'의 경우는 이 규정의 예외로 [밥]으로 발음해야 한다. '밟대[밥: 때], 밟쇠[밥: 쐬], 밟괴[밥: 꾀]와 같다. 이와 함께 '넓-'도 '넓-죽하다, 넓-둥글다', 넓적-다리'에서는 예외적으로 [넙쭈카다], [넙뚱글다], [넙쩍다리]로 발음된다.[67]

예제 01 다음 밑줄 친 단어의 표준 발음에 대해 설명해보자.

1. 윗물이 맑아야 아랫물이 맑다.
2. 맑게 갠 하늘이 참 높다.

3.3.2. 닿소[다쏘] : 쌓네[싼네/*싸네] – 받침 'ㅎ'의 발음

자음 중 'ㅎ'은 7개의 대표음에 속하지 않는다. 한글 자모 '히읗'의 발음은 [히음]으로 나타난다. 그러나 받침 'ㅎ'은 놓이는 환경에 따라 다양한 발음으로 실현된다.

❶ 가방을 책상 위에 올려놓고 이리 오너라.
❷ 조금만 더 뻗으면 손이 닿소.
❸ 동네 아이들이 눈사람을 높이 쌓네.
❹ 여자 친구가 아무리 싫어도 어찌 그런 말을 하니?

예문의 밑줄 친 표준 발음은 각각 [노코], [다쏘], [싼네], [시러도]이다. ❶은 어간 '놓'의 받침과 후행음 'ㄱ'이 결합하여 거센소리 [ㅋ]으로 발음된다. 'ㄷ, ㅂ (ㄼ), ㅈ(ㄵ)'도 이에 해당하는데, 'ㄱ, ㄷ, ㅂ, ㅈ' + 'ㅎ' → 'ㅋ, ㅌ, ㅍ, ㅊ'과 같다.

※ 다음 단어들의 표준 발음을 써 보자.

각하 [ ]	밝히대]	좁히대]	넓히대]
먹히대]	맏형 [ ]	꽂히대]	앉히대]

---

67) 한글 맞춤법 제21항에서는 이와 관련하여 [ㄹ]로 발음되는 경우에는 '널따랗다, 널찍하다, 짤따랗다, 짤막하다, 얄따랗다, 얄팍하다' 등과 같이 표기하도록 하고 있다.

🔊 **생각** 'ㅎ'의 축약 현상과 관련하여 보기 예문의 표준 발음에 대해 알아보자.

---

1. 옷 <u>한</u> 벌을 맞추었다. / 낮 <u>한</u> 때 잠시 휴식을 취하였다.
2. 생일 선물로 꽃 <u>한</u> 송이를 준비했다. / 이런 일은 <u>숱하다</u>.

↳ 밑줄 친 부분은 첫 음절의 받침 'ㅅ, ㅈ, ㅊ, ㅌ' 뒤에 'ㅎ'이 위치해 있다. 'ㅎ'이 축약의 과정을 거치기 위해서 'ㄱ, ㄷ, ㅂ, ㅈ'과 연접되어야 한다. 그런데 받침 'ㅅ, ㅈ, ㅊ, ㅌ'의 대표음이 [ㄷ]이기에 이 조건을 만족한다. 즉 '옫+한 벌, 낟+한 때, 꼳+한 송이, 숟+하다'가 되어 [오탄벌, 나탄때, 꼬탄송이, 수타대]로 발음된다.

---

❷는 받침 'ㅎ(ㄶ, ㅀ)' 뒤에 'ㅅ'이 결합된 경우 'ㅅ'을 [ㅆ]으로 발음하는 경우이다.

※ 다음 단어들의 표준 발음을 써 보자.

좋소 [ ]	많소 [ ]	싫소 [ ]

❸은 받침 'ㅎ' 뒤에 'ㄴ'이 결합되는 경우에 'ㅎ'을 [ㄴ]으로 발음한다.

※ 다음 단어들의 표준 발음을 써 보자.

놓는 [ ]	놓네 [ ]	놓나 [ ]

즉 'ㄴ'으로 시작되는 어미 '-는(다), -네, -나' 등 앞에서 받침 'ㅎ'은 [ㄴ]으로 동화시켜 발음한다.[68] 그러나 받침 'ㄶ, ㅀ' 뒤에 'ㄴ'이 결합되는 경우에는 'ㅎ'을 발음하지 않는다. 즉 '않네[안네], 않는[안는], 뚫네[뚤네→뚤레], 뚫는[뚤는→뚤른][69]'의 예이다.

---

68) 한국어의 동화 현상 중 비음화에 속한다. 받침 'ㅎ'의 대표음 [ㄷ]이 비음 'ㄴ' 앞에서 [ㄴ]으로 동화되는 것이다.
69) 받침 'ㅀ' 뒤에서의 'ㄴ'이 [ㄹ]로 발음되는 현상은 제20항의 유음화 현상과 관련된다.

❹는 'ㅎ(ㄶ, ㅀ)' 뒤에 모음으로 시작된 어미나 접미사가 결합되는 경우에는 'ㅎ'을 발음하지 않는 경우이다.

※ 다음 단어들의 표준 발음을 써 보자.

낳은 [　　]	놓아 [　　]	쌓이다 [　　]
많아 [　　]	않은 [　　]	끊은 [　　]
닳아 [　　]	싫어도 [　　]	

3.3.3. 기역이[기여기] : 디귿이[디그시/*디그디] - 연음의 발음

홑받침이나 쌍받침이 모음으로 시작된 조사나 어미, 접미사와 결합되는 경우에는 제 음가대로 뒤 음절 첫소리로 옮겨 발음하며, 겹받침의 경우는 뒤엣것만을 뒤 음절 첫소리로 옮겨 발음한다.

※ 다음 단어들의 표준 발음을 써 보자.

①	깎아 [　　]	옷이 [　　]	있어 [　　]	낮이 [　　]
	꽃을 [　　]	쫓아 [　　]	밭에 [　　]	앞이 [　　]
②	넋이 [　　]	앉아 [　　]	닭을 [　　]	젊어 [　　]
	곬이 [　　]	핥아 [　　]	읊어 [　　]	없어 [　　]

📓 **예제 02 다음 물음에 대해 설명해보자.**

    1. '디귿(지읒, 치읓, 키읔)이, 디귿(지읒, 치읓, 키읔)을'의 표준 발음

    2. '티읕(피읖, 히읗)이, 티읕(피읖, 히읗)을'의 표준 발음

3.3.4. 헛웃음[허두슴] : 밭 아래[바다래/*바타래] – 대표음 변화 뒤 연음 발음

❶ 밭 아래 웅덩이가 파여 있다.
❷ 아버지의 헛웃음에 분위기가 바뀌었다.
❸ 이 물건의 값어치는 상당하다.

위의 예들은 받침 다음에 모음으로 시작하는 형태소가 온 것으로 언뜻 연음으로 발음하는 경우와 환경이 비슷하다. 그러나 연음으로 처리하는 경우는 받침이 모음의 형식형태소와 결합함에 반해 이 경우는 모두 모음의 실질형태소와 결합함이 다르다. 이는 다음과 같은 과정을 거쳐야 표준 발음이 된다.

$$\boxed{\text{대표음 발음}} \quad \rightarrow \quad \boxed{\text{연음 발음}}$$

❶' 밭 아래 : [받 아래] → [바다래]
❷' 헛웃음 : [헏웃음] → [헏우슴] → [허두슴]
❸' 값어치 : [갑어치] → [가버치]

한편, 받침 뒤에 모음의 실질형태소가 결합하여 '대표음 발음'에 이어 '연음 발음'으로 연속되는 경우, 실질형태소는 반드시 'ㅏ, ㅓ, ㅗ, ㅜ, ㅟ'로 시작해야 한다. 왜냐하면 이들 외의 모음, 즉 'ㅣ, ㅑ, ㅕ, ㅛ, ㅠ'와의 결합에서는 연음되지 않으면서 [ㄴ]이 드러나는 경우가 있기 때문이다. 예를 들면, '앞일'은 [암닐], '한여름'은 [한녀름]으로 발음된다.

그러나 앞서서 잠깐 살핀 바와 같이 '맛있다, 멋있다' 역시 이 규정에 따라 [맏있다→마딛따], [먿있다→머딛따]로 발음하는 것이 원칙이지만, 연음 처리한 [마싣따], [머싣따] 또한 표준 발음으로 허용하도록 규정하고 있다.

3.4. 소리의 동화

동화란 서로 이웃한 다른 소리가 어느 한 쪽을 닮아 가는 것이다. 자음과 모음 모두에서 일어나지만 자음 동화가 일반적이다. 구개음화, 비음화 그리고 유음화로 나누어 제시하고 있다.

3.4.1. 맏이[마지] : 해돋이[해도지/*해도디] – 구개음화의 발음

❶ 이곳은 동해의 해돋이 명소이다.
❷ 밭이 기름져 농사가 잘 되었다.

❶과 ❷의 '해돋이'와 '밭이'는 구개음화의 적용을 받는다. 받침 'ㄷ, ㅌ(ㄾ)'이 조사나 접미사의 모음 'ㅣ70)와 만나면 연음하여 발음하되, [ㅈ, ㅊ]으로 바꾸어 발음한다. 즉 구개음이 아닌 'ㄷ, ㅌ'이 구개음인 'ㅈ, ㅊ'으로 변하는 것이다. 따라서 [해도지]와 [바치]가 표준 발음이다.

> 제17항 받침 'ㄷ, ㅌ(ㄾ)'이 조사나 접미사의 모음 'ㅣ'와 결합되는 경우에는, [ㅈ, ㅊ]으로 바꾸어서 뒤 음절 첫소리로 옮겨 발음한다.
>
> 곧이듣대[고지듣따] 굳이[구지] 미닫이[미다지]
> 땀받이[땀바지] 밭이[바치] 벼훑이[벼훌치]

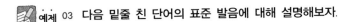 **예제 03 다음 밑줄 친 단어의 표준 발음에 대해 설명해보자.**

1. 바람에 문이 저절로 닫힌다.
2. 오후가 되자 안개가 걷히기 시작했다.

---

70) 받침 'ㄷ, ㅌ'이 'ㅣ'가 아닌 모음과 만나면 그냥 연음 처리된다. 즉 '밭을, 밭에'는 [바틀], [바테]가 된다.

3.4.2. 닫는[단는] : 첫눈[천눈/*철눈] – 비음화의 발음(1)

❶ 라면의 국물이 끝내줘요.
❷ 요즘 주말에 문을 닫는 가게가 많다.
❸ 밥물이 너무 많으면 아예 죽이 된다.

자음 동화 중 '비음화'란 비음이 아닌 무성 파열음이 비음과 만나 비음으로
변하는 현상이다. 한국어의 비음에는 'ㅁ, ㄴ, ㅇ'이 있다. ❶에서는 연구개음 'ㄱ'
이 비음 'ㅁ'과 만나 비음인 'ㅇ'으로 변한다. 그리하여 [궁물]이 된다. ❷에서는
치조음 'ㄷ'이 비음 'ㄴ'의 영향을 받아 'ㄴ'으로 변하여 [단는]이 된다. ❸은 양순
음 'ㅂ'이 'ㅁ'의 영향을 받아 [밤물]이 된다. 즉 'ㄱ, ㄷ, ㅂ'은 비음 'ㅁ, ㄴ'과 만나
면 같은 조음 위치의 비음인 'ㅇ, ㄴ, ㅁ'으로 변하게 된다. 그리고 이는 'ㄱ'으로
발음되는 'ㄲ, ㅋ, ㄳ, ㄺ', 'ㄷ'으로 발음되는 'ㅅ, ㅆ, ㅈ, ㅊ, ㅌ, ㅎ', 'ㅂ'으로 발음
되는 'ㅍ, ㄼ, ㄺ, ㄿ, ㅄ'에도 동일하게 적용된다.

※ 다음 단어들의 표준 발음을 써 보자.

ㄱ(ㄲ, ㅋ, ㄳ, ㄺ)	먹는 [ ]	깎는[ ]	키읔만 [ ]
	몫몫이[ ]	긁는 [ ]	흙만 [ ]
ㄷ(ㅅ, ㅆ, ㅈ, ㅊ, ㅌ, ㅎ)	짓는 [ ]	있는 [ ]	맞는 [ ]
	꽃망울[ ]	붙는 [ ]	놓는 [ ]
ㅂ(ㅍ, ㄼ, ㄺ, ㄿ, ㅄ)	잡는 [ ]	앞마당[ ]	밟는 [ ]
	읊는 [ ]	없는 [ ]	값매다[ ]

❹ 철수는 학교에 가기 위해 가방에 책 넣는다.

❺ 오늘 회사일이 너무 많아 지금에서야 밥 먹는다.

비음화 현상은 환경만 주어지면 단어와 단어 사이에서도 일어나는 보편적
현상이다. 따라서 ❹의 발음은 [챙넌는대71)], ❺는 [밤멍는대72)]가 된다.

※ 다음 단어들의 표준 발음을 써 보자.

| 흙 말리다 [|] | 옷 맞추다 [|] | 값 매기다 [|] |
| 국 마시다 [|] | 옷 마르다 [|] | 입 놀리다 [|] |

3.4.3. 백로[뱅노] : 십리[심니/*십니] – 비음화의 발음(2)

❶ 강릉의 경포대는 유명하다.

❷ 십리도 못 가서 발병 난다.

❶의 '강릉'은 한자어로, 받침 'ㅇ' 뒤에 결합되는 'ㄹ'을 [ㄴ]으로 발음하여 [강
능]이 된다. '항로'와 '대통령' 역시 이 규정에 따라 [항노]와 [대통녕]이 된다. 이
와 함께 받침 'ㅁ' 뒤의 'ㄹ' 또한 [ㄴ]으로 발음한다. '담력[담녁], 침략[침냑]'이 그
렇다. ❷의 발음 과정은 단순하지 않다. 받침 'ㄱ, ㅂ' 뒤에서 'ㄹ'은 [ㄴ]으로 발음
되는데, 이 때 [ㄴ] 때문에 첫 음절의 'ㄱ, ㅂ'은 다시 [ㅇ, ㅁ]으로 동화된다. 따라
서 '십리'는 [십니→심니]가 된다. '막론, 백리, 협력' 등도 동일하다.

지금까지 살핀 비음화는 동화의 방향에 따라 세 가지로 나타난다. 즉 뒤의

---

71) '책 넣는다'에서는 두 가지의 비음화 현상이 일어난다. 즉 'ㄱ+ㄴ'과 'ㅎ(ㄷ)+ㄴ'에서 일어나서
[챙넣는다 → 챙넌는다 → 챙넌는대의 과정을 거친다.
72) '밥 먹는다'도 'ㅂ+ㅁ'과 'ㄱ+ㄴ'에서 비음화 현상이 일어난다. 따라서 [밤먹는다 → 밤멍는대]
가 된다.

비음에 영향을 받아 앞의 받침이 변하는 '역행동화'가 첫째이며, 앞의 비음에 영향을 받아 뒤 음절의 첫소리가 비음화 되는 것이 '순행동화'이다. 그리고 '십리'처럼 받침과 뒤 음절의 첫소리 모두가 비음화 되는 '상호동화'가 그것이다.

3.4.4. 천리[철리] : 선릉[설릉/*선능] – 유음화의 발음

❶ 경주는 삼국시대 신라의 수도였다.
❷ 칼날이 무딘 칼을 갈았더니 잘 든다.

유음화란 유음이 아닌 음이 유음을 만나 유음으로 변하는 현상이다. 한국어의 자음 중 유일한 유음은 'ㄹ'이다. 위의 예에서 보듯 두 가지 경우이다. 즉 'ㄴ+ㄹ', 'ㄹ+ㄴ'로, 유음인 'ㄹ'의 앞과 뒤에 'ㄴ'이 올 경우 그 'ㄴ'이 'ㄹ'로 변한다. 따라서 [실래와 [칼랄]이 된다.

※ 다음 단어들의 표준 발음을 써 보자.

난로 [ ]		천리 [ ]		광한루 [ ]		대관령 [ ]	
갈 놈 [ ]		물난리 [ ]		줄넘기 [ ]		할는지 [ ]	
닳는 [ ]		뚫는 [ ]		핥네 [ ]			

그러나 주의해야 할 것은 유음화 현상은 필수적 음운 현상이 아닌 수의적 현상이라는 것이다. 즉 비음화와 달리 유음화의 조건을 만족할 지라도 [ㄹㄹ]로 발음되지 않는 경우가 있다.

※ 다음 단어들의 표준 발음을 써 보자.

의견란 [ ]	임진란 [ ]	생산량 [ ]
결단력 [ ]	공권력 [ ]	동원령 [ ]
상견례 [ ]	횡단로 [ ]	이원론 [ ]
입원료 [ ]	구근류 [ ]	등산로 [ ]

생각 유음화의 조건을 갖추었음에도 불구하고 변화의 양상이 다른 이유에 대해 생각해보자.

1. 난로, 신라, 대관령, 광한루 : [ㄹ+ㄹ]
2. 임진란, 결단력, 공권력, 동원령 : [ㄴ+ㄴ]

↳ 비음화의 적용을 받는 1과 그렇지 않은 2의 차이는 무엇일까? 1은 자립성이 없는 형태소들끼리의 결합인 점에 반해 2는 자립성을 지닌 형태소에 한자어 '란, 력, 령'이 결합한 모습이다. 따라서 자립성이 강한 단어들은 본 모습을 지키고자 하는 성질로 인해 스스로 동화되지 않고 오히려 이웃한 것을 자신에 맞게 동화시키는 성질이 있다.

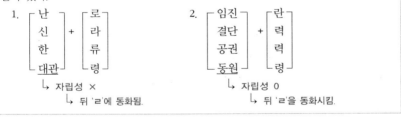

3.4.5. 되어[되어/되여] - 모음 충돌을 피한 발음

모음으로 끝난 용언의 어간에 모음으로 시작된 어미가 결합될 경우에는 두 가지 발음이 가능하다.

제22항 다음과 같은 용언의 어미는 [어]로 발음함을 원칙으로 하되, [여]로 발음함
도 허용한다.

되어[되어/되여]   피어[피어/피여

이오[이오/이요]   아니오[아니오/아니요]

3.5. 된소리되기

한국어의 된소리 현상은 필수적 음운 현상으로 된소리 환경만 갖추어지면
반드시 일어나는 필수적 현상이다. 그런 만큼 된소리 환경의 조건은 다양하다.

3.5.1. 국밥[국빱] : 닭장[닥짱/*닥장] – 제23항의 규정

❶ 장날이어서 시장에서 <u>국밥</u>을 먹었다.
❷ 한복을 입을 때 <u>옷고름</u>을 잘 매야 한다.
❸ 김치 냄새가 나지 않게 <u>덮개</u>를 잘 덮어라.

❶-❸ 단어의 정확한 발음을 위해서 '된소리되기' 현상[73]을 이해해야 한다.
한국어에서는 음절말 위치의 무성 파열음 'ㄱ, ㄷ, ㅂ'이 불파음되어 뒤 음절이
자동적으로 경음화를 수행하게 된다. 따라서 이들의 발음은 [국빱], [옫꼬름], [덥
깨]로 실현된다.

---

73) 제23항 받침 'ㄱ(ㄲ, ㅋ, ㄳ, ㄺ), ㄷ(ㅅ, ㅆ, ㅈ, ㅊ, ㅌ), ㅂ(ㅍ, ㄼ, ㄿ, ㅄ)' 뒤에 연결되는 'ㄱ, ㄷ,
ㅂ, ㅅ, ㅈ'은 된소리로 발음한다.

※ 다음 단어들의 표준 발음을 써 보자.

국밥 [ ]	깎다 [ ]	넋받이 [ ]	닭장 [ ]
뻗대다 [ ]	옷고름 [ ]	있던 [ ]	꽂고 [ ]
꽃다발 [ ]	낯설다 [ ]	솥전 [ ]	
곱돌74) [ ]	옆집 [ ]	넓죽하다 [ ]	읊조리다 [ ]

3.5.2. 신고[신: 꼬] : 안기다[안기다/*안끼다] – 제24항의 규정

❶ 양말을 신고 운동화를 신는다.

❷ 강아지가 개의 젖을 더듬고 있다.

❸ 편안한 모습으로 엄마 품에 안기다.

제23항은 한 단어 안에서나 체언의 곡용 및 용언의 활용에서나 예외 없이 일어나는 된소리 현상이다. 반면 제24항은 용언의 어간과 어미의 결합75)에서 일어나며 예외적 현상도 나타난다.

> 제**24**항 어간 받침 'ㄴ(ㄵ), ㅁ(ㄻ)' 뒤에 결합되는 어미의 첫소리 'ㄱ, ㄷ, ㅅ, ㅈ'은 된소리로 발음한다.
>
> 다만, 피동, 사동의 접미사 '-기-'는 된소리로 발음하지 않는다.

위의 규정에 따르면, ❶은 [신: 꼬], ❷는 [더듬꼬], ❸은 [안기다]로 발음된다. '껴안다[껴안따], 앉고[안꼬], 삼고[삼: 꼬], 닮고[담: 꼬]'가 이에 해당하며, '감기다, 굶기다, 옮기다' 등은 예외에 해당함에 유의해야 한다.

---

74) 기름 같은 광택이 있고 만지면 양초처럼 매끈매끈한 암석과 광물을 통틀어 이르는 말이다.
75) 용언의 어간과 어미의 결합이라는 조건이 체언에서는 이러한 음운 현상이 일어나지 않음을 짐작하게 한다. '신과 옷'('[신꽈 옫], [신과 옫])에서 그 사실을 알 수 있다.

3.5.3. 떫지[떫: 찌] : 넓게[널께/*널게] – 제25항의 규정

❶ 많은 사람이 앉을 수 있도록 <u>넓게</u> 펴라.
❷ 아이들이 아이스크림을 <u>핥고</u> 있다.

제25항의 규정 역시 제24항과 동일한 어간말음 뒤의 된소리화 현상을 나타낸다. 즉 어간말음 'ㄼ, ㄿ' 뒤 'ㄱ'이 된소리화 된다.

> **제25항** 어간 받침 '**ㄼ, ㄿ**' 뒤에 결합되는 어미의 첫소리 'ㄱ, ㄷ, ㅅ, ㅈ'은 된소리로 발음한다.
>
> 넓게[널께]   핥다[할따]   훑소[훌쏘]   떫지[떫: 찌]

자음 앞에서 [ㄹ]로 발음되는 겹받침 'ㄼ, ㄿ' 다음에 연결되는 자음을 된소리로 발음한다는 규정에 따라 ❶과 ❷의 표준 발음은 [널께], [할꼬]이다.

3.5.4. 발동[발똥] : 갈등[갈뜽/*갈등] – 제26항의 규정

❶ 친구와의 <u>갈등</u>은 대화로 풀어야 한다.
❷ 일제는 우리 민족정신을 <u>말살</u>하여 했다.
❸ 한국은 눈부신 경제 <u>발전</u>을 이루었다.

제26항은 한자어 받침 'ㄹ' 뒤에서 된소리로 발음하는 것을 규정하고 있다. 즉 '갈등, 말살, 발전'은 모두 한자어로 받침 'ㄹ'로 끝나 있다. 이 경우 뒤에 오는 'ㄷ, ㅅ, ㅈ'은 된소리로 발음을 해야 한다.

제26항 한자어에서, 'ㄹ' 받침 뒤에 연결되는 'ㄷ, ㅅ, ㅈ'은 된소리로 발음한다.

발동[발똥]   불소[불쏘]   갈증[갈쯩]
몰상식[몰쌍식]   불세출[불쎄출]

위의 규정에 따라 [갈뜽], [말쌈], [발쩐]으로 발음을 해야 한다.

🔊 생각 한자어 받침 'ㄹ' 뒤의 된소리 발음과 관련해 다음 단어의 표준 발음에
대해 생각해보자.

1. 결국(結局), 설계(設計), 할부(割賦), 활보(闊步)
2. 결결(缺缺), 별별(別別)

  ↳ 1의 예시어들은 모두 한자어이며, 받침이 'ㄹ'이다. 다만 그 뒤의 자음이 'ㄱ, ㅂ'으
  로 26항의 규정에 들지 않는다. 즉 한국어에서와 달리 한자어 'ㄹ' 받침은 'ㄷ, ㅅ, ㅈ'
  만을 된소리화 한다. 반면, 2의 한자어들은 같은 한자가 겹친 경우에는 된소리로 발
  음되지 않는다.

3.5.5. 할게[할께] : 할 것을[할꺼슬/*할거슬] – 제27의 규정

❶ 거짓말을 해도 남자 친구는 이해할 꺼야.
❷ 내가 청소할게, 네가 밥 해.

❶과 ❷에서 표기에 어긋남이 있는 것은 몇 번일까? ❶의 '이해할 꺼야'는 '이
해할 거야'의 오류이다. 된소리 발음과 관련하여 소리 나는 대로 표기한 경우이
다. 한국어에서 관형사형 '-(으)ㄹ' 뒤나 관형사형 어미 '-(으)ㄹ'로 시작되는 어
미에서는 'ㄹ' 뒤에 오는 자음 'ㄱ, ㄷ, ㅂ, ㅅ, ㅈ'을 된소리로 발음하게 된다.

제27항 관형사형 '-(으)ㄹ' 뒤에 연결되는 'ㄱ, ㄷ, ㅂ, ㅅ, ㅈ'은 된소리로 발음한다.

할 것을[할꺼슬]	갈 데가[갈때가]	할 바를[할빠를]
할 수는[할쑤는]	할 적에[할쩌게]	갈 곳 [갈꼳]
할 도리[할또리]	만날 사람[만날싸람]	

반면 ❷의 '청소할게'는 발음 [청소할께]와 달리 평음 표기를 한다. '할걸[할껄], 할밖에[할빠께], 할세라[할쎄라]' 등과 같다.[76]

한편, 사이시옷 현상과 관련하여 표기상으로는 사이시옷이 없더라도, 관형격 기능을 지니는 사이시옷이 있어야 할(휴지가 성립되는) 합성어의 경우에는, 뒤 단어의 첫소리 'ㄱ, ㄷ, ㅂ, ㅅ, ㅈ'을 된소리로 발음한다(제28항).

※ 다음 단어들의 표준 발음을 써 보자.

문고리 [ ]	눈동자 [ ]	신바람 [ ]
산새 [ ]	손재주 [ ]	갈가 [ ]
물동이 [ ]	발바닥 [ ]	굴속 [ ]
술잔 [ ]	바람결 [ ]	그믐달 [ ]
아침밥 [ ]	잠자리 [ ]	강가 [ ]
초승달 [ ]	등불 [ ]	창살 [ ]

3.6. 학여울[항녀울] : 냇가[내:까/낻:까] - 소리의 첨가

표준 발음법에서 소리의 첨가와 관련한 현상은 'ㄴ' 첨가 현상과 '사이시옷' 현상 두 가지가 있다. 발음에 유의하여 아래 문장을 읽어보자.

---

76) 된소리로 발음하면서 된소리로 표기하는 것은 '-(으)ㄹ까, -(으)ㄹ꼬, -(으)ㄹ쏘냐'의 경우이다.

❶ 학여울은 지하철 3호선의 역이다.
❷ 작년 휴가에는 냇가에서 고기를 잡고 놀았다.

예문의 ❶, ❷는 모두 소리의 첨가 현상과 관련되어 있다. 먼저 '학여울'을 보기로 하자. 이의 구성은 '학'(명사)과 '여울'(명사)의 합성어로 'ㄴ' 소리 첨가의 규정에 따라 '여울'은 [녀울]로 발음하게 된다.[77]

제29항 합성어 및 파생어에서, 앞 단어나 접두사의 끝이 자음이고 뒤 단어나 접미사의 첫 음절이 '이, 야, 여, 요, 유'인 경우에는, 'ㄴ'소리를 첨가하여 [니, 냐, 녀, 뇨, 뉴]로 발음한다.

솜-이불[솜: 니불]	홑-이불[혿니불]	막-일[망닐]
삯-일 [상닐]	맨-입 [맨닙]	꽃-잎[꼰닙]
내복-약[내: 봉냑]	한-여름[한녀름]	남존-여비[남존녀비]
신-여성[신녀성]	색-연필[생년필]	직행열차[지캥녈차]
늑막-염[능망념]	콩-엿 [콩녇]	담-요[담뇨]
눈-요기[눈뇨기]	영업용[영엄뇽]	식용-유[시굥뉴]
국민-윤리[궁민뉼리]	밤-윷[밤: 뉻]	

다만, 다음과 같은 말들은 'ㄴ' 소리를 첨가하여 발음하되, 표기대로 발음할 수 있다.

이죽-이죽[이중니죽/이주기죽]	야금-야금[야금냐금/야그마금]
검열[검: 녈/거: 멸]	욜랑-욜랑[욜랑뇰랑/욜랑욜랑]

---

❸ 사람이 없는 방에 불을 끄는 것이 절약이다.
❹ 이 기차는 부산을 떠나 수원역과 서울역에 정차한다.

❸의 '절약'에는 아무런 소리의 첨가 현상이 일어나지 않는 환경이다. 따라서 이 경우에는 앞의 자음을 연음하여 발음한 [저략이 표준 발음이다. 그러나 ❹는 'ㄴ' 첨가 현상의 조건을 만족하고 있어 [수원녁]과 [서울녁]으로 발음한다. 다

---

77) '학+녀울'이 되면 비음화 현상에 의해 [항녀울]로 발음된다.

만, 후자의 [서울녁]은 다시 자음동화 중 유음화 조건을 만족하기에 [서울력]으로 발음해야 한다.

※ 다음 단어들의 표준 발음을 써 보자.

들-일 [ ]	솔잎 [ ]	설익다 [ ]
물-약 [ ]	불-여우 [ ]	물엿 [ ]
휘발-유 [ ]	유들유들 [ ]	

❺ 어제 네가 한 일
❻ 우리 부대는 3연대에 속한다.

❺, ❻처럼 두 단어를 이어서 한 마디로 발음하는 경우에도 위의 규정에 따른다. 따라서 ❺는 [한닐], ❻은 [삼년대]로 발음을 하게 된다. 다만, '6·25[유기오], 3·1절[사밀쩔], 송별-연[송:벼련], 등용-문[등용문]'은 'ㄴ(ㄹ)' 소리를 첨가하여 발음하지 않는다.

마지막으로 '냇가'의 표기와 발음에 대해 알아보자. 이는 '작은 물줄기'의 고유어 '내'와 '경계에 가까운 바깥쪽 부분'이라는 '가'의 합성어이다. 그리고 발음에서 둘째 음절의 된소리가 일어나기 때문에 사잇소리 현상에 해당한다. 따라서 '냇가'로 표기하였다. 그러면 이의 발음은 어떻게 될까? [내:까], [낻:까]의 두 가지가 가능하다. 이에 대한 규정을 보기로 하자.

제**30**항 사이시옷이 붙은 단어는 다음과 같이 발음한다.

1. 'ㄱ, ㄷ, ㅂ, ㅅ, ㅈ'으로 시작하는 단어 앞에 사이시옷이 올 때에는 이들 자음만을 된소리로 발음하는 것을 원칙으로 하되, 사이시옷을 [ㄷ]으로 발음하는 것도 허용한다.

샛길[새: 낄/샏: 낄]	빨랫돌[빨래똘/빨랟똘]	콧등[코뜽/콛뜽]
깃발[기빨/긷빨]	대팻밥[대: 패빱/대: 팯빱]	햇살[해쌀/핻쌀]
뱃속[배쏙/밷쏙]	뱃전[배쩐/밷쩐]	고갯짓[고개찓/고갣찓]

2. 사이시옷 뒤에 'ㄴ, ㅁ'이 결합되는 경우에는 [ㄴ]으로 발음한다.

콧날[콛날→콘날]	아랫니[아랟니→아랜니]
툇마루[퇻: 마루→퇸: 마루]	뱃머리[밷머리→밴머리]

3. 사이시옷 뒤에 '이' 소리가 결합되는 경우에는 [ㄴㄴ]으로 발음한다.

베갯잇[베갣닏→베갠닏]	깻잎[깯닙→깬닙]
나뭇잎[나묻닙→나문닙]	도리깻열[도리깯녈→도리깬녈]

2의 경우는 사이시옷 'ㅅ'의 대표음 발음 [ㄷ]과 그 뒤의 비음 'ㅁ, ㄴ'의 영향으로 비음화가 적용된 경우이다. 반면 3은 'ㄴ' 소리 첨가에 이어 비음화를 거친 것이다.

예제 풀이

제2장~제5장

예제 01

1. 올 **연말연시/연말년시**는 어려운 경제 사정으로 조용하다.
2. **신연도/신년도**의 경제 전망이 그다지 밝지 않아 걱정이다.

⊙풀이　두음법칙에서 어두의 위치는 형식적 위치가 아닌 실질적 위치이다. 형식적으로는 '年'이 세 번째와 둘째 음절에 위치한 것으로 보아, '연말년시, 신년도'로 표기해야 할 것으로 보인다. 그러나 이들은 각각 '연말+연시'와 '신년+도'의 구조로 분석된다. 따라서 '연말연시', '신년도'가 올바른 표기이다.

예제 02

1. 경상남도 남해에는 이 충무공을 기리는 **충렬사/충열사**가 있다.
2. 지금 세일 기간이라 백화점의 **할인률/할인율**이 높다.

⊙풀이　'렬'과 '률'의 발음을 지닌 한자어 표기의 경우, 선행 받침의 종류에 따라 표기가 달라진다. 즉 모음이나 'ㄴ' 받침 뒤에서 이들은 각각 '열, 율'로 표기해야 한다. 따라서 '충렬사'와 '할인율'로 표기한다.

예제 03

1. 신문의 *經濟欄*(경제란/경제난)을 보면 경제가 어렵다는 것이 실감난다.
2. *經濟難*(경제란/경제난)으로 취업하기가 더욱 어렵다.

⊙풀이　'欄'은 한자어 뒤에 결합하느냐 아니면 고유어나 외래어 뒤에 결합하느냐에 따라 두 가지로 표현한다. 전자의 경우는 한자어와 결합한 독자적 단어로 보아 본래의 음대로 표기한 '경제란'이 바른 표기이다. 반면, 한자어 '難'의 원음은 '란'이 아닌 '난'인 관계로 두음법칙의 적용을 받지 않는다.

예제 04

1. 감사합니다. 안녕히 **가십시오**, 또 **오십시오**.

2. 감사합니다. 안녕히 **가십시요**, 또 **오십시요**.

3. 와 주셔서 감사합니다. 안녕히 **가세요**.

🔘**풀이** 종결형에서의 '-오'는 '-요'로 발음 나더라도 '-오'로 적는다는 규정에 근거하여 1의 문장 표현이 옳고, 2는 비문이다. 반면, 3의 '-요'는 종결어미가 아닌 상대높임의 보조사로 기능하고 있는 것으로 올바른 문장이다.

예제 05

1. 슈퍼맨이 하늘을 **나는** 비행기를 쫓아가고 있다.

2. 뜨거운 열에 **단** 냄비에 손을 데었다.

🔘**풀이** 1과 2의 밑줄 친 단어의 기본형은 각각 '날다'와 '달다'이다. 받침 'ㄹ'을 지닌 용언의 어간이 '-ㄴ, ㅂ니다, -오' 등과 만나 활용할 경우에는 받침 'ㄹ'이 탈락한다. 즉 '날+는' → '나는', '달+ㄴ' → '단'이 된다.

예제 06

1. 날씨 때문에 여행을 취소해야 할 것 같은데, 너희 생각은 **어떠니?**

2. 친구와의 비밀이라 말씀 드리기가 **그러네요**.

🔘**풀이** 1과 2의 받침 'ㅎ'을 지닌 형용사의 경우 '좋다'를 제외하곤 어미 '-네'나 모음 앞에서 줄어지는 경우, 준 대로 적는다는 규정에 따라 '어떠니', '그러네요'로 적어야 한다.

예제 07

1. 이번 겨울에는 배추 값이 비싸 10포기의 김치만 **담갔다**.

2. 아무리 많은 열쇠로 **잠궈도** 전문가는 금방 열 수 있다.

◎풀이　1의 기본형은 '담그다'이며 2는 '잠그다'이다. 받침 'ㅡ'를 지닌 용언의 어간 다음에 모음으로 시각하는 어미가 결합하여 활용할 경우 어간의 'ㅡ'가 탈락하는 현상이 일어난다. 따라서 '담그+아'는 '담가'로 활용하며, '잠그+아'는 '잠가'로 활용을 해야 한다. 또한 '담갔다, 잠갔다'로 활용한다.

예제 08

1. '괴롭다'와 '아름답다'의 받침 'ㅂ'은 모음 어미 앞에서 어떻게 활용할까?
2. '돕다'와 '곱다'의 받침 'ㅂ'은 모음 어미 앞에서 어떻게 활용할까

◎풀이　'괴롭다'의 경우 '괴로워, 괴로워서, 괴로워도, 괴로워야, 괴로웠다'로 활용하고, '아름답다' 역시 '아름다워, 아름다워서, 아름다워도, 아름다워야, 아름다웠다'로 활용을 한다. 반면, '돕다'와 '곱다'는 '도와(고와), 도와라(고와라), 도와서(고와서), 도와도(고와도), 도왔다(고왔다)'로 활용을 한다.

예제 09

1. 산 **너머/넘어** 남촌에는 누가 살고 있을까?
2. 더 이상 할 말이 **없슴/없음**.

◎풀이　'너머'와 '넘어'의 품사와 의미 차이에 따라 1에서는 명사형의 '너머'를 써야 올바른 문장이 된다. 2는 명사형 어미 '-(으)ㅁ'이 쓰인 '없음'이 올바른 명사형이 된다. 한국어에서 용언을 명사형으로 만드는 것에 '-슴'이란 형태는 존재하지 않는다.

예제 10

1. 탈춤이 우리의 흥(호기심)을 **돋우다/돋구다**.
2. 철수는 지나가는 자전거에 **바쳐/받쳐/받혀** 상처를 입었다.

◎풀이　'위로 끌어 올려 도드라지거나 높아지게 하다.', '밑을 괴거나 쌓아 올려 도드라지거나 높아지게 하다.', '돋다(감정이나 기색 따위가 생겨나다)의 사동사'

로서 '돋우다'가 표준어이다. 2는 피동의 '받혀'가 바른 표기이다. '바쳐'는 '윗사람에게 물건을 드리다'는 의미의 단어이며, '받쳐'의 경우는 '받다'에 강사접미사 '-치-'가 결합한 말이다.

예제 11

1. 내일은 면접일이니 **반드시/반듯이** 양복을 입고 가거라.
2. 허리에 무리가 가니 **반드시/반듯이** 앉도록 하자.

🔘풀이 '반드시'는 '꼭, 틀림없이'란 의미이며, '반듯이'는 '똑바로, 곧게'란 의미를 지닌 말이다. 따라서 문장 1에서는 '반드시'를 써야 하며, 2에서는 '반듯이'로 써야 한다.

예제 12

1. 철수가 태어난 달이 **몇 월입니까?**
2. 철수가 태어난 날이 8월 **몇일/며칠입니까?**

🔘풀이 1의 '몇 월'은 의문사 '몇'이 수량 명사와 결합한 것으로 '몇 개', '몇 주', '몇 병'의 구조와 동일하다. 반면 2의 밑줄 친 부분은 '몇 일'로 분석되지 않는다. 만약 '몇'과 '일'의 결합으로 본다면 동일한 구조인 '몇 월'의 발음 방식과 동일해야 한다. 그러나 '몇 월'은 [면월→며뒬]로 발음되지만 '몇일'의 발음은 단독 명사 형태인 [며칠]로 나지 두 단어의 결합인 [면일→며딜]로 나지 않는다.

예제 13

1. **해님/햇님**이 방긋 웃다.
2. 네 숙제를 도와준 **댓가/대가**가 고작 이거야.
3. 할머니의 **손등/손등**은 너무 거칠어.

🔘풀이 1의 '햇님'으로 표기할 수 없는 이유는 '해'와 '님'의 결합이 합성어의 조건을 갖추어야 한다는 첫째 조건을 만족시키지 못한다. 즉 단어 구성요소 중

접사(접두사, 접미사)가 개입되는 것은 합성어가 아닌 파생어이기 때문이다. 2는 한자어 '代價'로 둘째의 조건을 만족시키지 못하고 있다. 3은 앞말이 모음이어야 한다는 셋째의 조건을 만족시키지 못한다. 따라서 '사이시옷'을 표기할 적당한 방법이 없다. 현대어에서 '숤등', '손ㅅ등', '손똥'의 표기는 불가하기 때문이다.[1]

예제 14

1. 돼지고기 **갈비뼈/갈빗뼈**
2. 허리띠, 보리쌀, 위층, 배탈

🔾**풀이** 사잇소리 규정에서 '뒷말이 된소리로 난다'는 것은 원래 된소리가 아닌 음이 다른 단어와 만나 된소리로 발음난다는 것을 의미한다. 따라서 원래부터 된소리나 거센소리인 경우에는 사이시옷을 받쳐 적을 필요가 없는 것이다. '갈비뼈'가 옳은 표기이다.

예제 15

1. 선생님의 **머리말/머릿말** 내용은 감동적이다.
2. 요즘 청소년들에게 비속어는 **예삿말/예사말**이 되었다.
3. 어린이 대공원의 **머리돌/머릿돌**은 박정희 대통령께서 쓰셨다.

🔾**풀이** 예문의 1과 2의 경우는 사잇소리 현상과 관련하여 '사이시옷'을 적어야 할 경우에 해당하지 않는다. 왜냐하면 이들의 표준 발음이 [머리말]과 [예사말]이기 때문이다. 그러나 3의 경우 '머리돌'의 표준 발음은 [머리똘]이다. 따라서 사잇소리 현상에 따라 '머릿돌'이 바른 표기이다.[2]

---

[1] 그러나 15세기에는 이러한 표기가 가능하였다. "ㄱ는 엄쏘리니…"에서는 뒷말의 초성에 올려 붙여 표기한 예이며, "…君ㄷ字 처섬 펴아 나는 소리 …"에서는 앞말과 뒷말의 중앙에 별도로 표기한 예이며, '눉시울'(눈꺼풀)은 앞말의 받침에 표기한 예를 보인다.
[2] '예사말'과 달리 '예삿일'은 사잇소리 현상과 관련된다. [예 : 산닐]로 발음되기 때문이다.

제3장

띄어쓰기 및 그 밖의 것

예제 01

1. 커서 훌륭한 사람이 **되라/돼라**.
2. 할아버지께서 훌륭한 사람이 **되라/돼라**고 말씀하셨다.

● 풀이 1과 2의 정답은 각각 '돼라'와 '되라'이다. 1은 어간 '되'에 어미 '-어, -어라, -었다'가 어울려 줄어들면 '되어〉돼, 되어라〉돼라, 되었다〉됐다'가 된다. 그러나 2에서는 어간 '되'에 명령형어미 '-(으)라'가 결합한 것으로 '돼'로 축약되는 환경이 아니다.

예제 02

1. 어제 산에 갔다가 벌에 **쏘이었다/쐬었다/쏘였다**.
2. 벌에 **쐬어/쏘여/쐬여** 된장을 발랐다.

● 풀이 1의 세 형태는 모두 가능한 표기이다. 본말인 '쏘이었다'는 접미사 '-이-'가 앞 말과 축약되면 '쐬었다', 뒷말과 축약되면 '쏘였다'가 되기 때문이다. 그러나 2에서처럼 본말인 '쏘이어'의 '-이-'가 앞말, 뒷말에 붙어 축약된 '쐬여'는 허용되지 않는다.

예제 03

1. 그는 **서슴지/서슴치** 않고 거짓말을 한다.
2. 어른에게 대꾸는 **삼가하고** 흡연을 **삼가해** 주십시오.

● 풀이 1은 올바른 표기를 고르기 위해서 이 단어의 기본형을 찾아야 한다. 바로 '서슴다'이다. 따라서 어간 '서슴'에 부정의 '-지 않'이 결합한 '서슴지 않다'와 '서슴잖다'로 적어야 한다. 이를 '서슴치'로 생각하는 이유는 기본형을 '서슴하다'로 보기 때문이다. 즉 '서슴하'에 '-지 않'이 결합하면 어간의 'ㅏ'가 탈락하고 남

은 'ㅎ'이 'ㅈ'과 어울려 '치'가 된다. 2 역시 기본형을 '삼가하다'로 생각하여 잘못 적은 것이다. '삼가다'가 기본형으로 각각 '삼가고'와 '삼가'로 적어야 한다.

예제 04

1. 나도 **너만큼** 안다.
2. 나도 네가 **한만큼** 할 수 있다.

풀이 '만큼'도 '뿐'과 마찬가지로 보조사와 의존 명사 두 가지로 기능한다. 문맥에서의 기능적 차이만 구별할 수 있으면 띄어쓰기 문제는 간단하다. '만큼'의 선행어가 체언류이면 조사로 기능하는 것인데, 바로 예문 1이 그러하다. 따라서 붙여 쓰는 것이 맞다. 반면, '만큼'의 선행어가 예문 2처럼 관형어이면 의존 명사로 기능하는 것이기에 반드시 띄어 써야 한다.

예제 05

1. 너희들 지금 어디에 가고 있니?
2. 문구에는 연필, 지우개, 공책들이 있다.

풀이 일반적으로 '들'은 복수접미사로 기능한다. 1의 '너희들'을 포함하여, '학생들, 나무들, 그들, 그녀들'이 이에 해당한다. 따라서 복수접미사의 '-들'은 앞말에 붙여 쓰는 것이 맞다. 그러나 일반적인 현상은 아니지만 '들'이 의존 명사로 기능하는 예도 있다. 바로 예문 2에서와 같이 '여러 가지'의 의미를 나타낸다. 따라서 이 경우에는 타 의존 명사와 마찬가지로 띄어 써야 한다.

예제 06

1. 아직까지 **쓸 만한/쓸만한** 물건인데.
2. 이 번 일로 그 성격을 **알 만하다/알만하다**.
3. 이 개는 크기가 **송아지만 하다/송아지 만하다/송아지만하다**.

◉풀이 예문의 1과 2는 한 단어인 보조 용언 '만하다'로 기능하는 것으로 앞의 본용언과 띄어 쓰는 것을 원칙으로 하되 붙여 씀도 허용한다. 그러나 3의 경우는 성격이 다르다. '만'은 보조 용언 '만하다'와 관련이 없는 것으로 정도를 비교하는 보조사로 기능하고 있다. 따라서 앞말에 붙여 쓴 '송아지만 하다'만 옳은 표현이다.

예제 07

1. 작목반 반장**님**의 성씨는 김**씨**입니다.
2. 시간 관계상 김진호 **님**은 다음에 오시기 바랍니다.

◉풀이 단어 '님'[3]은 접미사와 의존 명사 두 가지로 사용되고 있다. 접미사 '님'은 남의 직책 또는 명사 뒤에 붙어 존경의 뜻을 더하며, 의존 명사로서의 '님'은 사람의 성이나 이름 다음에 쓰여 그 사람을 높인다. 예문 1의 '님'은 '사장님, 선생님, 따님' 등의 접미사로 기능하여 앞말에 붙여 써야 하며, 예문 2의 '님'은 의존 명사로 앞말과 띄어 써야 한다. '씨'의 경우도 이와 동일하다. 한글 맞춤법 제48항 '채영신 씨'의 '씨'는 그 사람을 높이거나 대접하여 부르는 의존 명사로서 띄어 쓰며, 예문 1의 '씨'는 접미사로서 그 성씨 자체를 지칭하는 것으로 앞말에 붙여 쓴다.

예제 08

1. 싸운 친구와 다시 만나기가 **멋쩍다/멋적다**.
2. 또래 친구가 없어 혼자 있기가 **맛쩍다/맛적다**.

◉풀이 '-적다/-쩍다'도 혼동을 일으키기 쉬운 것으로, [적]대로 발음되거나 '적다(少)'의 의미를 유지하고 있는 경우에는 '적다'로 적는다. 그러나 '적다(少)'의 의미가 없이 [쩍]대로 발음되는 경우 '쩍다'로 적는다. 따라서 1에서는 '멋쩍다'가 되며, 2에서는 '맛이 적어 싱겁다'의 의미가 있기에 '맛적다'로 표기한다.

---

3) '님'은 '임'(사랑하는 사람)의 옛말이기도 한다. 한용운의 「님의 침묵」과 같다.

예제 09

1. 비가 **오므로/옴으로** 여행가지 않았다.
2. 책을 **읽으므로/읽음으로** 시간을 보낸다.

🔘**풀이** 1과 2의 '-(으)므로'는 까닭을 나타내는 어미이며, '-(으)ㅁ으로'는 명사형 어미에 조사 '-으로'가 붙은 형태다. 따라서 1의 '여행가지 않은 이유가 필요한 문장이기에 '오므로'로 써야 한다. 즉 '비가 오기 때문에 여행가지 않았다'는 문장구조가 된다. 반면 2에서는 '시간을 어떻게 보내느냐?'는 정도의 질문에 필요한 수단과 방법이 모색되어야 한다. 따라서 '읽음으로'가 옳은 것이다.

예제 10

1. 옛 기억에 눈을 **지그시/지긋이** 감았다.
2. 철수는 오늘 아침 **일찌기/일찍이** 학교에 왔다.

🔘**풀이** 1의 두 표현은 '반드시/반듯이'처럼 구별 사용해야 하는 말이다. '지그시'는 '슬며시 힘을 주는 모양'이나 '조용히 참고 견디는 모양'을 이르는 말이다. 반면, '지긋이'는 '나이가 비교적 많아 듬직하게, 참을성 있게 끈지게'의 의미를 지닌다.[4] 따라서 1의 올바른 표기는 '지그시'이다. 2에서는 '일찍'이라는 어근에 부사화 접미사 '-이'가 결합한 것으로 어근 본래의 뜻을 간직하기에 원형을 밝혀 적은 '일찍이'가 바른 표현이다.

예제 11

1. 쉬는 시간에 공부를 **시킨다**./청소를 **시킨다**.
2. 선생님이 학생들을 **공부시키다**./**청소시키다**.

🔘**풀이** 1의 '시키다'는 동사로서 문장의 서술 기능을 담당하고 있다. 즉 '공부를 하게 하다, 청소를 하게 하다'의 의미를 지닌다. 그러나 2의 '시키다'는 사동접사

---

[4] '나이가 <u>지긋이</u> 들어 보이는 저분은 누구지?', '요즘 젊은이 같지 않게 <u>지긋이</u> 앉아 있는 모습이 참 좋아.'처럼 사용된다.

로서 '공부, 청소'처럼 서술성을 지닌 일부 명사 뒤에 붙어 사동의 뜻을 더하고 품사를 동사로 전성시키는 기능을 한다. 1의 '시키다'는 동사란 단독 품사로 앞 말과 띄어 쓰며, 2의 '시키다'는 어근 뒤에 붙어 써야 한다.

예제 12

1. 소문은 **알음알음**으로 모든 사람에게 퍼지게 된다.
2. 잘못을 알고도 **아름아름** 넘어가려 해서는 안 된다.

◎풀이 1의 '알음알음'은 '알음'의 반복합성어로 '서로 알거나 친분이 있는 관계' 를 뜻한다. 그러나 2의 '아름아름'은 '아름'과는 품사도 다르고 그 의미도 전혀 다른 말이 된다. 즉 '말이나 행동을 분명히 하지 못하고 우물쭈물하는 모양'이 나 '일을 적당히 하고 눈을 속여 넘기는 모양'의 뜻을 지니고 있다.

예제 13

1. 손과 발이 모두 **저리다/절이다**.
2. 오이를 식초에 **절인다/저린다**.

◎풀이 문장 1에서는 '저리다', 2에서는 '절이다'를 사용한다. 그런데 이들 기본 형에 어미 '-ㄴ다'가 결합한 '저린다'는 비문법적인 반면, '절인다'는 문법적이다. 그 이유는 이들의 품사 차이에 있다. '저리다'는 형용사이며, '절이다'는 동사인 데, 활용에 있어 차이가 나타나기 때문이다. 즉 형용사의 현재형 활용은 '-ㄴ다' 가 아닌 '-다'이며, 동사는 '-ㄴ다' 활용이 가능하다.

예제 14

1. 어제 어머니께서는 고등어를 **조렸다**.
2. 냄비에 있던 라면 물이 많이 **조렸다/졸았다**.

◎풀이 '조렸다'는 '조리다'의 과거형으로 '양념이 잘 베이도록 요리한다'는 뜻이 다. '졸이다'에도 '찌개, 국, 한약 따위의 물이 증발하여 분량이 적어지게 한다'는

비슷한 의미가 있다. '찌개를 졸이다'에서와 같다. 두 단어는 음식물의 국물이 줄어든다는 점은 같다. 그러나 '조리다'는 양념이 스며든다는 목적이 크며, '졸이다'는 국물의 양이 줄어들게 하는 것이 목적이다. 따라서 문장 2는 '졸았다'로 표기한다.

제4장

표준어 사정 원칙

예제 01

1. 다음 보기의 빈 **칸/간**에 들어갈 알맞은 단어를 쓰시오.

2. 빈대 잡으려다 **초가삼칸/초가삼간** 다 태운다.

◉풀이　표준어 사정 원칙 제2장의 3항은 발음 변화에 따라 거센소리로 나는 형태를 표준어로 규정하고 있다.

제3항　다음 단어들은 거센소리를 표준어로 삼는다.(ㄱ을 표준어로 삼고, ㄴ을 버림)		
ㄱ	ㄴ	비고
끄나풀	끄나불	
나팔-꽃	나발-꽃	
녘	녁	동~, 들~, 새벽~, 동틀~
부엌	부억	
살-쾡이	삵-괭이	
칸	간	1. ~막이, 빈~, 방 한~ 2. '초가삼간, 윗간'의 경우에는 '간'임.
털어-먹다	떨어-먹다	재물을 다 없애다.

제3항의 규정에 따르면, 예문 1은 '칸'이 옳으며, 2에서는 '초가삼간'이 올바른 표기이다. 즉, '칸'은 공간의 구획이나 넓이를 나타내며, '간(間)'은 '마구간, 고깃간, 고물간' 등의 관습적인 표현에만 쓴다.

예제 02

1. **숫양/수양**의 반대말은 암양이다.

2. 암염소의 반대말은 **수염소/숫염소**이다.

◉풀이　표준어 7항은 "수컷을 이르는 접두사는 '수'로 통일한다."이다. 따라서 양이나 염소의 경우도 이 규정의 적용을 받아 '수양', '수염소'가 표준어인 것

으로 오해할 수 있다. 그러나 7항의 단서 조항 2에서 이에 대한 규정을 정하고 있다.

	ㄱ	ㄴ	비고
제7항 다만 2. 다음 단어의 접두사는 '숫-'으로 한다.(ㄱ을 표준어로 삼고, ㄴ을 버림)			
	숫-양	수양	
	숫-염소	수염소	
	숫-쥐	수쥐	

즉 이 조항에 따라 '양, 염소, 쥐'의 경우만 예외적으로 '숫'으로 통일하여 표기함에 유의해야 한다.

예제 03

1. 철수의 **삼촌/삼춘**은 오늘 미국으로 유학을 떠난다.
2. **사돈/사둔** 댁의 결혼식에 **부조/부주**를 해야 하는데, 얼마나 할까?

🔍**풀이** 양성 모음을 음성 모음으로 발음하는 경향이 있더라고 어원을 고려하여 이들은 '삼촌, 사돈, 부조'를 표준어로 삼고 있다.

예제 04

1. 지난주에는 고향에 **머물러/머물어** 있었다.
2. 영어 단어를 많이 **외워/외어** 작문이 쉬웠다.

🔍**풀이** '머무르다'와 '머물다'는 본말과 준말로 복수 표준어이다. '서두르다/서둘다'와 '서투르다/서툴다' 역시 동일한 관계이다. 이들 중 준말인 '머물다'에 모음의 어미 '-어'가 결합하면 *머물어'로 활용할 것 같지만, 이러한 준말의 활용형은 인정하지 않는다. *서둘어, *서툴어'도 마찬가지이다. 이는 '가지다'의 준말인 '갖다'의 모음 어미 활용형 *갖아, *갖았다, *갖아서' 따위가 성립하지 않은 것에 유추하여 준말의 활용형을 제한하고 있기 때문이다. 즉 이들 준말들은 자음 어미와만 활용이 가능하다. 따라서 1에서는 '머물러, 서둘러, 서툴러'로 활용해야

한다. 그러나 2에서는 '외워'와 '외어' 모두 표준어로 인정한다. 이 역시 '외우다'
와 '외다'의 본말과 준말의 관계에 있지만 1의 단어들처럼 준말과 모음 어미와
의 활용에 제한이 없다. 자음 어미와 결합한 '외우며/외며'도 표준어이며, 모음
어미와 결합한 '외워/외어' 또한 표준어로 인정하고 있다.

예제 05

1. 셋 - 사과 세 개 - 금 **세/서/석** 돈 - 쌀 **세/서/석** 섬
2. 넷 - 사과 네 개 - 금 **네/너/넉** 돈 - 쌀 **네/너/넉** 섬

◉**풀이** 1과 2의 '셋', '넷'은 단독형으로 쓰여 각각 '3', '4'라는 의미를 지닌 수사이
다. 이들은 그 뒤에 결합하는 의존 명사의 종류에 따라 그 형태를 달리한다. 단위
성 의존명사 '개'와 결합할 때에는 '세'와 '네'로 변하며, '돈'과는 이형태 '서'와 '너',
'섬'과는 '석', '넉'으로 변함을 알 수 있다. 즉 '서'와 '너'는 의존명사 '돈, 말, 발,
푼과 결합할 수 있으며, '석'과 '넉'은 의존명사 '냥, 되, 섬, 자와 결합할 수 있다.

예제 06

표준어에 해당하는 것에 ○표 하시오.

◉**풀이**

고치다	(○)	광주리	(○)	길잡이	(○)
낫우다	( )	광우리	( )	길앞잡이	(×)
				길라잡이	(○)
까다롭다	(○)	까치발	(○)	등나무	(○)
까탈스럽다	( )	까치다리	( )	등칡	( )
며느리발톱	(○)	부각	(○)	부스러기	(○)
뒷발톱	( )	다시마자반	( )	부스레기	( )
부지깽이	(○)	빙충이	(○)	샛별	(○)
부지팽이	( )	빙충맞이	( )	새벽별	( )
선머슴	(○)	손목시계	(○)	술고래	(○)
풋머슴	( )	팔목시계	( )	술푸대	( )
알사탕	(○)	암내	(○)	애벌레	(○)
구슬사탕	( )	곁땀내	( )	어린벌레	( )
열심히	(○)	쥐락펴락	(○)	짓고땡	(○)
열심이	( )	펴락쥐락	( )	지어땡	( )

표준어에 해당하는 것에 ○표 하시오.

●풀이

고깃간	(○)	곰곰	(○)	꼬까	(○)
푸주간	(○)	곰곰이	(○)	때때	(○)
				고까	(○)
나귀	(○)	눈대중	(○)	돼지감자	(○)
당나귀	(○)	눈어림	(○)	뚱딴지	(○)
		눈짐작	(○)		
만큼	(○)	모쪼록	(○)	민둥산	(○)
만치	(○)	아무쪼록	(○)	벌거숭이산	(○)
밑층	(○)	벌레	(○)	볼따구니	(○)
아래층	(○)	버러지	(○)	볼퉁이	(○)
		벌러지	(×)	볼때기	(○)
시늉말	(○)	수수깡	(○)	심술꾸러기	(○)
흉내말	(○)	수숫대	(○)	심술쟁이	(○)
아래위	(○)	어이없다	(○)	어저께	(○)
위아래	(○)	어처구니없다	(○)	어제	(○)
옥수수	(○)	우레	(○)	자물쇠	(○)
강냉이	(○)	천둥	(○)	자물통	(○)

제5장 표준 발음법

예제 01

1. 윗물이 맑아야 아랫물이 **맑다**.
2. **맑게** 갠 하늘이 참 높다.

🔵**풀이** '맑다'의 겹받침 'ㄺ'은 [ㄱ]으로 발음함이 원칙이다. 따라서 [막따]가 표준 발음이다. 그러나 동일한 받침이 쓰인 '맑게'의 표준발음은 [막께]가 아닌 [말께] 이다. 이와 비슷한 예로, '늙게'의 표준 발음 역시 [늘께]이다. 즉 받침 'ㄺ'은 'ㄱ' 앞에서 [ㄹ]로 발음된다. 단, 용언의 활용형에서만 이러한 발음이 적용된다. 체 언에서의 '흙과'는 원 규정대로 [흑꽈]로 발음한다.

예제 02

1. '디귿(지읒, 치읓, 키읔)이, 디귿(지읒, 치읓, 키읔)을'의 표준 발음
2. '티읕(피읖, 히읗)이, 티읕(피읖, 히읗)을'의 표준 발음

🔵**풀이** 한글 자모의 이름은 모음 앞에서 원칙적으로 그 받침소리를 연음하는 데, 'ㄷ, ㅈ, ㅊ, ㅋ, ㅌ, ㅍ, ㅎ'의 경우에는 실제 발음을 반영하여 따로 규정화하 고 있다. 다음과 같다.

디귿이[디그시]	디귿을[디그슬]	디귿에[디그세]
지읒이[지으시]	지읒을[지으슬]	지읒에[지으세]
치읓이[치으시]	치읓을[치으슬]	치읓에[치으세]
키읔이[키으기]	키읔을[키으글]	키읔에[키으게]
티읕이[티으시]	티읕을[티으슬]	티읕에[티으세]
피읖이[피으비]	피읖을[피으블]	피읖에[피으베]
히읗이[히으시]	히읗을[히으슬]	히읗에[히으세]

예제 03

1. 바람에 문이 저절로 **닫히다**.
2. 오후가 되자 안개가 **걷히기** 시작했다.

🔵풀이 1의 '닫히다'와 2의 '걷히기'처럼 받침 'ㄷ' 뒤에 접미사 '히'가 결합되면 축약에 의해 '티'가 되고 구개음화의 적용을 받아 [치]로 발음된다. 따라서 [다치다], [거치기]가 된다. 참고로 구개음화 현상은 조사나 접미사에 의해서만 일어나고 합성어에서는 받침 'ㄷ, ㅌ' 다음에 '이'로 시작되는 단어가 결합할 경우에는 발생하지 않는다. '밭이랑'은 [바치랑]이 아니고 [반니랑]5)으로 된다.

---

5) '밭이랑'은 '밭+'이랑'의 구조이다. '밭'의 대표음 발음 [받]과 '이랑'에 'ㄴ' 첨가 현상이 일어난 발음 [니랑]이 만난 것이다. 이 때, [ㄷ]은 비음 [ㄴ]의 영향으로 [ㄴ]으로 발음된다.

한글 맞춤법
본문

제1장 총 칙

제 1 항 한글 맞춤법은 표준어를 소리대로 적되, 어법에 맞도록 함을 원칙으로 한다.

제 2 항 문장의 각 단어는 띄어 씀을 원칙으로 한다.

제 3 항 외래어는 '외래어 표기법'에 따라 적는다.

제2장 자 모

제 4 항 한글 자모의 수는 스물넉 자로 하고, 그 순서와 이름은 다음과 같이 정한다.

ㄱ(기역)	ㄴ(니은)	ㄷ(디귿)	ㄹ(리을)	ㅁ(미음)
ㅂ(비읍)	ㅅ(시옷)	ㅇ(이응)	ㅈ(지읒)	ㅊ(치읓)
ㅋ(키읔)	ㅌ(티읕)	ㅍ(피읖)	ㅎ(히읗)	
ㅏ(아)	ㅑ(야)	ㅓ(어)	ㅕ(여)	ㅗ(오)
ㅛ(요)	ㅜ(우)	ㅠ(유)	ㅡ(으)	ㅣ(이)

[붙임 1] 위의 자모로써 적을 수 없는 소리는 두 개 이상의 자모를 어울러서 적되, 그 순서와 이름은 다음과 같이 정한다.

ㄲ(쌍기역)	ㄸ(쌍디귿)	ㅃ(쌍비읍)	ㅆ(쌍시옷)	ㅉ(쌍지읒)
ㅐ(애)	ㅒ(얘)	ㅔ(에)	ㅖ(예)	ㅘ(와)
ㅙ(왜)	ㅚ(외)	ㅝ(워)	ㅞ(웨)	ㅟ(위)
ㅢ(의)				

[붙임 2] 사전에 올릴 적의 자모 순서는 다음과 같이 정한다.

```
자음  ㄱ ㄲ ㄴ ㄷ ㄸ ㄹ ㅁ ㅂ ㅃ ㅅ ㅆ ㅇ ㅈ ㅉ
      ㅊ ㅋ ㅌ ㅍ ㅎ
모음  ㅏ ㅐ ㅑ ㅒ ㅓ ㅔ ㅕ ㅖ ㅗ ㅘ ㅙ ㅚ ㅛ ㅜ
      ㅝ ㅞ ㅟ ㅠ ㅡ ㅢ ㅣ
```

제3장 소리에 관한 것

제1절 된소리

제5항 한 단어 안에서 뚜렷한 까닭 없이 나는 된소리는 다음 음절의 첫소리를 된소리로 적는다.

1. 두 모음 사이에서 나는 된소리

   소쩍새   어깨   오빠   으뜸   아끼다
   기쁘다   깨끗하다   어떠하다   해쓱하다   가끔
   거꾸로   부썩   어찌   이따금

2. 'ㄴ, ㄹ, ㅁ, ㅇ' 받침 뒤에서 나는 된소리

   산뜻하다   잔뜩   살짝   훨씬   담뿍
   움찔   몽땅   엉뚱하다

   다만, 'ㄱ, ㅂ' 받침 뒤에서 나는 된소리는, 같은 음절이나 비슷한 음절이 겹쳐나는 경우가 아니면 된소리로 적지 아니한다.
   국수 깍두기 딱지 색시 싹둑(~싹둑) 법석 갑자기 몹시

제2절 구개음화

제6항 'ㄷ, ㅌ' 받침 뒤에 종속적 관계를 가진 '-이(-)'나 '-하-'가 올 적에는 그 'ㄷ, ㅌ'이 'ㅈ, ㅊ'으로 소리나더라도 'ㄷ, ㅌ'으로 적는다. (ㄱ을 취하고, ㄴ을 버림)

ㄱ	ㄴ	ㄱ	ㄴ
맏이	마지	핥이다	할치다
해돋이	해도지	걷히다	거치다

굳이	구지	닫히다	다치다
같이	가치	묻히다	무치다
끝이	끄치		

제 3 절 'ㄷ' 소리 받침

제 7 항 'ㄷ' 소리로 나는 받침 중에서 'ㄷ'으로 적을 근거가 없는 것은 'ㅅ'으로 적는다.

덧저고리　돗자리　엇셈　웃어른　핫옷　무릇　사뭇　얼핏
자칫하면　뭇[衆]　옛　첫　헛

제 4 절 모음

제 8 항 '계, 례, 몌, 폐, 혜'의 'ㅖ'는 'ㅔ'로 소리나는 경우가 있더라도 'ㅖ'로 적는다. (ㄱ을 취하고, ㄴ을 버림)

ㄱ	ㄴ	ㄱ	ㄴ
계수(桂樹)	게수	연몌(連袂)	연메
사례(謝禮)	사레	폐품(廢品)	페품
혜택(惠澤)	헤택	핑계	핑게
계집	게집	계시다	게시다

다만, 다음 말은 본음대로 적는다.
게송(偈頌)　게시판(揭示板)　휴게실(休憩室)

제 9 항 '의'나, 자음을 첫소리로 가지고 있는 음절의 'ㅢ'는 'ㅣ'로 소리나는 경우가 있더라도 'ㅢ'로 적는다. (ㄱ을 취하고, ㄴ을 버림)

ㄱ	ㄴ	ㄱ	ㄴ
의의(意義)	의이	닁큼	닝큼
본의(本義)	본이	띄어쓰기	띠어쓰기
무늬[紋]	무니	씌어	씨어
보늬	보니	틔어	티어
오늬	오니	희망(希望)	히망
하늬바람	하니바람	희다	히다
늴리리	닐리리	유희(遊戲)	유히

제 5 절 두음 법칙

제 10 항 한자음 '녀, 뇨, 뉴, 니'가 올 적에는 두음 법칙에 따라 '여, 요, 유, 이'로 적는다. (ㄱ을 취하고, ㄴ을 버림)

ㄱ	ㄴ	ㄱ	ㄴ
여자(女子)	녀자	유대(紐帶)	뉴대
연세(年歲)	년세	이토(泥土)	니토
요소(尿素)	뇨소	익명(匿名)	닉명

다만, 다음과 같은 의존 명사에서는 '냐, 녀' 음을 인정한다.
냥(兩)   냥쭝(兩-)   년(年)(몇 년)

[붙임 1] 단어의 첫머리 이외의 경우에는 본음대로 적는다.
남녀(男女)   당뇨(糖尿)   결뉴(結紐)   은닉(隱匿)

[붙임 2] 접두사처럼 쓰이는 한자가 붙어서 된 말이나 합성어에서, 뒷말의 첫소리가 'ㄴ' 소리로 나더라도 두음 법칙에 따라 적는다.
신여성(新女性)   공염불(空念佛)   남존여비(男尊女卑)

[붙임 3] 둘 이상의 단어로 이루어진 고유 명사를 붙여 쓰는 경우에도 붙임 2에 준하여 적는다.

한국여자대학　　대한요소비료회사

제 11 항 한자음 '랴, 려, 례, 료, 류, 리'가 단어의 첫머리에 올 적에는 두음 법칙에 따라 '야, 여, 예, 요, 유, 이'로 적는다. (ㄱ을 취하고, ㄴ을 버림)

ㄱ	ㄴ	ㄱ	ㄴ
양심(良心)	량심	용궁(龍宮)	룡궁
역사(歷史)	력사	유행(流行)	류행
예의(禮義)	례의	이발(理髮)	리발

다만, 다음과 같은 의존 명사는 본음대로 적는다.

리(理): 몇 리냐?

리[理]: 그럴 리가 없다.

[붙임 1] 단어의 첫머리 이외의 경우에는 본음대로 적는다.

개량(改良)	선량(善良)	수력(水力)	협력(協力)
사례(謝禮)	혼례(婚禮)	와룡(臥龍)	쌍룡(雙龍)
하류(下流)	급류(急流)	도리(道理)	진리(眞理)

다만, 모음이나 'ㄴ' 받침 뒤에 이어지는 '렬, 률'은 '열, 율'로 적는다. (ㄱ을 취하고, ㄴ을 버림)

ㄱ	ㄴ	ㄱ	ㄴ
나열(羅列)	나렬	진열(陣列)	진렬
치열(齒列)	치렬	선율(旋律)	선률
비열(卑劣)	비렬	비율(比率)	비률
규율(規律)	규률	실패율(失敗率)	실패률
분열(分裂)	분렬	전율(戰慄)	전률
선열(先烈)	선렬	백분율(百分率)	백분률

[붙임 2] 외자로 된 이름을 성에 붙여 쓸 경우에도 본음대로 적을 수 있다.

    신립(申砬)   최린(崔麟)   채륜(蔡倫)   하륜(河崙)

[붙임 3] 준말에서 본음으로 소리나는 것은 본음대로 적는다.

    국련(국제연합)   대한교련(대한교육연합회)

[붙임 4] 접두사처럼 쓰이는 한자가 붙어서 된 말이나 합성어에서 뒷말의 첫소리가 'ㄴ' 또는 'ㄹ' 소리로 나더라도 두음 법칙에 따라 적는다.

    역이용(逆利用)   연이율(年利率)   열역학(熱力學)

    해외여행(海外旅行)

[붙임 5] 둘 이상의 단어로 이루어진 고유 명사를 붙여 쓰는 경우나 십진법에 따라 쓰는 수(數)도 붙임 4에 준하여 적는다.

    서울여관   신흥이발관   육천육백육십육(六千六百六十六)

제 12 항   한자음 '라, 래, 로, 뢰, 루, 르'가 단어의 첫머리에 올 적에는 두음 법칙에 따라 '나, 내, 노, 뇌, 누, 느'로 적는다. (ㄱ을 취하고, ㄴ을 버림)

ㄱ	ㄴ	ㄱ	ㄴ
낙원(樂園)	락원	뇌성(雷聲)	뢰성
내일(來日)	래일	누각(樓閣)	루각
노인(老人)	로인	능묘(陵墓)	릉묘

[붙임 1] 단어의 첫머리 이외의 경우에는 본음대로 적는다.

쾌락(快樂)	극락(極樂)	거래(去來)	왕래(往來)
부로(父老)	연로(年老)	지뢰(地雷)	낙뢰(落雷)
고루(高樓)	광한루(廣寒樓)	가정란(家庭欄)	동구릉(東九陵)

[붙임 2] 접두사처럼 쓰이는 한자가 붙어서 된 단어는 뒷말을 두음 법칙에 따라 적는다.

    내내월(來來月)   상노인(上老人)   중노동(重勞動)   비논리적(非論理的)

제 6 절 겹쳐 나는 소리

제 13 항 한 단어 안에서 같은 음절이나 비슷한 음절이 겹쳐 나는 부분은 같은
글자로 적는다. (ㄱ을 취하고, ㄴ을 버림)

ㄱ	ㄴ	ㄱ	ㄴ
딱딱	딱닥	꼿꼿하다	꼿곳하다
쌕쌕	쌕색	놀놀하다	놀롤하다
씩씩	씩식	눅눅하다	눙눅하다
똑딱똑딱	똑닥똑닥	밋밋하다	민밋하다
쓱싹쓱싹	쓱삭쓱삭	싹싹하다	싹삭하다
연연불망(戀戀不忘)	연련불망	쌉쌀하다	쌉살하다
유유상종(類類相從)	유류상종	씁쓸하다	씁슬하다
누누이(屢屢—)	누루이	짭짤하다	짭잘하다

제 4 장   형태에 관한 것

제 1 절   체언과 조사

제 14 항 체언은 조사와 구별하여 적는다.

떡이	떡을	떡에	떡도	떡만
손이	손을	손에	떡도	손만
팔이	팔을	팔에	팔도	팔만
밤이	밤을	밤에	밤도	밤만
집이	집을	집에	집도	집만
옷이	옷을	옷에	옷도	옷만
콩이	콩을	콩에	콩도	콩만
낮이	낮을	낮에	낮도	낮만
꽃이	꽃을	꽃에	꽃도	꽃만
밭이	밭을	밭에	밭도	밭만

앞이	앞을	앞에	앞도	앞만
밖이	밖을	밖에	밖도	밖만
넋이	넋을	넋에	넋도	넋만
흙이	흙을	흙에	흙도	흙만
삶이	삶을	삶에	삶도	삶만
여덟이	여덟을	여덟에	여덟도	여덟만
곬이	곬을	곬에	곬도	곬만
값이	값을	값에	값도	값만

제 2 절 어간과 어미

제 15 항 용언의 어간과 어미는 구별하여 적는다.

먹다	먹고	먹어	먹으니
신다	신고	신어	신으니
믿다	믿고	믿어	믿으니
울다	울고	울어	(우니)
넘다	넘고	넘어	넘으니
입다	입고	입어	입으니
웃다	웃고	웃어	웃으니
찾다	찾고	찾아	찾으니
좇다	좇고	좇아	좇으니
같다	같고	같아	같으니
높다	높고	높아	높으니
좋다	좋고	좋아	좋으니
깎다	깎고	깎아	깎으니
앉다	앉고	앉아	앉으니
많다	많고	많아	많으니
늙다	늙고	늙어	늙으니
젊다	젊고	젊어	젊으니
넓다	넓고	넓어	넓으니
훑다	훑고	훑어	훑으니

읊다	읊고	읊어	읊으니
옳다	옳고	옳아	옳으니
없다	없고	없어	없으니
있다	있고	있어	있으니

[붙임 1] 두 개의 용언이 어울려 한 개의 용언이 될 적에, 앞말의 본뜻이 유지되고 있는 것은 그 원형을 밝히어 적고, 그 본뜻에서 떨어진 것은 밝히어 적지 아니한다.

(1) 앞말의 본뜻이 유지되고 있는 것

넘어지다	늘어나다	늘어지다	돌아가다	되짚어가다
들어가다	떨어지다	벌어지다	엎어지다	접어들다
들어지다	흩어지다			

(2) 본뜻에서 멀어진 것

드러나다	사라지다	쓰러지다

[붙임 2] 종결형에서 사용되는 어미 '-오'는 '요'로 소리나는 경우가 있더라도 그 원형을 밝혀 '오'로 적는다. (ㄱ을 취하고, ㄴ을 버림)

ㄱ	ㄴ
이것은 책이오.	이것은 책이요.
이리로 오시오.	이리로 오시요.
이것은 책이 아니오.	이것은 책이 아니요.

[붙임 3] 연결형에서 사용되는 '이요'는 '이요'로 적는다. (ㄱ을 취하고, ㄴ을 버림)

ㄱ	ㄴ
이것은 책이요, 저것은 붓이요, 또 저것은 먹이다.	이것은 책이오, 저것은 붓이오, 또 저것은 먹이다.

제 16 항 어간의 끝 음절 모음이 'ㅏ, ㅗ'일 때에는 어미를 '-아'로 적고, 그 밖의 모음일 때에는 '-어'로 적는다.

1. '-아'로 적는 경우

나아	나아도	나아서
막아	막아도	막아서
얇아	얇아도	얇아서
돌아	돌아도	돌아서
보아	보아도	보아서

2. '-어'로 적는 경우

개어	개어도	개어서
겪어	겪어도	겪어서
되어	되어도	되어서
베어	베어도	베어서
쉬어	쉬어도	쉬어서
저어	저어도	저어서
주어	주어도	주어서
피어	피어도	피어서
희어	희어도	희어서

제 17 항 어미 뒤에 덧붙는 조사 '-요'는 '-요'로 적는다.

읽어	읽어요
참으리	참으리요
좋지	좋지요

제 18 항 다음과 같은 용언들은 어미가 바뀔 경우, 그 어간이나 어미가 원칙에 벗어나면 벗어나는 대로 적는다.

1. 어간의 끝 'ㄹ'이 줄어질 적

갈다 :	가니	간	갑니다	가시다	가오
놀다 :	노니	논	놉니다	노시다	노오
불다 :	부니	분	붑니다	부시다	부오
둥글다 :	둥그니	둥근	둥급니다	둥그시다	둥그오
어질다 :	어지니	어진	어집니다	어지시다	어지오

[붙임] 다음과 같은 말에서도 'ㄹ'이 준 대로 적는다.

마지못하다   마지않다
(하)다마다   (하)자마자
(하)지 마라   (하)지 마(아)

2. 어간의 끝 'ㅅ'이 줄어질 적

긋다 :	그어	그으니	그었다
낫다 :	나아	나으니	나았다
잇다 :	이어	이으니	이었다
짓다 :	지어	지으니	지었다

3. 어간의 끝 'ㅎ'이 줄어질 적

그렇다 :	그러니	그럴	그러면	그럽니다	그러오
까맣다 :	까마니	까말	까마면	까맙니다	까마오
동그랗다 :	동그라니	동그랄	동그라면	동그랍니다	동그라오
퍼렇다 :	퍼러니	퍼럴	퍼러면	퍼럽니다	퍼러오
하얗다 :	하야니	하얄	하야면	하얍니다	하야오

4. 어간의 끝 'ㅜ, ㅡ'가 줄어질 적

푸다 :	퍼	펐다		뜨다 :	떠	떴다
끄다 :	꺼	껐다		크다 :	커	컸다
담그다 :	담가	담갔다		고프다 :	고파	고팠다
따르다 :	따라	따랐다		바쁘다 :	바빠	바빴다

5. 어간의 끝 'ㄷ'이 'ㄹ'로 바뀔 적

걷다[步] :	걸어	걸으니	걸었다
듣다[聽] :	들어	들으니	들었다
묻다[問] :	물어	물으니	물었다
싣다[載] :	실어	실으니	실었다

6. 어간의 끝 'ㅂ'이 'ㅜ'로 바뀔 적

깁다 :	기워	기우니	기웠다
굽다[炙] :	구워	구우니	구웠다

가깝다	:	가까워	가까우니	가까웠다
괴롭다	:	괴로워	괴로우니	괴로웠다
맵다	:	매워	매우니	매웠다
무겁다	:	무거워	무거우니	무거웠다
밉다	:	미워	미우니	미웠다
쉽다	:	쉬워	쉬우니	쉬웠다

다만, '돕-, 곱-'과 같은 단음절 어간에 어미 '-아'가 결합되어 '와'로 소리나는 것은 '-와'로 적는다.

돕다[助]	:	도와	도와서	도와도	도왔다
곱다[麗]	:	고와	고와서	고와도	고왔다

7. '하다'의 활용에서 어미 '-아'가 '-여'로 바뀔 적

하다	:	하여	하여서	하여도	하여라	하였다

8. 어간의 끝 음절 '르' 뒤에 오는 어미 '-어'가 '-러'로 바뀔 적

이르다[至]	:	이르러	이르렀다	누르다 :	누르러	누르렀다
노르다	:	노르러	노르렀다	푸르다 :	푸르러	푸르렀다

9. 어간의 끝 음절 '르'의 'ㅡ'가 줄고, 그 뒤에 오는 어미 '-아/-어'가 '-라/-러'로 바뀔 적

가르다	:	갈라	갈랐다	부르다 :	불러	불렀다
거르다	:	걸러	걸렀다	오르다 :	올라	올랐다
구르다	:	굴러	굴렀다	이르다 :	일러	일렀다
벼르다	:	별러	별렀다	지르다 :	질러	질렀다

제 3 절 접미사가 붙어서 된 말

제 19 항 어간에 '-이'나 '-음/-ㅁ'이 붙어서 명사로 된 것과 '-이'나 '-히'가 붙어서 부사로 된 것은 그 어간의 원형을 밝히어 적는다.

1. '-이'가 붙어서 명사로 된 것

길이	깊이	높이	다듬이	땀받이	달맞이
먹이	미닫이	벌이	벼훑이	살림살이	쇠붙이

2. '-음/-ㅁ'이 붙어서 명사로 된 것

걸음	묶음	믿음	얼음	엮음	울음
웃음	졸음	죽음	앎	만듦	

3. '-이'가 붙어서 부사로 된 것

같이	굳이	길이	높이	많이	실없이
좋이	짓궂이				

4. '-히'가 붙어서 부사로 된 것

밝히	익히	작히

다만, 어간에 '-이'나 '-음'이 붙어서 명사로 바뀐 것이라도 그 어간의 뜻과 멀어진 것은 원형을 밝히어 적지 아니한다.

굽도리	다리[髢]	목거리(목병)	무녀리
코끼리	거름(비료)	고름[膿]	노름(도박)

[붙임] 어간에 '-이'나 '-음' 이외의 모음으로 시작된 접미사가 붙어서 다른 품사로 바뀐 것은 그 어간의 원형을 밝히어 적지 아니한다.

(1) 명사로 바뀐 것

귀머거리	까마귀	너머	뜨더귀	마감	마개
마중	무덤	비렁뱅이	쓰레기	올가미	주검

(2) 부사로 바뀐 것

거뭇거뭇   너무   도로   뜨덤뜨덤   바투
불긋불긋   비로소   오긋오긋   자주   차마

(3) 조사로 바뀌어 뜻이 달라진 것

나마   부터   조차

제 20 항 명사 뒤에 '-이'가 붙어서 된 말은 그 명사의 원형을 밝히어 적는다.

1. 부사로 된 것

곳곳이   낱낱이   몫몫이   샅샅이   앞앞이   집집이

2. 명사로 된 것

곰배팔이   바둑이   삼발이   애꾸눈이   육손이   절뚝발이/절름발이

[붙임] '-이' 이외의 모음으로 시작된 접미사가 붙어서 된 말은 그 명사의 원형
을 밝히어 적지 아니한다.

꼬락서니   끄트머리   모가치   바가지   바깥   사타구니
싸라기   이파리   지붕   지푸라기   짜개

제 21 항 명사나 혹은 용언의 어간 뒤에 자음으로 시작된 접미사가 붙어서 된 말
은 그 명사나 어간의 원형을 밝히어 적는다.

1. 명사 뒤에 자음으로 시작된 접미사가 붙어서 된 것

값지다   홑지다   넋두리   빛깔   옆댕이   잎사귀

2. 어간 뒤에 자음으로 시작된 접미사가 붙어서 된 것

낚시   늙정이   덮개   뜯게질
갉작갉작하다   갉작거리다   뜯적거리다   뜯적뜯적하다
굵다랗다   굵직하다   깊숙하다   넓적하다
높다랗다   늙수그레하다   얽죽얽죽하다

다만, 다음과 같은 말은 소리대로 적는다.

(1) 겹받침의 끝소리가 드러나지 아니하는 것

할짝거리다	널따랗다	널찍하다	말끔하다	말쑥하다
말짱하다	실쭉하다	실큼하다	얄따랗다	얄팍하다
짤따랗다	짤막하다	실컷		

(2) 어원이 분명하지 아니하거나 본뜻에서 멀어진 것

넙치	올무	골막하다	납작하다

제 22 항 용언의 어간에 다음과 같은 접미사들이 붙어서 이루어진 말들은 그 어간을 밝히어 적는다.

1. '-기, -리-, -이-, -히-, -구-, -우-, -추-, -으키-, -이키-, -애-'가 붙는 것

맡기다	옮기다	웃기다	쫓기다	뚫리다	울리다
낚이다	쌓이다	핥이다	굳히다	굽히다	넓히다
앉히다	얽히다	잡히다	돋구다	솟구다	돋우다
갖추다	곧추다	맞추다	일으키다	돌이키다	없애다

다만, '-이-, -히-, -우-'가 붙어서 된 말이라도 본뜻에서 멀어진 것은 소리대로 적는다.

도리다(칼로 ~)	드리다(용돈을 ~)	고치다
바치다(세금을 ~)	부치다(편지를 ~)	거두다
미루다	**이루다**	

2. '-치-, -뜨리-, -트리-'가 붙는 것

놓치다	덮치다	떠받치다	받치다	밭치다
부딪치다	뻗치다	엎치다	부딪뜨리다/부딪트리다	
쏟뜨리다/쏟트리다		젖뜨리다/젖트리다		
찢뜨리다/찢트리다		흩뜨리다/흩트리다		

[붙임] '-업-, -읍-, -브-'가 붙어서 된 말은 소리대로 적는다.

미덥다	우습다	미쁘다

제 23 항 '-하다'나 '-거리다'가 붙는 어근에 '-이'가 붙어서 명사가 된 것은 그 원형을 밝히어 적는다. (ㄱ을 취하고, ㄴ을 버림)

ㄱ	ㄴ	ㄱ	ㄴ
깔쭉이	깔쭈기	살살이	살사리
꿀꿀이	꿀구리	쌕쌕이	쌕쌔기
눈감짝이	눈감짜기	오뚝이	오뚜기
더펄이	더퍼리	코납작이	코납자기
배불뚝이	배불뚜기	푸석이	푸서기
삐죽이	삐주기	홀쭉이	홀쭈기

[붙임] '-하다'나 '-거리다'가 붙을 수 없는 어근에 '-이'나 또는 다른 모음으로 시작되는 접미사가 붙어서 명사가 된 것은 그 원형을 밝히어 적지 아니한다.

개구리	귀뚜라미	기러기	깍두기	꽹과리	날라리
누더기	동그라미	두드러기	딱따구리	매미	부스러기
뻐꾸기	얼루기	칼싹두기			

제 24 항 '-거리다'가 붙을 수 있는 시늉말 어근에 '-이다'가 붙어서 된 용언은 그 어근을 밝히어 적는다. (ㄱ을 취하고, ㄴ을 버림)

ㄱ	ㄴ	ㄱ	ㄴ
깜짝이다	깜짜기다	속삭이다	속사기다
꾸벅이다	꾸버기다	숙덕이다	숙더기다
끄덕이다	끄더기다	울먹이다	울머기다
뒤척이다	뒤처기다	움직이다	움지기다
들먹이다	들머기다	지껄이다	지꺼리다
망설이다	망서리다	퍼덕이다	퍼더기다
번득이다	번드기다	허덕이다	허더기다
번쩍이다	번쩌기다	헐떡이다	헐떠기다

제 25 항 '-하다'가 붙는 어근에 '-히'나 '-이'가 붙어서 부사가 되거나, 부사에 '-이'가 붙어서 뜻을 더하는 경우에는 그 어근이나 부사의 원형을 밝히어 적는다.

　　1. '-하다'가 붙는 어근에 '-히'나 '-이'가 붙는 경우

급히　　　　꾸준히　　　　도저히　　　　딱히　　　　어렴풋이　　　　깨끗이

[붙임] '-하다'가 붙지 않는 경우에는 반드시 소리대로 적는다.
　　　갑자기　　　　　　　반드시(꼭)　　　　　슬며시

2. 부사에 '-이'가 붙어서 역시 부사가 되는 경우
　　곰곰이　　　　　　더욱이　　　　　　생긋이　　　　　오뚝이
　　일찍이　　　　　　해죽이

제 26 항 '-하다'나 '-없다'가 붙어서 된 용언은 그 '-하다'나 '-없다'를 밝히어 적는다.

　1. '-하다'가 붙어서 용언이 된 것
　　　딱하다　　　　숱하다　　　　착하다　　　　텁텁하다　　　　푹하다

　2. '-없다'가 붙어서 용언이 된 것
　　　부질없다　　　상없다　　　시름없다　　　열없다　　　　하염없다

제 4 절　합성어 및 접두사가 붙은 말

제 27 항 둘 이상의 단어가 어울리거나 접두사가 붙어서 이루어진 말은 각각 그 원형을 밝히어 적는다.

국말이	꺾꽂이	꽃잎	끝장	물난리
밑천	부엌일	싫증	옷안	웃옷
젖몸살	첫아들	칼날	팥알	헛웃음
홀아비	홑몸	흙내		
값없다	겉늙다	굶주리다	낮잡다	맞먹다
받내다	벋놓다	빗나가다	빛나다	새파랗다
샛노랗다	시꺼멓다	싯누렇다	엇나가다	엎누르다
엿듣다	옻오르다	짓이기다	헛되다	

[붙임 1] 어원은 분명하나 소리만 특이하게 변한 것은 변한 대로 적는다.

할아버지   할아범

[붙임 2] 어원이 분명하지 아니한 것은 원형을 밝히어 적지 아니한다.

골병	골탕	끌탕	며칠
아재비	오라비	업신여기다	부리나케

[붙임 3] '이[齒, 虱]'가 합성어나 이에 준하는 말에서 '니' 또는 '리'로 소리날 때에는 '니'로 적는다.

간니	덧니	사랑니	송곳니	앞니	어금니
윗니	젖니	톱니	틀니	가랑니	머릿니

제 28 항 끝소리가 'ㄹ'인 말과 딴 말이 어울릴 적에 'ㄹ' 소리가 나지 아니한 것은 아니 나는 대로 적는다.

다달이(달-달-이)	따님(딸-님)	마되(말-되)
마소(말-소)	무자위(물-자위)	바느질(바늘-질)
부나비(불-나비)	부삽(불-삽)	부손(불-손)
소나무(솔-나무)	싸전(쌀-전)	여닫이(열-닫이)
우짖다(울-짖다)	화살(활-살)	

제 29 항 끝소리가 'ㄹ'인 말과 딴 말이 어울릴 적에 'ㄹ' 소리가 'ㄷ' 소리로 나는 것은 'ㄷ'으로 적는다.

반짇고리(바느질~)	사흗날(사흘~)	삼짇날(삼짇~)
섣달(설~)	숟가락(술~)	이튿날(이틀~)
잗주름(잘~) 푿소(풀~)	섣부르다(설~)	
잗다듬다(잘~)	잗다랗다(잘~)	

제 30 항 사이시옷은 다음과 같은 경우에 받치어 적는다.

1. 순 우리말로 된 합성어로서 앞말이 모음으로 끝난 경우

    (1) 뒷말의 첫소리가 된소리로 나는 것

고랫재	귓밥	나룻배	나뭇가지	냇가	댓가지
뒷갈망	맷돌	머릿기름	모깃불	못자리	바닷가
뱃길	볏가리	부싯돌	선짓국	쇳조각	아랫집
우렁잇속	잇자국	잿더미	조갯살	찻집	쳇바퀴
킷값	핏대	햇볕	혓바늘		

    (2) 뒷말의 첫소리 'ㄴ, ㅁ' 앞에서 'ㄴ' 소리가 덧나는 것

멧나물	아랫니	텃마당	아랫마을	뒷머리
잇몸	깻묵	냇물	빗물	

    (3) 뒷말의 첫소리 모음 앞에서 'ㄴㄴ' 소리가 덧나는 것

도리깻열	뒷윷	두렛일	뒷일	뒷입맛
베갯잇	욧잇	깻잎	나뭇잎	댓잎

2. 순 우리말과 한자어로 된 합성어로서 앞말이 모음으로 끝난 경우

    (1) 뒷말의 첫소리가 된소리로 나는 것

귓병	머릿방	뱃병	봇둑	사잣밥
샛강	아랫방	자릿세	전셋집	찻잔
찻종	촛국	콧병	탯줄	텃세
핏기	햇수	횟가루	횟배	

    (2) 뒷말의 첫소리 'ㄴ, ㅁ' 앞에서 'ㄴ' 소리가 덧나는 것

곗날	제삿날	훗날	툇마루	양칫물

    (3) 뒷말의 첫소리 모음 앞에서 'ㄴㄴ'소리가 덧나는 것

가욋일	사삿일	예삿일	훗일

3. 두 음절로 된 다음 한자어

곳간(庫間)	셋방(貰房)	숫자(數字)
찻간(車間)	툇간(退間)	횟수(回數)

제 31 항 두 말이 어울릴 적에 'ㅂ' 소리나 'ㅎ' 소리가 덧나는 것은 소리대로 적는다.

1. 'ㅂ' 소리가 덧나는 것

댑싸리(대ㅂ싸리)	멥쌀(메ㅂ쌀)	볍씨(벼ㅂ씨)
입때(이ㅂ때)	입쌀(이ㅂ쌀)	접때(저ㅂ때)
좁쌀(조ㅂ쌀)	햅쌀(해ㅂ쌀)	

2. 'ㅎ' 소리가 덧나는 것

머리카락(머리ㅎ가락)	살코기(살ㅎ고기)	수캐(수ㅎ개)
수컷(수ㅎ것)	수탉(수ㅎ닭)	안팎(안ㅎ밖)
암캐(암ㅎ개)	암컷(암ㅎ것)	암탉(암ㅎ닭)

제 5 절 준말

제 32 항 단어의 끝 모음이 줄어지고 자음만 남은 것은 그 앞의 음절에 받침으로 적는다.

본말	준말	본말	준말
기러기야	기럭아	온가지	온갖
어제그저께	엊그저께	가지고, 가지지	갖고, 갖지
어제저녁	엊저녁	디디고, 디디지	딛고, 딛지

제 33 항 체언과 조사가 어울려 줄어지는 경우에는 준 대로 적는다.

본말	준말	본말	준말
그것은	그건	너는	넌
그것이	그게	너를	널
그것으로	그걸로	무엇을	뭣을/무얼/뭘
나는	난	무엇이	뭣이/무에
나를	날		

제 34 항 모음 'ㅏ, ㅓ'로 끝난 어간에 '-아/-어, -았/-었'이 어울릴 적에는 준 대로 적는다.

본말	준말	본말	준말
가아	가	가았다	갔다
나아	나	나았다	났다
타아	타	타았다	탔다
서어	서	서었다	섰다
켜어	켜	켜었다	켰다
펴어	펴	펴었다	폈다

[붙임 1] 'ㅐ, ㅔ' 뒤에 '-어, -었'이 어울려 줄 적에는 준 대로 적는다.

본말	준말	본말	준말
개어	개	개었다	갰다
내어	내	내었다	냈다
베어	베	베었다	벴다
세어	세	세었다	셌다

[붙임 2] '하여'가 한 음절로 줄어서 '해'로 될 적에는 준 대로 적는다.

본말	준말	본말	준말
하여	해	하였다	했다
더하여	더해	더하였다	더했다
흔하여	흔해	흔하였다	흔했다

제 35 항 모음 'ㅗ, ㅜ'로 끝난 어간에 '-아/-어, -았/-었-'이 어울려 'ㅘ/ㅝ, ㅘㅆ/ㅝㅆ'으로 될 때에는 준 대로 적는다.

본말	준말	본말	준말
꼬아	꽈	꼬았다	꽜다
보아	봐	보았다	봤다
쏘아	쏴	쏘았다	쐈다
두어	둬	두었다	뒀다
쑤어	쒀	쑤었다	쒔다
주어	줘	주었다	줬다

[붙임 1] '놓아'가 '놔'로 줄 적에는 준 대로 적는다.

[붙임 2] 'ㅚ' 뒤에 '-어, -었-'이 어울려 'ㅙ, ㅙㅆ'으로 될 적에도 준 대로 적는다.

본말	준말	본말	준말
괴어	괘	괴었다	괬다
되어	돼	되었다	됐다
뵈어	봬	뵈었다	뵀다
쇠어	쇄	쇠었다	쇘다
쐬어	쐐	쐬었다	쐤다

제 36 항 'ㅣ' 뒤에 '-어'가 와서 'ㅕ'로 줄 적에는 준 대로 적는다.

본말	준말	본말	준말
가지어	가져	가지었다	가졌다
견디어	견뎌	견디었다	견뎠다
다니어	다녀	다니었다	다녔다
막히어	막혀	막히었다	막혔다
버티어	버텨	버티었다	버텼다
치이어	치여	치이었다	치였다

제 37 항 'ㅏ, ㅕ, ㅗ, ㅜ, ㅡ'로 끝난 어간에 '-이-'가 와서 각각 'ㅐ, ㅖ, ㅚ, ㅟ, ㅢ'로 줄 적에는 준 대로 적는다.

본말	준말	본말	준말
싸이다	쌔다	누이다	뉘다
펴이다	폐다	뜨이다	띄다
보이다	뵈다	쓰이다	씌다

제 38 항 'ㅏ, ㅗ, ㅜ, ㅡ' 뒤에 '-이어'가 어울려 줄어질 적에는 준 대로 적는다.

본말	준말		본말	준말	
싸이어	쌔여	싸여	뜨이어	띄어	
보이어	뵈어	보여	쓰이어	씌어	쓰여
쏘이어	쐬어	쏘여	트이어	틔어	트여
누이어	뉘어	누여			

제 39 항 어미 '-지' 뒤에 '않-'이 어울려 '-잖-'이 될 적과 '-하지' 뒤에 '않-'이 어울려 '찮-'이 될 적에는 준 대로 적는다.

본말	준말	본말	준말
그렇지 않은	그렇잖은	만만하지 않다	만만찮다
적지 않은	적잖은	변변하지 않다	변변찮다

제 40 항 어간의 끝 음절 '하'의 'ㅏ'가 줄고 'ㅎ'이 다음 음절의 첫소리와 어울려 거센소리로 될 적에는 거센소리로 적는다.

본말	준말	본말	준말
간편하게	간편케	다정하다	다정타
연구하도록	연구토록	정결하다	정결타
가하다	가타	흔하다	흔타

[붙임 1] 'ㅎ'이 어간의 끝소리로 굳어진 것은 받침으로 적는다.

않다	않고	않지	않든지
그렇다	그렇고	그렇지	그렇든지
아무렇다	아무렇고	아무렇지	아무렇든지
어떻다	어떻고	어떻지	어떻든지
이렇다	이렇고	이렇지	이렇든지
저렇다	저렇고	저렇지	저렇든지

[붙임 2] 어간의 끝 음절 '하'가 아주 줄 적에는 준 대로 적는다.

본말	준말	본말	준말
거북하지	거북지	생각하다 못하여	생각다 못해
생각하건대	생각건대	깨끗하지 않다	깨끗지 않다
넉넉하지 않다	넉넉지 않다	섭섭하지 않다	섭섭지 않다
못하지 않다	못지않다	익숙하지 않다	익숙지 않다

[붙임 3] 다음과 같은 부사는 소리대로 적는다.

결단코	결코	기필코	무심코	아무튼	요컨대
정녕코	필연코		하마터면	하여튼	한사코

제 5 장 띄어쓰기

제 1 절 조사

제 41 항 조사는 그 앞말에 붙여 쓴다.

꽃이	꽃마저	꽃밖에	꽃에서부터	꽃으로만
꽃이나마	꽃이다	꽃입니다	꽃처럼	어디까지나
거기도	멀리는	웃고만		

제 2 절 의존 명사, 단위를 나타내는 명사 및 열거하는 말 등

제 42 항 의존 명사는 띄어 쓴다.

아는 것이 힘이다.
먹을 만큼 먹어라.
네가 뜻한 바를 알겠다.

나도 할 수 있다.
아는 이를 만났다.
그가 떠난 지가 오래다.

제 43 항 단위를 나타내는 명사는 띄어 쓴다.

한 개	차 한 대	금 서 돈
소 한 마리	옷 한 벌	열 살
조기 한 손	연필 한 자루	버선 한 죽
집 한 채	신 두 켤레	북어 한 쾌

다만, 순서를 나타내는 경우나 숫자와 어울리어 쓰이는 경우에는 붙여 쓸 수 있다.

두시 삼십분 오초	제일과	삼학년	육층
1446년 10월 9일	2대대	16동 502호	제1실습실
80원	10개	7미터	

제 44 항 수를 적을 적에는 '만(萬)' 단위로 띄어 쓴다.

십이억 삼천사백오십육만 칠천팔백구십팔
12억 3456만 7898

제 45 항 두 말을 이어 주거나 열거할 적에 쓰이는 다음의 말들은 띄어 쓴다.

국장 겸 과장　　　　열 내지 스물
청군 대 백군　　　　책상, 걸상 등이 있다.
이사장 및 이사들　　사과, 배, 귤 등등
사과, 배 등속　　　　부산, 광주 등지

제 46 항 단음절로 된 단어가 연이어 나타날 적에는 붙여 쓸 수 있다.

그때 그곳　　　좀더 큰것　　　이말 저말　　　한잎 두잎

제 3 절　보조 용언

제 47 항 보조 용언은 띄어 씀을 원칙으로 하되, 경우에 따라 붙여 씀도 허용한다.
(ㄱ을 취하고, ㄴ을 버림)

ㄱ	ㄴ
불이 꺼져 간다.	불이 꺼져간다.
내 힘으로 막아 낸다.	내 힘으로 막아낸다.
어머니를 도와 드린다.	어머니를 도와드린다.
그릇을 깨뜨려 버렸다.	그릇을 깨뜨려버렸다.
비가 올 듯하다.	비가 올듯하다.
그 일은 할 만하다.	그 일은 할만하다.
일이 될 법하다.	일이 될법하다.
비가 올 성싶다.	비가 올성싶다.
잘 아는 척한다.	잘 아는척한다.

다만, 앞말에 조사가 붙거나 앞말이 합성 동사인 경우, 그리고 중간에
조사가 들어갈 적에는 그 뒤에 오는 보조 용언은 띄어 쓴다.

잘도 놀아만 나는구나!　　　　　책을 읽어도 보고….
네가 덤벼들어 보아라.　　　　　강물에 떠내려가 버렸다.
그가 올 듯도 하다.　　　　　　　잘난 체를 한다.

제 4 절 고유 명사 및 전문 용어

제 48 항 성과 이름, 성과 호 등은 붙여 쓰고, 이에 덧붙는 호칭어, 관직명 등은
띄어 쓴다.

　　　김양수(金良洙)　　　서화담(徐花潭)　　　채영신 씨
　　　최치원 선생　　　　박동식 박사　　　　충무공 이순신 장군

　　　다만, 성과 이름, 성과 호를 분명히 구분할 필요가 있을 경우에는 띄어
쓸 수 있다.

　　　남궁억/남궁 억　　　독고준/독고 준　　　황보지봉(皇甫芝峰)/황보 지봉

제 49 항　성명 이외의 고유명사는 단어별로 띄어 씀을 원칙으로 하되, 단위별로
띄어 쓸 수 있다. (ㄱ을 원칙으로 하고, ㄴ을 허용함)

ㄱ	ㄴ
대한 중학교	대한중학교
한국 대학교 사범 대학	한국대학교 사범대학

제 50 항　전문 용어는 단어별로 띄어 씀을 원칙으로 하되, 붙여 쓸 수 있다.(ㄱ을
원칙으로 하고, ㄴ을 허용함)

ㄱ	ㄴ
만성 골수성 백혈병	만성골수성백혈병
중거리 탄도 유도탄	중거리탄도유도탄

제6장   그 밖의 것

제 51 항 부사의 끝 음절이 분명히 '이'로만 나는 것은 '-이'로 적고, '히'로만 나거나 '이'나 '히'로 나는 것은 '히'로 적는다.

1. '이'로만 나는 것

가붓이	깨끗이	나붓이	느긋이	둥긋이
따뜻이	반듯이	버젓이	산뜻이	의젓이
가까이	고이	날카로이	대수로이	번거로이
많이	적이	헛되이		
겹겹이	번번이	일일이	집집이	틈틈이

2. '히'로만 나는 것

극히	급히	딱히	속히	작히
족히	특히	엄격히	정확히	

3. '이, 히'로 나는 것

솔직히	가만히	간편히	나른히	무단히
각별히	소홀히	쓸쓸히	정결히	과감히
꼼꼼히	심히	열심히	급급히	답답히
섭섭히	공평히	능히	당당히	분명히
상당히	조용히	간소히	고요히	도저히

제 52 항 한자어에서 본음으로도 나고 속음으로도 나는 것은 각각 그 소리에 따라 적는다.

본음으로 나는 것	속음으로 나는 것
승낙(承諾)	수락(受諾), 쾌락(快諾), 허락(許諾)
만난(萬難)	곤란(困難), 논란(論難)
안녕(安寧)	의령(宜寧), 회령(會寧)
분노(忿怒)	대로(大怒), 희로애락(喜怒哀樂)
토론(討論)	의논(議論)

오륙십(五六十)	오뉴월, 유월(六月)
목재(木材)	모과(木瓜)
십일(十日)	시방정토(十方淨土), 시왕(十王), 시월(十月)
팔일(八日)	초파일(初八日)

제 53 항 다음과 같은 어미는 예사소리로 적는다. (ㄱ을 취하고, ㄴ을 버림)

ㄱ	ㄴ	ㄱ	ㄴ
-(으)ㄹ거나	-(으)ㄹ꺼나	-(으)ㄹ지니라	-(으)ㄹ찌니라
-(으)ㄹ걸	-(으)ㄹ껄	-(으)ㄹ지라도	-(으)ㄹ찌라도
-(으)ㄹ게	-(으)ㄹ께	-(으)ㄹ지어다	-(으)ㄹ찌어다
-(으)ㄹ세	-(으)ㄹ쎄	-(으)ㄹ지언정	-(으)ㄹ찌언정
-(으)ㄹ세라	-(으)ㄹ쎄라	-(으)ㄹ진대	-(으)ㄹ찐대
-(으)ㄹ수록	-(으)ㄹ쑤록	-(으)ㄹ진저	-(으)ㄹ찐저
-(으)ㄹ시	-(으)ㄹ씨	-올시다	-올씨다
-(으)ㄹ지	-(으)ㄹ찌		

다만, 의문을 나타내는 다음 어미들은 된소리로 적는다.

-(으)ㄹ까?　　-(으)ㄹ꼬?　　-(스)ㅂ니까?

-(으)리까?　　-(으)ㄹ쏘냐?

제 54 항 다음과 같은 접미사는 된소리로 적는다. (ㄱ을 취하고, ㄴ을 버림)

ㄱ	ㄴ	ㄱ	ㄴ
심부름꾼	심부름군	지게꾼	지겟군
익살꾼	익살군	때깔	땟갈
일꾼	일군	빛깔	빛갈
장꾼	장군	성깔	성갈
장난꾼	장난군	귀때기	귓대기
볼때기	볼대기	이마빼기	이맛배기
판자때기	판잣대기	코빼기	콧배기
뒤꿈치	뒤굼치	객쩍다	객적다
팔꿈치	팔굼치	겸연쩍다	겸연적다

제 55 항 두 가지로 구별하여 적던 다음 말들은 한 가지로 적는다. (ㄱ을 취하고, ㄴ을 버림)

ㄱ	ㄴ
맞추다(입을 맞춘다. 양복을 맞춘다)	마추다
뻗치다(다리를 뻗친다. 멀리 뻗친다)	뻐치다

제 56 항 '-더라, -던'과 '-든지'는 다음과 같이 적는다.

1. 지난 일을 나타내는 어미는 '-더라, -던'으로 적는다. (ㄱ을 취하고, ㄴ을 버림)

ㄱ	ㄴ
지난 겨울은 몹시 춥더라.	지난 겨울은 몹시 춥드라.
깊던 물이 얕아졌다.	깊든 물이 얕아졌다.
그렇게 좋던가?	그렇게 좋든가?
그 사람 말 잘하던데!	그 사람 말 잘하든데!
얼마나 놀랐던지 몰라.	얼마나 놀랐든지 몰라.

2. 물건이나 일의 내용을 가리지 아니하는 뜻을 나타내는 조사와 어미는 '(-)든지'로 적는다. (ㄱ을 취하고, ㄴ을 버림)

ㄱ	ㄴ
배든지 사과든지 마음대로 먹어라.	배던지 사과던지 마음대로 먹어라.
가든지 오든지 마음대로 해라.	가던지 오던지 마음대로 해라.

제 57 항 다음 말들은 각각 구별하여 적는다.

가름	둘로 가름
갈음	새 책상으로 갈음하였다.
거름	풀을 썩인 거름
걸음	빠른 걸음
거치다	영월을 거쳐 왔다.
걷히다	외상값이 잘 걷힌다.

걷잡다	걷잡을 수 없는 상태
겉잡다	겉잡아서 이틀 걸릴 일
그러므로(그러니까)	그는 부지런하다. 그러므로 잘 산다.
그럼으로(써)	그는 열심히 공부한다. 그럼으로(써)
(그렇게 하는 것으로)	은혜에 보답한다.
노름	노름판이 벌어졌다.
놀음(놀이)	즐거운 놀음
느리다	진도가 너무 느리다.
늘이다	고무줄을 늘인다.
늘리다	수출량을 더 늘린다.
다리다	옷을 다린다.
달이다	약을 달인다.
다치다	부주의로 손을 다쳤다.
닫히다	문이 저절로 닫혔다.
닫치다	문을 힘껏 닫쳤다.
마치다	벌써 일을 마쳤다.
맞히다	여러 문제를 더 맞혔다.
목거리	목거리가 덧났다.
목걸이	금 목걸이, 은 목걸이
바치다	나라를 위해 목숨을 바쳤다.
받치다	우산을 받치고 간다.
	책받침을 받친다.
받히다	쇠뿔에 받혔다.
밭치다	술을 체에 밭친다.

반드시	약속은 반드시 지켜라.
반듯이	고개를 반듯이 들어라.
부딪치다	차와 차가 마주 부딪쳤다.
부딪히다	마차가 화물차에 부딪혔다.
부치다	힘이 부치는 일이다.
	편지를 부친다.
	논밭을 부친다.
	빈대떡을 부친다.
	식목일에 부치는 글
	회의에 부치는 안건
	인쇄에 부치는 원고
	삼촌 집에 숙식을 부친다.
붙이다	우표를 붙인다.
	책상을 붙였다.
	흥정을 붙인다.
	불을 붙인다.
	감시원을 붙인다.
	조건을 붙인다.
	취미를 붙인다.
	별명을 붙인다.
시키다	일을 시킨다.
식히다	끓인 물을 식힌다.
아름	세 아름 되는 둘레
알음	전부터 알음이 있는 사이
앎	앎이 힘이다.
안치다	밥을 안친다.
앉히다	윗자리에 앉힌다.

어름	두 물건의 어름에서 일어난 현상
얼음	얼음이 얼었다.
이따가	이따가 오너라.
있다가	돈은 있다가도 없다.
저리다	다친 다리가 저린다.
절이다	김장 배추를 절인다.
조리다	생선을 조린다. 통조림, 병조림
졸이다	마음을 졸인다.
주리다	여러 날을 주렸다.
줄이다	비용을 줄인다.
하노라고	하노라고 한 것이 이 모양이다.
하느라고	공부하느라고 밤을 새웠다.
–느니보다(어미)	나를 찾아 오느니보다 집에 있거라.
–는 이보다(의존 명사)	오는 이가 가는 이보다 많다.
–(으)리만큼(어미)	나를 미워하리만큼 그에게 잘못한 일이 없다.
–(으)ㄹ 이만큼(의존 명사)	찬성할 이도 반대할 이만큼이나 많을 것이다.
–(으)러 (목적)	공부하러 간다.
–(으)려 (의도)	서울 가려 한다.
–(으)로서 (자격)	사람으로서 그럴 수는 없다.
–(으)로써 (수단)	닭으로써 꿩을 대신했다.
–(으)므로(어미)	그가 나를 믿으므로 나도 그를 믿는다.
(–ㅁ, –음)으로(써)(조사)	그는 믿음으로(써) 산 보람을 느꼈다.

참고 문헌

강희숙, 2003, 『국어 정서법의 이해』, 역락.

강희숙, 2007, 『시로 읽는 국어 정서법』, 글누림.

고영근, 1987, 『표준 중세국어문법론』, 탑출판사.

고창운, 2006, 『한글 맞춤법 해설과 이해』, 경진문화사.

국립국어연구원, 2001, 『국어연구원에 물어 보았어요』-국어 생활 질의응답 자료
　　집(일반용)-, 국립국어연구원.

김정태, 2005, 『한글맞춤법의 이해와 실제』, 충남대학교출판부.

김주미, 2005, 『현대인의 바른 국어 생활』, 경진문화사.

김진규, 2005, 『맞춤법과 표준어』, 공주대학교출판부.

김진호, 2006, 『재미있는 한국어 이야기』, 박이정.

나찬연, 2002, 『한글 맞춤법의 이해』, 월인.

남기심·고영근, 1993, 『표준국어문법론』(개정판), 탑출판사.

남영신, 2002, 『나의 한국어 바로 쓰기 노트』, 까치.

남태현, 1999, 『새한글 맞춤법 띄어쓰기와 교정의 실제』, 연암출판사.

리의도, 2004. 『이야기 한글 맞춤법』(다듬판), 석필.

리의도, 2005, 『올바른 우리말 사용법』, 예담.

문교부, 1988, 『국어 어문 규정집』, 대한교과서주식회사.

미승우, 2000, 『새 맞춤법과 교정의 실제』, 어문각.

박갑수, 1999, 『아름다운 우리말 가꾸기』, 집문당.

박종덕, 2008, 『한글 맞춤법 연구』, 파미르.

성기지, 1997, 『맞춤법 사슬을 풀어주는 27개의 열쇠』, 박이정.

성기지, 2000, 『생활 속의 맞춤법 이야기』, 역락.

신창순, 1992, 『국어정서법연구』, 집문당.

연규동, 1998,『통일시대의 한글맞춤법』, 박이정.

유태영, 2007,『한글 맞춤법』, 신구문화사.

이관규 외 4인, 2012,『차곡차곡 익히는 우리말 우리글』1·2, 박이정.

이석주 외 5인, 2002,『대중매체와 언어』, 역락.

이선웅, 2002,『우리말 우리글 묻고 답하기』, 태학사.

이선웅·정희창, 2010,『우리말 우리글 묻고 답하기』, 태학사.

이성복, 2003,『우리말 바른 표기』, 세창미디어.

이승구, 2001,『띄어쓰기 편람』, 대한교과서주식회사.

이성구, 2004,『띄어쓰기 사전』, 국어닷컴.

이은정, 1988,『한글맞춤법 표준어 해설』, 대제각.

이익섭, 1992,『국어표기법연구』, 서울대학교 출판부.

이익섭, 2000,『국어학개설』(재판), 학연사.

이익섭, 2010,『꽃길따라 거니는 우리말 산책』, 신구문화사.

이종운, 2006,『국어의 맞춤법 표기』, 세창출판사.

이현복, 1997,『한글 맞춤법 무엇이 문제인가』, 태학사.

이희승·안병희, 1989,『한글맞춤법 강의』, 신구문화사.

정희창, 2007,『현대문자생활 백서 우리말 맞춤법 띄어쓰기』, 랜덤하우스코리아.

조영희, 1988,『새 한글맞춤법 띄어쓰기의 이론과 실제』, 신아출판사.

최병선, 2005,『좋은 글의 시작 올바른 맞춤법』, 동광출판사.

최병선, 2009,『교양의 조건 한글 맞춤법』, 역락.

허재영, 2011,『나는 국어의 정석이다』, 행성:B잎새.